U0575267

历史疑案系列
LISHI YIAN XILIE

清宫四案之谜

以考证之法还原历史真相，让史海盛衰浮沉振聋发聩

破解惊天谜案，澄清野史轶事
看透宫廷心计！

冷月 编著

内蒙古出版集团
内蒙古文化出版社

图书在版编目（CIP）数据

清宫四案之谜 / 冷月编著 . — 呼伦贝尔 : 内蒙古文化出版社，2014.5
ISBN 978-7-5521-0684-8

Ⅰ.①清… Ⅱ.①冷… Ⅲ.①宫廷—史料—中国—清代—通俗读物 Ⅳ.① K249.09

中国版本图书馆 CIP 数据核字（2014）第 144840 号

清宫四案之谜
QING GONG SI AN ZHI MI

冷 月　编著

责任编辑　王　春
封面设计　鸿儒文轩

出版发行　内蒙古文化出版社
地　　址　呼伦贝尔市海拉尔区河东新春街4 - 3号
直销热线　0470 - 8241422　　**邮编**　021008

排版制作　鸿儒文轩
印刷装订　三河市华东印刷有限公司
开　　本　710 × 1000毫米　1/16
字　　数　167千
印　　张　17.75
版　　次　2014年8月第1版
印　　次　2023年4月第2次印刷
书　　号　ISBN 978-7-5521-0684-8
定　　价　58.00元

版权所有　侵权必究
如出现印装质量问题，请与我社联系。联系电话：0470-8241422

前　言

　　无论是哪个国家和民族，其历史上各个时期都会发生一些扑朔迷离的疑案、谜案等，有些有影响力的疑案经过人们的口头传说、文学描写、戏曲演绎、野史解读后，又因之充满了各种猜测、假设和趣闻，于是变成了形式和情节各异的故事，这些故事丰富了人们的文化生活内容，满足了人们探秘索隐的兴趣，并在一定程度了满足了人们认识和了解历史的渴望。

　　在诸多的疑案和谜案中，产生于帝王之家的事情无疑更容易引起人们的兴趣和猎奇心理。因此无论在哪个国家，历史上的皇家故事都是被关注和传说最多的，中国当然也不例外，而距现今最近的清王朝，其政权为少数民族统治中国，不同的民族文化，必然产生价值观不同的故事，而清朝又处于中国封建王朝的末期辉煌和社会大变革的前夜，因此发生在清宫中的疑案也尤其为人所注目。广为人知的清宫四大疑案，便是其中的代表。

清宫四大疑案指的是太后下嫁、顺治出家、雍正被刺、乾隆身世四个和清朝宫廷密切相关的事件。太后下嫁指的是孝庄皇后下嫁摄政王多尔衮之事，顺治出家是顺治皇帝出家五台山之事，雍正被刺是雍正皇帝被侠客刺杀身亡之事，乾隆身世是乾隆皇帝是满人还是汉人以及与海宁陈家之谜等，此四案上启清朝肇始，由努尔哈赤时代延续至乾隆时代，承续了整个康乾盛世，可谓一部清朝盛世宫廷秘史。

　　有人说，历史是任人打扮的小姑娘，虽然如此，但这个"小姑娘"也总是有其本来面目的。就好比我们欣赏某人，总不能只欣赏她浓妆出镜的时候，其淡妆素颜，才更接近其本来面目。所以我们了解历史疑案，不能只看小说、戏曲和影视的戏说性解读，历史总是有其真相的，我们应以考证之法还原历史的真相，考证虽可能让一段传奇变得索然无味，但也可能让历史的事实振聋发聩。

　　本书详细解读了清宫四案之起因、肇始、过程和意义，以深入的考证来评析疑案之真相，力求向读者朋友献上最接近历史事实的案情案由。观本书所解之清宫四案，可尽知清朝前期之皇家历史、皇宫秘事，亦可知历史浮沉终有主，人心欲求总难量。

清宫四案之谜

【第一部分】 孝庄太后下嫁之谜

【第二部分】 顺治皇帝出家之谜

【第三部分】 雍正皇帝死亡之谜

【第四部分】 乾隆皇帝身世之谜

孝庄太后下嫁之谜

第一部分

太后下嫁，真假难辨

作为一个历史名词，"太后下嫁"独指历史是仅有的一件事，并且是至今未有明确真假的一件事，即清初皇太极的妃子、顺治皇帝的母亲孝庄皇太后下嫁夫弟多尔衮之事。

这是怎么回事呢？原来，在皇太极1643年暴毙之时，没有指定皇位继承人，因而诸兄弟为争皇位起纷争，当时他的九弟睿亲王多尔衮、长子肃亲王豪格是最有力的竞争者，二人为争皇位闹得不可开交，在这种情况下，孝庄皇后施展其灵活高妙的手段，为自己年仅6岁的儿子福临谋到了好处，她首先看准了代善的辈分和威望最高，具有左右大局的力量，又拉拢多尔衮，让他改变初衷拥戴福临。结果，幼主福临继位，年号顺治，是为清世祖顺治皇帝。

顺治帝福临登极不久，豪格被多尔衮构陷，削爵下狱而死。而多尔衮却以摄政王之尊，"刑政拜除，大小国事，九王（多尔衮）专掌之"，相继被封为摄政王、皇叔父摄政王、皇父摄政王，多尔衮权倾天下，威胁到顺治帝福临的皇位，孝庄皇太后便与多尔衮交好，以女人的魅力稳住他的野心，后来还下嫁多尔衮，保住了其子福临的皇位。

那么事实是不是这样的呢？孝庄和多尔衮有没有感情呢？两人有没有结婚之实？这件事对大清王朝有着什么样的历史影响呢？下面我们拨开历史的重重迷雾，一窥事件的是非真假。

通常，"下嫁"这个词通常多用于贵女出嫁，即地位、身份、家境高的女子嫁到低一等或几等的男家去，因此又成为娶嫁中男方的谦词，但由于皇帝的女儿结婚都称下嫁，而普天之下，论地位身份家境，谁还能超过皇帝呢？所以后来它几乎成了公主出阁的专用语。

孝庄文皇后像

皇帝的女儿下嫁，不管是怎样的礼仪重、排场大，却是各个朝代屡见不鲜的。而皇帝的母亲皇太后，若与"下嫁"这个词相联系起来，必是奇事一桩。太后下嫁，古来未有，是以到了清朝，孝庄太后下嫁多尔衮故事一出，便震惊天下，所以此事也可称得上独一无二了。

在封建社会，至高无上的皇帝是君父，至尊至贵的皇后是国母。那么君父国母的母亲，当是天下万民的祖母了，这样的祖母竟公然下嫁，这样的事竟发生在视改嫁为耻辱、把失贞当罪恶的素称礼仪之邦的中国历史上，这实在是太不可思议了，可谓千古奇闻。

孝庄皇太后下嫁多尔衮的故事不仅流传很广，版本也有多种。自清亡以来，"太后下嫁"更是被传说得沸沸扬扬。小横香室主人的《清朝野史大观》一书中有《太后下嫁摄政王》、《太后下嫁贺诏》、《太后下嫁后之礼制》三条专记太后下嫁之事，并说这是"中国有史以来所未有也"！1917年5月，蔡东藩的《清史通俗演义》，其第十八回目《创新仪太后联婚，报宿怨中宫易位》的上半回，说的就是"太后下嫁"。1919年，一位作者署名"古稀老人"写了《多尔衮轶事》，书中谈到顺治皇帝在多尔衮摄政下"危如累卵"，太后认为"非有羁縻而挟持之，不足以奠宗社于泰山之安，故宁牺牲一人，以成大业"。而多尔衮"涎太后之色"，常入宫禁。太后为了"卫我母子"，"两人对天立誓，各刺臂作血书，互执一书"，以为凭证。特别是书中安排太后诈崩，在举行隆重丧礼后，再以皇帝乳母身份嫁给多尔衮，故事曲折，引人入胜。甚至还有些小说中称，早在皇太极在世时，庄妃已与多尔衮两情相悦，暗渡陈仓了，此时结婚，终使两人夙愿得偿。其他还有多人著述讲到了太后下嫁多尔衮之事。

然而，太后下嫁如此重大之事却没有官方史书史料的任何记载，这有可能是后人将相关史料在官方史书上删除，所以官方史书上没有记载不等于历史上没有发生，而据野史记载，清朝入关之初，摄政王多尔衮总揽朝纲，"出入宫禁，时与嫂侄居处，如家人父子。"而孝庄太后时当盛年，寡居无欢，认为多尔衮功高天下，又将帝位让给了她的儿子，可谓忠心辅政，除非自己以身报答，不足以安其心和赏其功，于是委身相事，借以笼络多尔衮。

不久，多尔衮的妻子亡故，于是朝中范文程等大臣乘机鼓动皇太后与摄政王合宫，这也说明二人正式结婚，双方自然都很乐意。定下婚期后，就以顺治小皇帝的名义颁诏天下，宣称："太后盛年寡居，春花秋月，悄然不怡。朕贵为天子，以天下养，乃独能养口体，而不能养志，使圣母以丧偶之故，日在愁烦抑郁之中，其何以教天下之孝？皇叔摄政王现方鳏居，其身份容貌，皆为中国第一人，太后颇愿纡尊下嫁。朕仰体慈怀，敬谨遵行。一应典礼，着所司预办。"

就这样，孝庄皇太后纡尊降贵，公然下嫁给了小叔子多尔衮，于是摄政王多尔衮成了幼帝顺治的继父，其名号称为"皇父摄政王"。诏书中说得倒也直白，年轻的皇太后终于难守空房红杏出墙，自愿下嫁给了刚刚丧妻的多尔衮。

据说，朝廷礼部为操办这次婚礼，还专门搞了一套特殊的婚礼仪规，洋洋六大册，名称为《国母大婚典礼》，婚礼极为隆重，中外文武百官都上表称贺，蔚为一时盛事。当时远在浙东海岛上的南明抗清名将张煌言也风闻此事，特意写了一首诗讽之，诗曰："上寿觞为合卺樽，慈宁宫里烂盈门。春官昨进新仪注，大礼躬逢太后婚。"意思就是说，本是祝寿的寿酒，却变成了婚宴的喜酒，慈宁宫里宾客盈门，礼官制定了一套新的礼仪，原来太后又要结婚了。

但是，两人新婚后不久，多尔衮就出意外死了，他死后旋即被人告发谋逆，遭到了无情的政治清算，但这并没连累到孝庄太后，她的地位却越来越尊崇，由皇太后而太皇太后，可能此时自己也反思起来，觉得改嫁一事太荒唐，对不起前夫皇太极，无颜相见于地下。所以，她不愿死后被送回盛京与太宗皇太极合葬，才嘱咐孙子康熙，将其葬于东陵。而该陵建于风水墙外，即寓有贬抑之意，要罚她给皇家看守门户。

美丽科尔沁，烂漫小公主

欲知太后下嫁之事，还须先从孝庄皇太后和多尔衮的感情说起。

我们先了解一下孝庄文皇后，她姓博尔济吉特氏，名叫布木布泰（或译作本布泰），野史传说中说她名叫"大玉儿"，但这一称呼并没有历史根据。她出生于明万历四十一年二月初八日（1613年3月28日），是蒙古科尔沁部贝勒寨桑的二女儿。目前，关于布木布泰这个名字的准确含义尚有争议。有人认为和喇嘛教教义有关，含有"出世之人"的意思；还有一种看法则认为，布木布泰是当时蒙古人用来装东西的大口袋，是很重要的一种日常生活用品，用粗制毛线编织而成。从当时游牧渔猎民族的习俗上判断，后一种可能性似乎更大。但无论哪种说法，均与其本人性格及一生经历扯不上关系。

虽然之后的布木布泰曾叱咤风云，一手挽救起大清的命运，但她的出生，并未出现什么异兆，也未为家里带来多少惊喜，因为她出生时已经有四个哥哥，曼珠习礼、吴克善、索诺穆和察罕，还有一位比她大五岁的姐姐海兰珠。只是在她童年时，有个喇嘛曾预言过她未来将是能左右天下的女中英杰。

科尔沁地处嫩江流域，清澈的江水浇灌着富饶的草原，肥沃的土地养育着剽悍的科尔沁部落，这里有蓝天白云、遍野青草、成群牛羊，并且人杰地灵，从古至今涌现出数以百计的历史名人，其中孝庄文皇后布木布泰在中国历史上名气最大、影响最深。

科尔沁部是蒙古族的一支，姓博尔济吉特（即孛儿只斤，在蒙古王公世系中，这是元太祖成吉思汗的姓氏。其直系后裔多分居于东至吉林、西抵贺兰山、南倚长城、北界瀚海的大漠南蒙古地区）。他们世代生活在富饶辽阔的科尔沁大草原上，过着自由自在、逐水草而居的游牧生活。

小时候，布木布泰喜欢跟着哥哥吴克善在美丽的科尔沁草原上骑马打猎，而她的姐姐海兰珠，因为素来体弱多病，又一向温婉柔顺，则很少跟他们嬉戏玩闹。不过她这样男儿气的个性，倒颇让科尔沁部落首领贝勒寨桑受用，因此说她是老王爷心尖上的人亦不为过。

科尔沁草原风景

【第一部分】孝庄太后下嫁之谜

在懵懂的年纪，布木布泰对人生的艰难几乎一无所知。因为在那个时候，她还是科尔沁部落的格格，地位尊荣不说，嫁的夫君也必定是一方之主。未来似乎是一副再美好不过的画卷，等待着她去描绘。而那个时候的她，似乎也正是这样理所当然地认为着。于是，在那些年少的岁月里，她尽情享受着一位部落千金所能够享受的一切。

在布木布泰嫁给皇太极之前，科尔沁博尔济吉特氏家族的境遇并不怎么好，他们不但看不到未来的尊荣富贵，也不复有昔日的辉煌。为了自保与扩充势力，努尔哈赤建立的后金与蒙古科尔沁部交往甚密，所以少女时的布木布泰应该是见过皇太极和多尔衮，但对他们都有什么印象，是不是爱上了某个人，那就不得而知了。

莽古思独具慧眼，皇太极尽享艳福

布木布泰出生的时候，蒙古共主林丹汗所领的察哈尔部已日益强大，开始真正称霸了。这样，科尔沁蒙古就得面对西方的察哈尔部、南方的大明朝和东方的新崛起的建州女真。来自任何一方的打击，都是科尔沁蒙古难以承受的。一个小部落要想在列强环伺中生存下来，就不能不依靠灵活的政治手腕，纵横捭阖是一种，政治联姻也是一种。说起来，他们的首领们还是有眼光的，在蒙古诸部中，科尔沁最早向努尔哈赤的建州女真表示友好，最早与满洲爱新觉罗氏联姻。那时候无论旁人还是他们自己都不会想到，只莽古思王爷这一支博尔齐吉特氏家族五代，竟为大清朝贡献了四位皇后、三位皇妃和十多名亲王福晋！

科尔沁部落酋长莽古思极有见识和眼光，他坚信努尔哈赤在蒙古诸部中能耐最大，而在见过其子皇太极后，更加坚信皇太极将成就不世之业，于是他把15岁的女儿哲哲，嫁给了当时只有22岁的努尔哈赤第八个儿子皇太极。此时，努尔哈赤十五个儿子中，有十二个儿子岁数比哲哲大，都称得上是年貌相当；论贵盛，第二子代善、第五子莽古尔泰、第十子德格类与皇太极都是嫡出，不相上下；论军功，当时的皇太极也并不特别出众，至少还赶不上已经在战场上驰骋多年的哥哥。为什么莽古思非要将爱女嫁给皇太极呢？推想起来，应该是具有知人之明的莽古思看出皇太极在诸兄弟中最能成大器，所以最为中意。不然，就无法解释为什么11年之后和20年之后，这位蒙古王爷又把两个心爱的孙女儿先后都嫁给皇太极。

在明朝、蒙古、后金三方的较量之中，努尔哈赤无疑是最聪明和最有胆略的，通过联姻，科尔沁蒙古最终为他所有。到了后金天命十年（1625年），即努尔哈赤迁都沈阳的前一年，科尔沁部落又送来了他们漂亮的公主布木布泰，嫁给皇太极为福晋。

以草原命名的科尔沁部落素来出美女，所以很多年后，当人们感叹博尔济吉特氏一门姑侄三人的荣耀时，总是无可避免地将之归于科尔沁这个美丽的地方。布木布泰的姑姑哲哲也曾是科尔沁草原上最漂亮的公主，她已先于布木布泰嫁给了皇太极，是皇太极的大福晋，布木布泰的姐姐海兰珠，在布木布泰出嫁后九年也嫁给了皇太极，是为宸妃，也是最受皇太极宠爱的妃子。皇太极一人得科尔沁三位美女，还是姑姑与侄女三人同嫁一人，可谓艳福不浅。

在汉族人看来，姑姑是肯定不能和侄女同嫁一个人的，起码会乱了辈分，崇奉贞节的女性更不能下嫁小叔子。但这些却在孝庄身上不起作用，她不但和姑姑、姐姐同嫁一人，还有下嫁小叔子的嫌疑，然而在当时却并没有人指责他们的做法，这是为什么呢？要找到答案，就不得不说说当时北方少数民族的婚姻观念和生活习俗。

每个民族的习俗和传统的形成，都有它特定的历史、地理等方面

清宫四案之谜

【第一部分】孝庄太后下嫁之谜

的原因，孝庄文皇后是蒙古族科尔沁人，生活在典型的草原文化环境中，早期的蒙、藏、羌等游牧民族，逐水草而居，草原上地广人稀，走百里而不见人迹是常有的事，风雪严寒、干旱瘟疫以及频繁出没的凶猛野兽，都对他们的基本生存形成致命威胁，人的寿命也较短，意外死亡的可能性很大，所以人的繁衍就不能很容易地进行。而在这样环境下的家庭中，身体强壮的男人就显得尤其重要，若男人若不幸身亡，那么剩下的女人和孩子就很难生存下去，这样的话，女人就必须重新找个男人作为自己的靠山，那么找谁更容易接纳自己和孩子，并保持家族的利益以及孩子的亲属关系呢？无疑就是丈夫的男性亲属，所以，丈夫的兄弟、堂兄弟以及丈夫与别的妻妾生的年龄较大的儿子就成了首选。所以，在这些游牧民族中就形成了一种风俗，如果某家的男人死了，那么他的女人和孩子将作为财产的一部分，由其兄弟和非亲生儿子或孙子继承。

再者，在游牧民族居无定所的生存环境里，严禁男女防嫌、提倡贞女节妇是不可能的。社会学家有一条公认的规律：经济越是不发达、生产力越是低下的地方，伦理道德、婚姻习俗就越是接近原始形态。而原始社会的人类实行的是群婚制。在早期的草原民族的心目中，男女婚配交合，是天赋的权利，与生俱来。所以一个族群之中，男人不应孤鳏，女人也无须守寡。男人视没有血缘关系的女子都可当做妻子；女人视没有血缘关系的男人都可当做丈夫。那么，兄死弟娶嫂，父死子娶后母就是很平常的事，不以为怪了。他们也认为这样的婚配能使一家和睦亲善，永不分开，这

科尔沁草原上的成吉思汗庙

其实也是利用现有资源抵御自然灾害、抗击异族侵扰、改善生产生活条件的必要举措。

他们的这些婚姻习俗，在今人看来觉得不可思议，即使相对于当时生活在中原地区、经历了数千年文明史和两千多年封建社会的汉民族看来，也是觉得野蛮可笑的，儒家学者更斥之为悖理乱伦。殊不知华夏民族也曾经历过同样的时期，有过相同的婚姻制度。但随着社会生产力的提高，经济基础的改变，社会习俗自然会随之改变，文明的社会，是需要讲究秩序的。说起来，草原民族的这些习俗，也是源远流长的。有据可查的，比如被称为中国历史上四大美人之一的王昭君，就先后嫁了爷孙三代匈奴单于。

到了明朝时期，有个被称为"三娘子"的蒙古传奇女子，先是嫁给了未婚夫的爷爷俺答汗，后来又先后嫁了俺答汗的儿子和孙子，她的故事也说明，当时的北方游牧民族仍遵循着一直以来的父死子继、兄终弟及的婚俗。与之毗连的建州女真人，其婚俗应该与当时的蒙古部落没有大的差异，由此来看，孝庄一生中先与姑姑、姐姐同嫁皇太极一人，在皇太极死后孝庄再下嫁多尔衮，并不是什么稀奇古怪的事。

努尔哈赤建后金，布木布泰嫁夫君

既然孝庄先嫁的是皇太极，并且是在皇太极死后才有了下嫁多尔衮的嫌疑，那么要说孝庄下嫁的故事，就必须先说她和皇太极的故事。

皇太极，姓爱新觉罗，清太宗文皇帝，努尔哈赤第八子，明万历

二十年十月廿五日（公元 1592 年 11 月 28 日）申时生于赫图阿拉（今辽宁新宾县西老城）。

皇太极的亲生母亲是叶赫那拉氏，名孟古哲哲，是叶赫贝勒布斋和纳林布禄的妹妹。孟古哲哲在明万历十六年（公元 1588 年）嫁给努尔哈赤的时候只有 14 岁。据《清史稿》评价皇太极，其长大后"仪表奇伟，聪睿绝伦，颜如渥丹，严寒不栗。长益神勇，善骑射，性耽典籍，谘览弗倦，仁孝宽惠，廓然有大度"。

天命元年（公元 1616 年），努尔哈赤建立"大金"国（后金），称可汗，授其子代善、阿敏、莽古尔泰、皇太极四人为和硕贝勒，号称四大贝勒，共理国政，掌握着国家的实际权力。四大贝勒中最年轻的一位，汗王的第八子、24 岁的皇太极，正是博尔济吉特氏莽古思家的姑爷。找到这样能力过人、前途无量的靠山，实在要感谢科尔沁首领莽古思的眼光。

和硕的意思，在满语中表示"四方之方"，引申为一方或一部落。贝勒一词译成汉语是大官、高官的意思，源于女真语"勃极烈"，最初，只有女真各部中强有力的酋长可使用这个称号，一直沿用到努尔哈赤时代。那么"和硕贝勒"一词就可以理解为可汗一人之下的独领一方的王爷了。直到二十年后的 1636 年，后金改国号为大清、皇太极正式称皇帝的时候，颁定宗室爵号，贝勒的爵位才放在亲王、郡王之下，成为第三等。

蒙古各部酋长多各自称王称汗，归附努尔哈赤的蒙古部落，大约在天命元年以后，随之改称贝勒，莽古思王爷因为归附有功，更因为成为努尔哈赤的亲家、皇太极的岳父，在皇太极称帝的次年，得到和硕福亲王的崇高封号，这在当时的蒙古诸部中是绝无仅有的，科尔沁蒙古也因之成为蒙古诸部中最高贵的一族，后来成为蒙古四十九旗中最贵盛、最有实力的一旗。

当初莽古思择婿嫁女时，也许没有想到这一后果，但家族的繁荣兴盛却无疑来自于他的知人之明，他看中了皇太极，知道他将来的发展不可限量。

面对努尔哈赤这位气吞山河的亲家，莽古思和寨桑父子认定了女真族的爱新觉罗氏的帝王之相，在将哲哲嫁于皇太极之后，他们还觉得不够，因为哲哲并未生子，所以他们还想再嫁一个，不过此时可以出嫁的女孩儿只有一个，就是寨桑的幼女布木布泰。但这年她才八岁，尽管蒙古族盛行早婚，这年龄也太小了。最后的协议可能是先聘定，待到布木布泰年满 12 岁时再成亲。

当皇太极与父亲在沙场上纵横驰骋，捷报频传的时候，布木布泰还在大草原广阔的天地中与小伙伴们骑马嬉戏，她生活在一个皇亲国戚的贵族家庭中，会和家族的每个成员一样，被不断传来的来自后金国的消息所激动，为后金每一场征战的胜利而欢呼雀跃，或许特别关心着汗王努尔哈赤和四贝勒皇太极的安危，盼望着后金捷报频传，她或许会向伙伴们夸耀自己那不寻常的姑父姑母，那是英勇善战、机智果敢的皇太极和美丽的哲哲姑姑，她对英雄或许有了无比的憧憬。

抑或也有另一种可能，就是还是孩子的多尔衮来到过科尔沁草原，见到过美丽的小女孩布木布泰，两小无猜的两人或许情结暗系。但这种可能又是微乎其微的，至少在史书记载上看，在布木布泰嫁到后金汗国之前，她和多尔衮之间恐怕是没有机会在一起青梅竹马的。在年龄上，她比多尔衮仅仅小四个月，差不多是同岁。她十三岁嫁给皇太极，成为多尔衮的嫂子。第二年，十四岁的多尔衮便迎娶了她的姑姑为妻，多尔衮又成了她的姑父。这辈分，要说起来可太乱了。

努尔哈赤进入辽沈地区以后，他在统一女真各部时习惯使用的野蛮掠夺杀戮，激起了广大汉族百姓的强烈反抗，于是他大发野性，用血腥的大屠杀进行残酷镇压。在他疯狂与残暴的后面，要说还有清醒的地方，那就是他很清楚蒙古各部对他的重要性，那是保住和支持他宝座的强大兵团。那么用新的联姻以达到新的亲密关系，就成为这时的必然。

这样，人们看到了又一次的蒙古格格远嫁的高潮，努尔哈赤的女儿、后金的公主，也第一次远嫁蒙古。天命八年（公元 1623 年），科尔沁蒙古孔果尔贝勒送女儿与皇十三子阿济格为婚；天命九年（公元1624年），科尔沁蒙古桑噶尔寨送女儿与皇十四子多尔衮为婚；天命十年（公元1625年），努尔哈赤将皇八女聪古图和硕公主嫁给喀尔喀蒙古博尔济吉特氏台吉固尔布锡。

　　同年，努尔哈赤又将抚养在宫中的侄孙女封为和硕公主，即肫哲公主，嫁给科尔沁蒙古博尔齐吉特氏宗主奥巴汗。这一联姻，最后确立了科尔沁蒙古成为后金最忠实的盟友地位。也是这一年，科尔沁蒙古部寨桑贝勒之子吴克善送妹妹布木布泰与皇八子皇太极为婚。

　　1625年初春，正是科尔沁草原上草芽儿萌发的时节，为布木布泰送亲的盛大队伍组成了，13岁的布木布泰告别祖父母、告别爹和娘、告别游玩嬉戏的伙伴、告别生她养她的故乡大草原，踏上了远嫁的路。

　　从科尔沁草原到辽阳，远嫁的路漫长又漫长。当最初的悲痛过去之后，对未来的揣测、想象便渐渐代替了、淡化了对亲人的思念。一个人，最怕突然间被投入莫测高深的汪洋大海，因为孤立无援。布木布泰心理上有一个重要的支撑点，使她面对未来时恐惧与惶惑之余，能有几分轻松，能得一点安慰，这就是她的姑妈哲哲。

　　哲哲肯定见过小时候的布木布泰，而布木布泰却一定记不得姑妈。因为哲哲远嫁的那年，布木布泰才是个两岁的婴儿。但布木布泰长大以后，会经常地听到有关姑妈的所有故事，特别是在科尔沁蒙古博尔济吉特氏成了皇亲

辽阳古塔

国戚、哲哲成了大金国和硕贝勒的嫡福晋之后。姑妈成为部落和家族的光荣，布木布泰同样引以为自豪。如今，布木布泰将要嫁的男人，就是哲哲的丈夫、自己的姑父，亲上加亲，她到了那边是不会孤立无援的。

来到辽阳以东那座新建的东京时，已是柳绿桃红的仲春了。尽管她没有嫡福晋的身份，尽管她不过是个小女孩儿，只因为她来自蒙古部族，又是与四贝勒为婚，所以仍然举行了盛大的婚礼和婚宴。新郎皇太极亲迎至沈阳北冈，回到府上，在喜气洋洋的气氛中，布木布泰成了姑父皇太极的新娘子。

这时的皇太极不会想到，这个年仅13岁，来自蒙古科尔沁部，比自己小21岁的小妻子布木布泰，这个看上去羞羞答答的小女孩，将来会接过自己定鼎中原、建立大清王朝的历史重担。

老汗王死去，阿巴亥生殉

来到婆家，布木布泰很快熟悉了环境，学会了语言，更多地来往于汗宫和各个王府，和大家庭的成员们都熟识了。因为当初迎亲时汗王的重过寻常的礼仪，家庭成员们不管心里乐意不乐意，表面上也要维持对她的亲切。实际上，人们也都喜爱这个聪明伶俐、乖巧懂事的小福晋，因为她那么幼小可爱，不会对任何人构成威胁，谁能想到她将来会是大清朝最重要的缔造者之一呢？

布木布泰是个聪明的女孩子，过来不久后就知道了有关丈夫皇太极的一切故事，甚至隐隐了解到他的心事。而通过细心的观察，她更明白，在这个家庭里，政治和权力绝对是压倒亲情和爱情的，她嫁过来不久就发现，她的丈夫跟努尔哈赤以及他的兄弟都不一样，他是个有心机和城府的人。而皇太极也发现，嫁过来才一年之后的布木布泰突然间似乎长大了许多，像是个能管事的小媳妇了。

公元 1626 年，后金天命十一年正月新春，须发如银的努尔哈赤亲自率领号称 20 万的八旗大军征讨明朝。守卫锦州、松山、大凌河、小凌河、杏山、连山、塔山七城的明朝将军们，慑于八旗的军威，纷纷烧屋焚庐，丢弃多年储存的军粮军备退回关内去了。只有宁远守将袁崇焕率领他的两万守军固守不退，并发誓与宁远共存亡。宁远于是成了独居关外的一座孤城。

无论八旗军如何骁勇善战，无论身经百战的努尔哈赤怎样足智多谋、善于指挥，三天的血与火的拼死搏斗，宁远城就像铜墙铁壁，屹立如故，后金徒然地在城墙脚边留下堆积如山的八旗将士的尸体，残军只好回师沈阳。袁崇焕实践了他用血写的誓言，取得了明、金交手打仗数十年来的第一个胜利！

这一战也给努尔哈赤带来巨大的打击，他曾对诸贝勒说："我自二十五岁征伐以来，战无不胜，攻无不克，怎么唯有这个小小的宁远城不能攻下？"（有史料说此战中努尔哈赤受了伤）为此，他长时间地闷闷不乐。连四月里征服喀尔喀蒙古巴林部的胜利，也不能消除他的忧伤。他感到疲惫、沮丧，不但是心理上，在身体上，他也感到了衰弱和病痛，便有传说认为，此战中努尔哈赤曾为明军的火炮所伤。

这年的七月二十三日，自觉身体不适的努尔哈赤前往清河温泉养病；八月初，病体沉重，乘舟顺太子河而下，并遣人召大福晋来迎。舟入浑河的时候，大福晋阿巴亥赶到了，衰弱的老汗王却已经进入弥留状态。八月十一日下午，舟至距沈阳城四十里的瑷鸡堡的时候，68 岁的努尔哈赤走完了他的人生。

努尔哈赤的继承人是皇太极，他以过人的谋略、迅捷的手段，迅速除掉了称汗之路上的阻碍，成为后金国新的汗王，在这一过程中，多尔

努尔哈赤雕像

衮的母亲阿马亥，即努尔哈赤最疼爱的小妻子成了牺牲品，被皇太极逼得生殉而死。

努尔哈赤死时，只有阿巴亥在场，等努尔哈赤诸子到后，她转述了汗王临终的遗言：由十四子多尔衮继承汗位，由大贝勒代善辅政，待多尔衮成年后，代善归政。

这无疑不是皇太极想要的。于是他联合四大贝勒进行了紧急磋商。因为这个遗嘱对四大贝勒构成了极大的威胁。此时的八旗，皇太极掌握两黄旗，代善掌握正红旗，阿敏掌握镶蓝旗，莽古尔泰掌握正蓝旗，所余镶红、正白和镶白三旗旗主，分别是阿济格、多尔衮和多铎。这三兄弟在他们分别只有19岁、12岁和10岁的时候，就成为拥有一旗、与诸兄并驾齐驱的权势很大的旗主。

皇太极等人为得旗主，无不在战场上出生入死、流血拼命，对幼弟恃母亲受宠而得汗王厚赐，怎能心平气和？平日里因怯于汗王的威严、碍于兄弟情分还都能忍耐，现在汗王死去，汗王的宝座便是首争的目标。

对皇太极等人而言，眼下的情况是阿济格、多尔衮、多铎这三个同母兄弟所掌握的力量已经超过四大贝勒中的任何一个，如果再有他们的母亲阿巴亥以国母之尊连缀其上，其他五位旗主谁不畏惧？谁又敢不服从？阿巴亥就能因此而左右八旗、左右整个国家的政局，破坏八王共执国政的均衡，这对国家和对他们每个人，尤其是对与阿巴亥有宿怨的皇太极和莽古尔泰，后果都是不堪设想的。这样关键的时刻，绝不能犹豫不决，所以在皇太极的倡导下，大家一致商定：必须除掉阿巴亥，使她的三个孩子的势力瓦解，不能形成对抗的力量。而当前正是多尔衮、多铎尚未成年之时，还不具备竞争能力，阿济格一人当然还难以抗拒众长兄，正是打击他们、夺取权力的好时机。

怎么除掉阿巴亥呢？办法也很现成，那就是让阿巴亥殉葬老汗王。究竟谁是这一主意的设计者呢？史上不见记载，但最大可能是皇太极，因为他有足够的理由去这么做，也有足够的智慧想到这个办法，并且因为他生母的早死和其幼年所经受的冷遇，使他对阿巴亥积怨很深。而出于相似的原因，莽古尔泰也会是积极的支持者。

于是，这些努尔哈赤的成年的贝勒儿子们，以汗王对国政及子孙早有明训为名，断然否定了阿巴亥所传达的"多尔衮嗣位、代善辅政"的努尔哈赤的临终遗命，随后，他们向阿巴亥传达了他们所记下来的"汗王遗言"：大福晋虽然风姿美貌，但心怀嫉妒，常常使汗王不悦，虽有机变，终究逃不出汗王的明察，如果留下，将来恐怕会成为乱国的根由，所以，"俟吾终，必令殉之"！

这回轮到阿巴亥大吃一惊了，她没想到生殉的命运会落到自己的头上。按当时的习俗，妻殉夫必须具备两个条件：一是爱妻，一是没有年幼的儿子，阿巴亥虽然符合前一条，但她确有两个幼子需要抚育，而且她也不相信诸贝勒掌握的这个汗王遗言，她要据理力争。但是，她面对的是战功赫赫、虎视眈眈的四大贝勒，他们进一步威逼说这是汗王的遗命，他们纵然不忍心、不愿意，却不敢不从。

阿巴亥还想争辩，但此时的情势早已为皇太极等四贝勒控制，皇太

清东陵——努尔哈赤和阿巴亥等之墓

极命人将阿巴亥挟持到外面，阿巴亥一看，让她从殉的仪式都已经准备好了，才知她已经是穷途末路，难逃一死了。

按满清人殡葬的规矩，被殉者应盛装坐炕上，众人对之下拜，然后以弓弦扣颈勒毙；若殉者不肯殉，则群起而扼之，至死为止。到了这一步，阿巴亥已没有任何办法，她只能屈从皇太极等人的命令，她被迫换上礼服，戴满珠宝饰物，虽然照规矩殉者不得哭，她还是哀告皇太极等贝勒，请求他们照顾她的幼子多尔衮和多铎。

皇太极等人答应了她，之后阿巴亥生殉而死，死在八月十二日辰时。与努尔哈赤崩逝，相距不过十八个小时，即便是普通人家的下葬，都不会是如此短的时间，对阿巴亥来说，这真是迅雷不及掩耳的打击！皇太极于中应是"功不可没"。

皇太极夺权，大贝勒退让

解决了阿巴亥掌政的难题之后，后金政权面临着一个更加棘手的难题，就是谁来承袭汗位。按理说，这时努尔哈赤手握兵权的八个儿子均有权力继位，但或许是因为皇太极过人的智慧，或许是别人认为他太优秀，这个难题竟然一点不难地解决了，那就是皇太极称汗，是为后来的清太宗。

这个过程大约是这样的：大贝勒代善的长子小贝勒岳托和三子小贝勒萨哈廉议论商量好了以后，同到父亲处禀告说："国家不可一日无君，应该及早定下承袭大事。四贝勒皇太极才德冠世，深得先汗王之心，众人也都心悦口服，理当请四贝勒速继大位。"身为努尔啥赤长子的代善此时竟说："这正是我的夙愿。你们的提议，上合天心，下协人意，有谁会不赞成呢？"此番言论言若不是史家的编造，那便是皇太极已经折服了两个侄子和长兄代善。于是代善父子议定支持皇太极继位。

次日，诸贝勒大臣聚集朝会，代善便将推戴皇太极继位的意思书示二贝勒阿敏、三贝勒莽古尔泰以及小贝勒阿巴泰、德格类、济尔哈朗、阿济格、多尔衮、多铎、杜度、硕托、豪格等，众人都欢喜称善。随即合请皇太极即位。

皇太极为表谦逊，便对他们的请求一再推辞，说"汗父并无立我为君的遗命，若舍诸兄而嗣位，有僭越之嫌"；既怕不能够继承先汗父之志，又怕不能上合天心；而且统率群臣、抚绥万姓是十分艰难的任务，自己难以胜任，等等。总之不肯就这样就位，然后众人又坚请不已，从早上卯时（约晨七时许）直劝到下午申时（约午后五时许），说了整整十个小时，皇太极才被众人的诚意所"感动"，终于答应下来。

据朝鲜的史料记载：努尔哈赤死后，代善让位其弟皇太极说："你智勇胜于我，你应该代我继立。"诸贝勒都想立嗣后再为努尔哈赤举哀，代善便对众人说："父亲生前欲立皇太极。"皇太极却说："当立者应该是代善兄。"说罢连忙走避以相让。于是岳托等人去请代善，代善不出；再请皇太极，皇太极也不出。岳托等人每日数次呼号奔走于二人之间，经过三天仍无结果。代善便令岳托等人率诸贝勒六七人群拥至皇太极处，将他绑架似的抬着举着送到努尔哈赤灵前，皇太极这才接受了汗位。

皇太极为什么有这种表现？难道他真的不愿意继承汗位？绝对不是。从他作出的让贤避举的种种姿态，可以看到，他已经受到汉文化相当大的影响，已经掌握欲擒故纵的某些政治家的手腕。更重要的是，他心里很清楚，他的继立已是顺理成章的事，汗位非他莫属了。

皇太极文武全才，萨尔浒大战以及攻取沈阳的外围战中，他都不顾努尔哈赤的劝阻，冒险冲到战斗最激烈的地方，但凡与太子代善共同出战，他一定冲杀格外出色、战果也总胜代善一筹。又因为他知书读史，有计谋，善于收揽人心，早有贤明之称，所以他能够团结一大批年轻的女真贵族。他们思想相通，比父兄一辈有更大的雄心和更高的抱负，可称之为后金皇朝贵族中的精英少壮派，皇太极可说是这一批人的精神领袖。代善的儿子岳托和萨哈廉之所以首倡立皇太极继位，也正反映了这一点。

而对于代善来说，此时的他也已别无选择。连自己的儿子都不肯拥戴自己继位，还有比这更大的悲哀吗？实力不如、智勇不如、威望不如、才干不如，即使按顺序立长，自己登了汗位，如何面对汗王去世后这内外交困的险恶局面，他对自己毫无信心。既然竞争不过，还是退而求其次，无论为大金国着想还是为自己着想，都是退一步海阔天空。于是，大贝勒代善以让位之德，获取了贤明的名声。皇太极也有丰厚的回报：清代八家世袭罔替的铁帽子王中，代善和他的儿子岳托、他的孙子勒克德浑（萨哈廉之子）占其三，子子孙孙享受荣华富贵。

皇太极继承汗位，多尔衮封官受爵

后金天命十一年（公元 1626 年）九月初一日，皇太极率诸贝勒大臣及文武百官在沈阳大政殿前举行了盛大的登基大典。首先，由皇太极率诸贝勒大臣焚香盟誓，以"诸兄弟子侄共议皇太极承父基业"昭告天地；其次，皇太极自誓"敬兄长、爱子弟"；而后，三大贝勒与诸贝勒共同立誓；三大贝勒与诸贝勒又分别立誓，保证全心全意辅佐皇太极。盟誓完毕，已即汗位的皇太极，竟率诸贝勒，向代善、阿敏、莽古尔泰三拜，表示不以臣礼对待。皇太极这三拜，拜得极有特色，极有意义。它拜去了三大贝勒的疑虑，它拜出了汗王崩逝的难关度过后的政治安定。由皇太极这三拜，人们看到了一个英主所必须具备的豁达大度的胸怀，也显示出他审时度势的政治家的眼光。如果说皇太极这三拜，拜出了大清朝的三百年天下，也许太过分。但由于他聪明地在此时此刻维护了传统体制，维持了当时客观存在的各种力量的平衡，使得这个立国未久的后金国没有因创始人的骤死而产生政治动荡和分崩离析，皇太极对后金政权的发展来说，实在是功不可没。

之后，皇太极终于登上汗位，接受了诸贝勒、大臣、文武百官的

清宫四案之谜

朝贺礼，诏命明年丁卯为天聪元年，并颁发大赦令，以慰万民。

那么，对于多尔衮而言，其生母被皇太极逼死，他会有什么想法呢？仇人已登皇位，多尔衮会怎样呢？对于皇太极，多尔衮的感受可能是极度复杂的，一方面，他曾经说过："太宗文皇帝（皇太极）之位，原系夺立。"另一方面，因为后来皇太极待他不薄，他也亲口对大小贝勒们说过："太宗之所以给予我特

清太宗皇太极

殊不同的恩情培育，超过了对于所有其他子弟，是因为他知道诸子弟只有靠我才能成就事业。我很明白他的意思。"皇太极称帝时，册封了四大亲王，他们是代善、济尔哈朗、多尔衮、豪格。应该说，皇太极的确在多尔衮身上倾注了不少心血，甚至超过了对他的亲生儿子豪格。

有资料显示，皇太极对多尔衮的同母兄弟多铎也不错。多铎有"荒唐王爷"之称，除了能打仗之外，任侠率性、渔色猎艳的名声也不小。崇德八年时，他甚至曾经将主意打到了大清朝首位汉人大学士范文程的头上，并且可能对范夫人进行过性骚扰，气得范文程范大人装病不上朝，闭门谢客在家里生闷气。假如不是多尔衮出面制止，没有人知道事情会如何结局。

二十多岁时，并无大功的多铎竟也从皇太极手中得到和硕豫亲王的爵封，还让他掌管礼部。

可能是皇太极曾逼死其母的缘故，皇太极对多铎的特殊提拔培养，

他却并不买账，皇太极所喜爱的有功之人，他厌恶；皇太极所深恶痛绝的背叛之人，他反加以同情，处处跟这位汗兄唱反调。到了元旦庆贺之际，多铎竟故意用疲马进献给皇太极贺节，被指责时推说是闹着玩，哈哈一笑了事。

另外，皇太极对待多尔衮和多铎的同母哥哥阿济格也不错，这不免让人疑惑，很难想象一个主谋逼死他们母亲的人，会如此行事。特别是对多尔衮，细翻史料，皇太极主政十七年间，几乎所有王公贝勒都受到过严厉处罚。皇太极最有出息的儿子豪格曾经三次受到过降级、罚款的处分，而多尔衮只受到过一次。

处罚多尔衮的事情发生在公元 1641 年，即大明崇祯十四年、大清崇德六年三月。当时，皇太极确定了对锦州长围久困的战略，下令部队轮番围困锦州，由远渐近，最后直逼城下，意图迫使锦州守军弹尽粮绝后不战而降。谁知，时间一久，锦州城内被围的人们受不了了，城外围城的人们也受不了了，结果，领兵主帅多尔衮和豪格等助手商量后，私下里决定放官兵轮流回沈阳探家。兵员减少后，因害怕城里的明军乘虚劫营，清军又将包围线后撤了三十里。结果，事实上等于撤除了包围。

皇太极知道后勃然震怒，整整一天都在大发雷霆。他把多尔衮等人调回来，不许进城，在城外听候处置。从多尔衮、豪格开始，皇太极一一点名痛斥。他对多尔衮说："我加爱于你超过了所有诸子弟，好马任你挑，好衣任你穿，好饭任你吃，比对谁都好。就是因为你勤劳国事，能够恪遵朕命。如今，你让我怎么再信任你。"多尔衮和豪格被骂得狗血淋头，诚惶诚恐地自请死罪。最后，多尔衮的睿亲王爵被降为郡王，罚款一万两白银，夺两牛录；豪格的肃亲王爵被降为郡王，罚款八千两白银，夺一牛录。其他三十多人也受到处分。

几天后，多尔衮等人去衙门办公。皇太极细细询问起来，结果，情况比听汇报时还要糟糕。当时，有人辩解说，是为了能够睡好觉才后撤的。皇太极怒火万丈，把多尔衮等一帮家伙当场赶出去，说："你们赶快回家吧，那样就可以睡好觉了。"并下令，不许他们上朝，说是自己不想搭理他们，相见争不如不见。

最后，多尔衮诸人拜托范文程等多次求情，方才挨过这一关。

综合前后事情来看，多尔衮并未因其母被害之事而过多地怨恨皇太极，也许在其母被害之初，他极其痛恨皇太极，但后来随着皇太极对他的爱护和栽培，他逐渐淡化了仇恨。这里我们不得不说皇太极在待人接物方面是极有手段的，但布木布泰是否在其中发挥了作用，因无史料可考，无从说起。

布木布泰多尔衮，少男少女无嫌猜

对布木布泰来说，夫君皇太极即位的前前后后，也是她一生中极不寻常的时期。汗王崩逝，大福晋阿巴亥生殉，都给她留下了极其强烈的印象，在庆幸丈夫继承王位之时，看到失去父母后的多尔衮、多铎痛苦流泪，她又觉得悲伤。丈夫十二岁丧母后备受冷落的境遇，曾使她由同情而生出爱怜；而丈夫又同大贝勒们一起，逼阿巴亥殉葬，让十三岁的多尔衮和十一岁的多铎丧母，多尔衮和多铎不也一样令人同情吗？或许，她从她的堂姐、多尔衮的福晋那里偷偷听来老汗王的遗嘱，原是要多尔衮继位、代善辅政的；最后她布木布泰的丈夫倒被众人推拥着登上了汗位！

少男少女最多情，两小无猜情愫生。这时的布木布泰应该与多尔衮产生了某种情愫，因为皇太极忙于政务，无暇顾及家中的小妻子，就是有点时间和她在一起，因为20多岁的年龄差距，两人不可能有太多的共同语言；而多尔衮正当年少，布木布泰与他年龄相若，两人会有很多在一起的时间，并且在一起会有很多话说，也会有很多共同感兴趣的东西，而聊得来的两个少男少女，是难免要产生一些朦胧的爱情的。

因为多尔衮的母亲殉葬，多尔衮一定很受打击，或许这时布木布泰很好地安慰了他，并且布木布泰的善解人意，深深地打动了多尔衮的心，两人真正开始情结暗系。

布木布泰还是十三四岁的女孩儿，阿巴亥的生殉又告诉她，做汗王的福晋，除了锦衣玉食、荣华富贵之外，还有一把高悬在头顶的命运的利剑，不知在何时何地，不知会落在谁的头上！这使作为皇太极小妻子的她细想起来心惊胆战。因为，她此时已成为皇太极的小福晋了。在皇太极登基前后，她的心就这样被惊、喜、惧、爱、恨等种种感受折磨了个够。而或为了生存，她已与多尔衮私自定了某个约定。

布木布泰不只是一般的能识会写，她跟皇太极一样爱读书，通经史。这种共同的爱好，或许也使他们之间增加了许多话题，共处一室时更增加了许多乐趣。渐渐的，他们之间有了一点平等。开始或许是出于好奇和寻开心，皇太极以问小福晋一些书史文章为乐，后来问慢慢变成咨询，再后来，不仅咨询书史，在治理朝政中遇到一些问题，也想听听这个小福晋的意见了。因为她总能提出某种独特见解，来增加皇太极的选择余地。

但是，多尔衮也是一个爱读书、通经史的人，那么他的这一喜好，是不是从布木布泰那里来呢？想来作为一国之君的皇太极，是不可能有太多的时间陪布木布泰读书的，但多尔衮却有，所以在这个时期，布木布泰与多尔衮，应该有着较常人亲密许多的关系。

皇太极建立清朝，诸贝勒喜得福晋

天聪九年（公元 1635 年）二月，皇太极授命多尔衮、豪格、岳托、萨哈廉率精兵一万西征，进入河套地区，消灭了林丹汗的残部，路上遇到前来归附的察哈尔汗的多罗大福晋囊囊太后，又说降了察哈尔汗妻苏泰太后。四月，众将班师回沈阳。皇太极亲率诸贝勒远迎至阳石木河。因为苏泰太后不但携子额哲（即林丹汗的嗣子）率部众来归，而且献上了元朝历代的传国玉玺。这实在是皇太极梦寐以求的瑞祥和喜兆。后金国上上下下更是一片欢腾，觉得天命所归了。

皇太极设大宴款待来归之众。宴会的香味和酒气使人们兴高采烈。诸贝勒又一次纷纷奏请，说囊囊太后乃察哈尔林丹汗多罗大福晋，既归我朝，必应使得其所，只有汗王纳娶，最为适宜。皇太极没说同意也没说不同意，他有个好主意。两位太后都带来众多的部众，囊囊太后有一千五百户，苏泰太后也有一千户，察哈尔林丹汗作为元朝的直系后裔，保存和搜集的财富也很可观。同时，随两位太后来归的还有许多年轻美貌的蒙古福晋和格格，皇太极已经收纳窦土门福晋，开了先例，此刻也就豁达大度地命诸贝勒挑选各自中意的女子。

豪格看上了察哈尔伯奇福晋，阿巴泰选中了察哈尔俄尔哲图福晋，济尔哈朗对已故妻子的妹妹苏泰太后心向往之，皇太极也准了他的请求。不料大贝勒代善也看中了富有而美丽的苏泰太后，但皇太极答应济

尔哈朗在先，并且济尔哈朗娶苏泰太后也更近情理。为了安抚兄长，皇太极命代善娶尊贵的察哈尔多罗大福晋囊囊太后，代善竟嫌囊囊太后贫穷而不肯，最后倒娶了财产丰厚的林丹汗的女儿泰松格格。

皇太极于是娶了囊囊太后，这样皇太极的后宫，一下子增加了三位尊贵而富有的福晋。这对原来的中宫皇后和东西二宫妃的地位会产生什么样的影响呢？朝鲜臣服，察哈尔蒙古灭亡，元朝传国玉玺到手，汗位汗权空前强大，沈阳皇宫建成，皇太极踌躇满志，终于在天聪十年（公元 1636 年）四月初十日正式称帝，称帝之处在沈阳皇宫。称帝大典在新建皇宫的崇政殿举行，臣下上皇太极"宽温仁圣皇帝"尊号，建国号为大清，改元崇德，改沈阳为盛京。

沈阳皇宫原名盛京宫阙，后称奉天行宫，位于今沈阳市沈河区明清旧城中心，占地面积约 6 万平方米，有建筑 90 余所、300 余间，始建于后金天命十年（明天启五年，1625 年），初成于清崇德元年（明崇祯九年，公元 1636 年），在建筑艺术上承袭了中国古代建筑的传统，以汉族传统建筑风格和布局为主，兼备了蒙、满等民族风格和布局，具有很高的历史和艺术价值。

称帝后，皇太极对沈阳宫殿各主要建筑分别正式命名："定宫殿名，中宫为清宁宫、东宫为关雎宫、西宫为麟趾宫、次东宫为衍庆宫、次西

沈阳皇宫

宫为永福宫，五宫分置一福晋。

皇太极更分封诸兄弟子侄：和硕兄礼亲王代善、睿亲王多尔衮、豫亲王多铎、郑亲王济尔哈朗、成亲王岳托、肃亲王豪格、武英郡王阿济格、饶余贝勒阿巴泰等，并命各兼理六部部务。

称帝之后，皇太极不但在事业达到了顶峰，在爱情上也达到了顶峰，就在他称帝之时，科尔沁蒙古又送来了一位身份很特殊的女子，因为察哈尔的归降，科尔沁觉得有可能不再受优待，于是再献女子嫁于皇太极。这位女子的来到隐藏着许多至今尚不可解的谜，她就是布木布泰的同胞姐姐海兰珠。

皇太极册封五宫，海兰珠独得宠幸

后金天聪八年十月，科尔沁蒙古贝勒吴克善第二次送妹来归嫁皇太极。这和上一次送妹归嫁已相隔九年，上一次他送的是 13 岁的小妹妹布木布泰，这一次他送的是 26 岁的大妹妹海兰珠。

亲姐妹同嫁皇太极，海兰珠比布木布泰大 5 岁，嫁来时间却晚了 9年，这是怎么回事？照理说，一般蒙古女子很少留在闺中到 26 岁还不出嫁的，何况海兰珠美貌温柔，不是嫁不出去的丑女，科尔沁蒙古莽古思王爷一族，既然肯将哲哲、布木布泰姑侄俩嫁给皇太极，也不会吝啬于海兰珠的。按正常的情况分析，只有一种解释，那就是海兰珠早年已经嫁给了别的人家，这人家很可能就是察哈尔林丹汗。林丹汗败亡之后，海兰珠无所归依，有哲哲和布木布泰在皇太极耳边撺掇，再加上林

丹汗的女人基本都归了皇太极和他的弟兄，那么海兰珠最好也嫁过来，这样科尔沁也能对当年嫁女给察哈尔之事向皇太极做个交代，而有了哲哲和布木布泰在皇太极身边，海兰珠最好也一起嫁了皇太极，于是才会有这次亲上加亲的婚姻。

1636年七月初十日，皇太极在崇政殿举行大典，册封五大福晋，她们是：清宁宫中宫大福晋哲哲，为国君福晋，称皇后；东关睢宫福晋海兰珠为东宫大福晋，称宸妃；西麟趾宫福晋娜木钟，即原察哈尔多罗大福晋囊囊太后，为西宫大福晋，称贵妃；东衍庆宫福晋巴特玛，即原察哈尔窦土门福晋，为东次宫侧福晋，称淑妃；西永福宫福晋布木布泰为西次宫侧福晋，称庄妃。

这次册封也说明，海兰珠自来到皇太极身边，便极得其欢心，于是立即便占得东宫，并集三千宠爱于一身。

盛京的宫殿是一组建在高台之上的四合院式建筑，这里就是皇太极的后妃生活区。正中是清宁宫，东宫为关睢宫，西宫为麟趾宫，东宫下首为次东宫衍庆宫，西宫下首为次西宫永福宫，统称台上五宫。五宫之主位，就是当时后宫、也是大清国最尊贵的女人了。

作为海兰珠和布木布泰的姑姑，哲哲保住了她的中宫皇后，布木布泰原是姑妈的副手，但东宫妃戴青之女的到来，使她降到第三位，如今，又被挤到了第五位。她心里不免有些悲哀，然而比上不足，比下有余，原来的东宫妃连一宫之主的地位都没能争到呢。

皇太极对蒙古使用恩威并施的手段，获得完全成功，就在崇德元年，漠南蒙古十六部四十九位领主，在盛京举行大会，共尊皇太极为他们的可汗，并奉上"博格达彻辰汗"的尊号，整个漠南诸部都臣服于大清。至此，皇太极东降朝鲜、西收察哈尔，自鸭绿江直抵贺兰山，都进入大清国的版图了。

海兰珠的到来，布木布泰原本是很高兴的，当初也是她在皇太极面前力主姐姐嫁过来的。盛京清廷五宫的五大福晋中，她们亲姑侄就占了三位，后宫还不就是科尔沁博尔济吉特氏蒙古格格的天下？

清宫四案之谜

宸妃海兰珠居住的关雎宫中的摆设

但包括布木布泰和哲哲在内，在海兰珠到来之前，谁也没有想到，她将能独揽皇太极对女人的全部爱恋。每当后宫的妃子们等待着迎接皇太极回后宫时，她们期待被临幸的希望注定要失望，因为皇太极只到关雎宫，只宠幸宸妃海兰珠。

海兰珠在嫁过来的第三年，即崇德二年（公元 1637 年）七月初八，在关雎宫为皇太极生下了一个儿子，这孩子虽然称皇八子（按活着的皇子排行是第六子），但却是海兰珠所生的第一个儿子。皇太极非常高兴，竟开先例在皇宫举行重大庆典的场所崇政殿，颁发了清朝的第一道大赦令，御制文中说："今蒙天眷，关雎宫宸妃诞育皇嗣"，故而大赦天下，使万民咸被恩泽。一个初生的婴儿被定为皇嗣，那么其母的地位也就不言而喻了。

海兰珠因病去世，布木布泰生福临

史书谈到皇太极时，认为他"聪睿绝伦"，从其一生的作为来看，这种评价还是比较中肯的。但皇太极的聪明，很有可能正是他对于布木布泰没有给予过多关爱的原因之一。因为，这位庄妃的心机太多也太深。从两性心理来看，一般说来，那种心智能力极强、并且日理万机的男人，很难从性爱的角度喜欢一个心智能力同样强的女人。他们会因为双方太像而排斥。这种男人，渴望在女性那儿得到满足的，会是一种更加女性化的东西。就像唐代的武则天，她在李世民身边时，只能是一个低级才人，却无法成为嫔妃，后来她回到性情柔弱的李治身边，终于成为不可一世的武则天。武则天的事例对布木布泰而言，可能就是皇太极喜欢其姐，却对她冷落的原因。

尽管海兰珠是亲侄女、亲姐姐，皇后哲哲和永福宫庄妃也不能不对她的专宠有所抱怨。哲哲怎么对待和处理，史书上不见端倪，而布木布泰应该是没有放弃努力。她已经从丈夫那里学到了不达目的决不罢休的坚强毅力。她想必是很艰难地从姐姐专宠的缝隙中找到了机会，因为在她姐姐海兰珠有六七个月身孕的时候，布木布泰第四次怀孕了。但是，这时的凤凰楼下的高台五宫，完全被宸妃海兰珠的光彩盖住了。

但是，也许上天总不想让人过得太顺利，海兰珠诞生的皇子只活了六个月，就因患天花而夭折了，这件事直接导致了海兰珠不久后的死亡

清宫四案之谜

以及皇太极的一蹶不振。

说起来事情又很巧，就在海兰珠的孩子夭折两天以后，崇德三年（公元1638年）正月三十日，布木布泰生下了皇九子，这个孩子就是后来的顺治皇帝福临。

福临出生的时间很奇怪，布木布泰生得是那么恰到好处，好像刚过世的皇太子到阴间打了个转又回来似的；至少也会令迷信的人们觉得，上天送来福临意在换走太子。福临于是自然而然地成为填补太子空缺的皇子。那么此事或会让人想到，海兰珠生下的皇太子之死，会不会和布木布泰有关呢？如果有关，那布木布泰为了儿子能够继承皇位，真可以说是处心积虑、不择手段了。

不管怎样，对于痴爱海兰珠的皇太极而言，皇太子夭折和皇九子出生，两件事情几乎就是同时，这就注定了皇九子的诞生不会带来多少喜悦。皇帝和他的宠妃东宫大福晋都沉浸在悲痛中，所有的人不管心里怎么想，行动和表情都得与皇帝一致，整个宫廷内外和朝廷上下都为国家失去皇嗣而被一团悲雾所笼罩，谁还记得起永福宫有个新生儿。布木布泰当然为自己终于生了皇子而高兴，或许她心底深处也因皇太子夭亡给自己的儿子留下希望而感到庆幸，但她更不能表现出来，她一定得和大家一样显得悲痛惋惜，并且一定在月子里坐在床褥中遣人去向失去儿子的亲姐姐致以哀悼和慰问，向丈夫致以哀悼和慰问。

失去儿子，尤其是已被立为皇太子的儿子，这样残酷的打击是宸妃海兰珠难以承受的。她终日哭泣，日夜悲伤，寝食不安，一天天地消瘦了。这使得皇太极更加关怀怜爱，多方劝慰，赐珍宝锦缎，调饮食药饵，他只要穿过凤凰楼回到后宫，就在东关睢宫里陪伴郁郁寡欢的海兰珠，还不时带她去到郊外散心。这一切都不见效时，皇太极又请来了海兰珠的娘家人，试图由祖母和母亲的抚慰来消除爱妃心头的创伤。

崇德六年（公元1641年）九月，明朝蓟辽总督洪承畴，率十三万大军前来援救关外重镇锦州。皇太极御驾亲征，九日率军扎宫在松山城西北十里处。十二日，从盛京来到的官员向皇上奏言关睢宫宸妃得病。

时值两军对垒的严重时刻，皇太极却毫不犹豫地立刻召集诸王、贝勒、贝子、公及各固山额真，命他们固守杏山、高桥。随后的十三日一大早，皇太极就车驾起行赶往盛京。十七日，皇太极抵达旧边界驻跸。当夜一更时分，盛京遣使来奏报宸妃病危，皇太极闻讯立即拔营，连夜赶奔，并遣大学士希福、刚林及冷僧机、索尼等急驰前往候问病势来报。

几位大学士马不停蹄，五更便赶到盛京，方入大清门、至内门击云板叫门时，宫内传出一片哭声，宸妃正于此刻薨逝，没有等到与心爱的丈夫最后再见一面，终年32岁。

冷僧机和索尼不顾人马劳乏，汗湿淋淋，立刻回马急奔，在盛京城外遇到圣驾，便以宸妃已逝奏闻。

皇太极闻讯，犹如五雷轰顶，登时恸哭失声，飞马驰入大清门，直扑关睢宫，直扑到海兰珠的遗体上，恸哭不止，捶胸顿足。皇后与众妃力劝、诸王贝勒跪求，都不能阻止他如流泉一样的热泪。他下令宸妃丧殓之礼一切从厚，甚至元旦佳节也免去朝贺、停止筵宴乐舞，等同于国丧。他自己身离宫院，独居御幄，朝夕悲痛，竟至六天六夜不饮不食，终于导致昏迷休克，吓得后妃及诸王大臣设祭物于神前祈祷。

自从皇太极闻宸妃病的消息从前线赶回盛京后，就再也没有重返松锦战场，从而也就结束了他四十余年的戎马生涯，他的身心也受到重创。

在皇太极悲悼海兰珠不能自已的时候，能温暖他的心的人，常在他怀抱中给他安慰的，只有庄妃布木布泰了。哲哲是中宫皇后，尊贵可以减轻冷遇所造成的伤害；麟趾宫贵妃和衍庆宫淑妃新来乍到，失宠的感受还不会很深切；唯有永福宫庄妃布木布泰，入宫已经十六年，曾经是皇太极最心爱的小福晋，在宫里的地位仅次于皇后。又因为庄妃与海兰珠一母同胞，二人长相定有几分相似，皇太极爱屋及乌，定会拿布木布泰当作其姐来安慰自己了。

但布木布泰会怎么想呢？皇太极的爱恋、皇太极的情意，海兰珠生时由她全部领受、死后由她全部带走，这难道不是比海兰珠年轻漂亮、

海兰珠所居住之关睢宫外景

比海兰珠聪明颖慧的布木布泰最大的悲哀吗？布木布泰多少次对孤灯空帏，多少次对月伤怀，那只有她自己知道了。此时的她是个二十多岁的少妇，健康美丽。虽然皇太极称帝以后，模仿汉制加强了宫禁，但男女结合是天赋权利的蒙古传统观念，并没有在她心里死绝，宫墙禁令只禁得住身体和行动，永远禁不住思想和感情。所以，在丈夫皇太极全心宠爱海兰珠的时候，青春的多情和体内的欲望，或许会使布木布泰对丈夫之外的人产生了遐想。

在被丈夫冷落的时候，布木布泰移情别恋完全是有可能的，也是可以理解的。她移情的对象，也只能是那位与她自幼时就志趣相投，又因政治需要和姻亲关系而接触最多，已经日渐成长得智勇双全、威武英俊的睿亲王多尔衮。多尔衮对布木布泰，多年来也一直怀有爱慕倾倒之心，他们家庭宴会、祭祀、多尔衮进宫请安等等的相见机会，会不会让他们之间发生一些什么呢？我们不得而知。

皇太极突然暴毙，多尔衮嫌疑难逃

海兰珠死后未及两年，大清国的创立者清太宗皇太极也走完了他的人生历程。

皇太极有着过人的谋略和魄力，如果皇太极再能多活十年，或许他会做出更多惊人的举动，但上天没有给他太多时间，崇德八年（公元1643年）八月初九日深夜，盛京皇宫传出哀音，大清第一任皇帝爱新觉罗·皇太极，在清宁宫突然驾崩，享年52岁。

皇太极不但有过人的谋略和魄力，还有豁达的胸襟和的气度，且目光远大，知人善任，是既有大志、又具备雄才大略的政治家。他在位

清昭陵——皇太极的陵墓

十七年，上承努尔哈赤开国之伟业，下启清代一统之宏图，他英年而逝，实在是满民族的重大损失。

关于皇太极之死，各史书记载不一。《清史稿》记：（崇德八年八月）庚午，上御崇政殿。是夕，亥时，无疾崩，年五十有二，在位十七年。《清实录》记：（崇德八年）"八月庚午，是夜亥刻，上无疾，端坐而崩。"《清帝外记》记："崇德八年八月，上御崇政殿，回宫，是夜无疾坐南榻而崩。"《盛京通志》中《神功圣德碑文》记"（皇太极）以崇德八年八月庚午崩，圣寿五十有二，在位十有七年。《沈馆录》记："本月初九日夜半后，皇帝暴死。"《朝鲜仁祖实录》记：二十一年九月朔壬辰，文学李移在沈阳驰启曰"清汗于本月初九日夜暴逝"。《山中闻见录》记：勹、月辛未，清太宗以痰疾殂于沈阳。"

皇太极在八月初九日还到崇政殿办公，这天他像平常一样忙碌：先是接见和赏赐了土默特部落前来贡马的甲喇章京大诺尔布、小诺尔布等十五人以及他们的随从，之后他又奖励了护送格隆喇嘛来盛京的土默特部落车克车章京所属诺木习礼和从人；随后他同皇后、诸妃在崇政殿召见远嫁察哈尔、科尔沁蒙古的固伦公主，并挑选最好的绸缎赏赐固伦公主和从科尔沁一同来朝的福妃、贤妃及诸福晋。

这一天，他没有表现出任何异常。而就在这天夜里，皇太极端坐在正寝清宁宫东暖阁的南炕上离世，年仅五十二岁。这种情况下，是很难拿出让人完全信服的答案的。

历史上任何一个突然离世的帝王都会留下多个版本的千古之谜。于是，几百年来，关于皇太极暴死之谜便被后人作出了无数的猜想。据当时记载的各种迹象来看，皇太极像是因脑血栓引起了脑溢血，死亡极快，没有痛苦。那么事实是这样吗？这些正史、野史所记不同，一是死的时间，二是死的原因。再加上之后孝庄下嫁多尔衮之事，于是有关皇太极的死便有了各种传说和猜测。

皇太极从小身体很好，中年以后身体发福，有些偏胖，但从清宫史料等史书记载来看，皇太极却是病死的，其死因很可能是"痰疾"。而后有关的清代官修史书也有记载说皇太极死时是"无疾而终"。但这并不为大多数人所相信，后世野史更将皇太极之死说成是被多尔衮或多尔衮与庄妃布木布泰所谋害，演绎成了一起香艳离奇的谋杀事件。武侠小说家金庸的《碧血剑》中更是活灵活现地演绎成是书中主人翁袁承志（小说描述为袁崇焕之子）亲眼见到皇太极赶到庄妃的寝宫，被正在和庄妃幽会来不及逃走的多尔衮行刺而死。其文是这样描述的：

（袁承志）从窗缝中向内张去，但见房中锦绣灿烂，大红缎帐上金线绣着一对大凤凰。迎面一张殷红的帷子掀开，皇太极正走进房来。……只见一名满洲女子起身相迎。这女子衣饰华贵，帽子后面也镶了珍珠宝石。皇太极进房后，那女子回过身来，袁承志见她约莫二十八九岁年纪，容貌甚是端丽，全身珠光宝气，心想："这女子不是皇后，便是贵妃了。啊，是了，皇太极去瞧武士比武，这娘娘不爱看比武，便在这里等着，这是皇帝的行宫。"

皇太极伸手摸摸她的脸蛋，说了几句话。那女子一笑，答了几句。皇太极坐到床上，正要躺下休息，突然坐起，脸上满是怀疑之色，在房中东张西望，蓦地见到床边一对放得歪歪斜斜的男人鞋子，厉声喝问。那女子花容惨白，掩面哭了起来。

皇太极一把抓住她胸口，举手欲打，那女子双膝一曲，跪倒在地。皇太极放开了她，俯身到床底下去看。袁承志大奇，心想："瞧这模样，定是皇后娘娘乘皇帝去瞧比武之时，和情人在此幽会，想不到护国真人突然演出这么一出好戏，皇帝提前回来，以致瞧出了破绽。难道皇后娘娘也偷人，未免太不成话了吧？她情人若是尚在房中，这回可逃不走了。"

便在此时，皇太极身后的橱门突然打开，橱中跃出一人，刀光闪耀，一柄短刀向皇太极后心插去。那女子"啊"的一声惊呼，烛光晃动了几下，便即熄灭。过了好一会儿，烛火重又点燃，只见皇太极俯身倒在地下，更不动弹，背心上鲜血染红了黄袍。

袁承志这一惊当真非同小可，看那人时，正是昨天见过的睿亲王多尔衮。那女子扑入他怀里。多尔衮搂住了，低声安慰。

对于多尔衮杀死皇太极的原因和结果，书中这样讲道：次日一早，（袁承志一行人）便即离盛京南下。不一日，进山海关到了北京，才听说满清皇帝皇太极在八月庚午夜里"无疾而终"，满清立了皇太极的小儿子福临做皇帝。

小皇帝年方六岁，由睿亲王多尔衮辅政。袁承志道："这多尔衮也当真厉害，他亲手杀了皇帝，居然一点没事，不知是怎生隐瞒的。"洪胜海道："睿亲王向来极得皇太极的宠信，手掌兵权，满清的王公亲贵个个都怕他。他说皇太极无疾而终，谁也不敢多口。"袁承志道："怎么他自己又不做皇帝？"洪胜海道："这个就不知道了。或许他怕人不服，杀害皇太极的事反而暴露了出来。福临那小孩子是庄妃生的，相公那晚所见的贵妃，定然就是庄妃了。"

金庸的小说对史实的描述尤为精彩，这段关于多尔衮杀死皇太极的描述合情合理，但这毕竟是小说家言，缺乏史实和考证资料，即便如此，这一说法仍有为数众多的拥护者，包括诸多史学家，因为如果真是多尔衮杀死了皇太极，他的理由是十分充分的。

为什么这样说呢？前面说到了努尔哈赤的大福晋阿巴亥之死，阿巴亥是多尔衮的母亲，却是被皇太极逼死的，这样一来，皇太极给多尔衮而言便有杀母之仇，阿巴亥生殉坐死的情景恐怕早定格在多尔衮的记忆中，所以他可能对皇太极表面恭敬，心底里却恨透了他，早欲杀之而后快。再加上他与布木布泰从小情投意合，两人暗生私情进而通奸也

布木布泰居住的永福宫

是完全有可能的，或因通奸事泄而杀掉皇太极，也是合理的，后来的孝庄下嫁多尔衮一事，又为此说作了很好的延伸。

也有人说皇太极之死是因为他听说了布木布泰与多尔衮私通，多尔衮之妻告知皇太极，皇太极正欲率军入关，大军行至途中得知消息，皇太极十分震怒，立即返回沈阳，但还宫不到一天便以暴病崩逝。于是人们都怀疑皇太极是被庄妃和多尔衮所害，但当时多尔衮党羽极盛，无人敢撄其锋。不久，多尔衮竟奉遗诏为摄政王，率师入关进燕京，从此恒居宫中，政事机密，大玉妃全权委任给多尔衮办理，于是朝廷大权由多尔衮独揽，按照满族人的婚俗规矩，身为太后的孝庄便名正言顺地下嫁了多尔衮。

诸亲王争位，多尔衮占先

皇太极是大清皇权真正缔造者，在清朝建立和入主中原的过程中，他的贡献是非常巨大的。但他走得太匆忙，没有留下遗嘱，于是皇位继承再一次成为一个爆炸性问题摆在了清朝统治集团的面前。

皇太极在有生之年，就嗣位问题曾有过思考，并采取过措施，但令他十分失望。他从万历三十七年（1609 年）长子豪格降生，至崇德六年（1641 年，崇祯十四年）第十一子博穆博果尔降生，共有 11 子。以皇太极死的时间为准计算，他们是长子豪格（35 岁）、次子洛格（1611—1621 年，11 岁卒）、三子洛博会（1617—1623 年，7 岁卒）、四子叶克舒（17 岁）、五子硕塞（16 岁）、六子高塞（7 岁）、七子常舒

（7岁）、八子无名早夭、九子福临（6岁）、十子韬塞（5岁）、十一子博穆博果尔（3岁）。在11子中，除早死的次子、三子、八子外，尚有8子。以平常人眼光观察，从中选出一个嗣子，当不成问题，但这着实把聪明、睿智、善于谋略的皇太极难住了。

如果按长子继承制，豪格嗣位顺理成章。然而皇太极早早地排除了豪格继承皇位的机会，这大约是因为两个问题。

第一，在子以母贵时代，皇太极后宫是蒙古贵族女儿的天下，五宫并立。豪格母亲仅是乌拉贝勒博克铎之女，处于继妃地位。这位继妃是努尔哈赤大福晋阿巴亥从姑，在先汗时代扈伦四部之女曾主宰后宫，但而今已成烟云。

第二，豪格尽管身经百战，魁伟有智谋，但在他父亲心目中，终究是曾"怀异心以事朕"的人，他们父子之间矛盾挺大，皇太极将豪格排在郑亲王和睿亲王之后，可见其不为父王所喜。17岁的叶克舒母亲是庶妃，地位自然低下。16岁的硕塞母亲地位稍高，是侧妃叶赫那拉氏，尽管后来他晋爵为亲王，但在后宫地位仍然偏下。至于7岁的高塞、常舒以及5岁的韬塞之母在后宫的地位都是庶妃，他们的爵位只能是公爵。3岁的博穆博果尔之所以封和硕襄亲王是因为他母亲是懿靖大贵妃，蒙古博尔济吉特氏，属于扎鲁特蒙古。这就是说，在皇太极的脑海里，皇嗣只能从五宫之子中挑选，而五宫中，又非科尔沁后妃莫属。

基于上述考虑，崇德二年（1637年，崇祯十年）七月初八日，关雎宫宸妃海兰珠生皇八子，令皇太极不胜喜悦，认为立嗣时机到来。第九天（16日），他集文武群臣于笃恭殿，颁诏大赦。赦文说："自古以来，人君有诞子之庆，必颁大赦于国中，此古帝王之隆规。今蒙天眷，关雎宫宸妃诞育皇嗣，朕稽典礼，欲使遐迩内外政教所及之地，感被恩泽。"其中的"皇嗣"之语已表明他立嗣意向。但不幸的是皇八子只活了200天，于崇德三年（1638年，崇祯十一年）正月二十八日夭折了，两天后，永福宫庄妃布木布泰生皇九子福临。

皇太极在福临降生后的五年零七个月中，没有再提立嗣问题。而

永福宫正门

他的猝然死亡，使得大清王朝的权力结构突然间就失去了平衡。受到激烈震动的统治层内部意识到，他们将要面临诸王兄弟为窥伺帝位而相争为乱的局面。当时在盛京的朝鲜使臣也看出，因为国本未定，而诸王各分其党，必有争夺之事，竟也幸灾乐祸地奏报他们的国王说："汗死，则国必乱矣！"

新立的大清国会不会乱，取决于继位问题能不能妥善解决。而妥善解决此事的关键，在于推举出一个令诸王大臣都口服心服的皇位继承人。

谁来继承皇位？这是关系到大清朝如何发展的问题！此刻，各派政治力量都在积极活动，努力争夺自己的权益。而既有夺位实力，又有继位权利的，当属礼亲王代善、肃亲王豪格和睿亲王多尔衮。看看这三位的条件。第一位，礼亲王代善。礼亲王代善曾经被努尔哈赤立为皇太子，努尔哈赤逝世后，本以长子当立，他却出于种种考虑，让位于皇太极。如今皇太极又去了，论尊、论长，都非代善莫属；论实力，他掌握着两红旗，当初仅次于手握上三旗的皇帝本人。看来他似乎应是继位人的首选了。

然而，代善这年已经63岁了，多年的征战消耗了他的体力，年事渐高，也使他越来越保守，特别是政坛上的风风雨雨，更消磨掉了他对朝政的兴趣。当年他身为皇太子时，正在三十岁左右，未尝没有一番雄心壮志。天命五年（公元1620年）被废，给了他极大的打击，若不是

清宫四案之谜

他乖巧地杀妻认错谢罪，他也会像他的哥哥褚英一样被父汗所杀。由此，他深切地认识了政治的险恶、皇家的冷酷无情。他既不是皇太极的对手，让位就是十分明智之举了。此后他以年老为由，从此不问朝政，失去了做大事的野心，皇太极死后，他对皇位索然无味，不再相争。

代善退出，最有资格和能力继承皇位的，就是肃亲王豪格了。肃亲王豪格出生于明万历三十七年（公元1609年），是皇太极的长子，母亲为皇太极的继妃乌拉那拉氏。

豪格生性勇武，少年从征，广有战功，随同祖父和父兄辈进行统一女真的战争，在对蒙古董夔、察哈尔、鄂尔多斯诸部的作战中屡立战功，因其功勋卓著而不断晋封，十六七岁时就得到贝勒的封号，后来又多次同代善、济尔哈朗、多尔衮等统兵出征，跟从父亲皇太极伐明，都立有军功，所以天聪六年晋升为和硕贝勒，崇德元年皇太极称帝时，更被封为肃亲王，并兼理户部。他不但是皇太极的大儿子，也是皇太极在位期间有名的战将，可谓是其得力助手之一。

但即便如此，豪格也并不为父王所喜，又素与睿亲王多尔衮不合。崇德元年封亲王以后，豪格屡受处分，但不久又因军功得到宽免，成为诸王贝勒中沉浮最频繁的一个。

豪格为人勇猛有余，智谋不足，这可能是皇太极不喜欢他的原因。崇德元年八月，豪格同睿亲王多尔衮攻锦州有功，命他仍摄户部事。但在第二年，豪格又因其部下给他娶蒙古女子献媚的事，再罢部务。这次的贬谪长达两年，直到他随同睿亲王伐明，入关、下山东，大肆掳掠、多所斩获，崇德四年（公元1639年）凯旋而归时，才因

豪格像

大功恢复了肃亲王爵，复管户部。崇德五年（公元 1640 年），他又同睿亲王去围困锦州，因不听军令，擅自离城远驻，并遣弁兵私回盛京家中，双双获罪，同降郡王。这一次贬谪又是两年，他戴罪立功，在大败洪承畴率领的十三万明军的战斗中功绩辉煌，崇德七年（公元 1642 年）七月，复封肃亲王。

在皇位争夺中，豪格的有利条件是皇长子，并有很突出的战功；不利处在于虽是皇子而母亲不贵，另外，从他不断犯大大小小的错误和杀妻求宠的行为来看，作为皇长子，他不无跋扈横暴之嫌，这种性格，当然不是善于谋略且喜文人雅士的皇太极所喜欢的，所以一直都没有考虑让他继承皇位。

但当时豪格亲掌正蓝旗，而在皇太极死后，他留下的正黄旗和镶黄旗以及众多大臣们都支持豪格即位，他的实力略优于有正白、镶白两旗以及多铎支持的多尔衮。但是，豪格在关键时刻未能果断行事，在有大臣提出豪格具备继位资格并要求其继位的时候，他为表谦虚，说自己不行，难当大位，于是被多尔衮顺水推舟地将他排除在外，他作为皇太极的长子，是最有可能继承皇位的人，却未能入承大统，这让他后悔终生，追悔莫及。

那么在代善和豪格之外，有能力争夺帝位的，无疑是睿亲王多尔衮了。

努尔哈赤崩逝前，曾有"以多尔衮继位、代善辅政"的遗言，虽然往事已成为泡影，却也可知多尔衮从小就聪慧过人，善于自处，在阿巴亥为努尔哈赤所生的三幼子中，多尔衮可说是独得老汗王的钟爱。

皇太极继汗位后，为了对抗另外三大贝勒，也是他的三位兄长的势力，格外用心地笼络三位幼弟。但阿济格愚鲁、懒散、不听话，多铎更是因年幼而行为荒唐，故意与皇太极作对。只有多尔衮，从不把未能继位的不满表现出来，处处谨慎自持，深得皇太极的好感，便也有意识地培养和优待他。

天聪二年三月，即皇太极继承汗位一年半之后，十七岁的多尔衮随皇太极征蒙古有功，被"赐以美号"，曰"墨勒根戴青"，是汉文"睿智"的意思。多尔衮"和硕睿亲王"的汉文爵位便是由此而来。显然，皇太极对多尔衮的才智具有清醒的认识。同月二十九日，阿济格违犯制度，擅自为多铎定亲，被皇太极罚银一千两，并罢免了他镶白旗旗主的名位权力，多尔衮这才正式成为镶白旗旗主。

多尔衮文武双全，英勇善战。天聪三年（1629），皇太极率军攻明，多尔衮在汉儿庄、遵化、北京广渠门诸役中奋勇当先，斩获甚众，一年半后，他又参加了大凌河之役，攻克坚城的功劳也有他一份。天聪八年（1634），皇太极再度攻明，多尔衮三兄弟入龙门口，在山西掳掠，结果"宣大地方，禾稼践伤无余，各处屋舍尽焚，取台堡、杀人民更多，俘获牲畜无数"。

天聪五年（公元1631年）七月，皇太极初设六部，命十九岁的多尔衮掌管吏部。吏部是权力很大的一个部门，乃六部之首，掌理着官吏任命、升迁等人事调动，是重要的权力机构。除了笼络的目的之外，皇太极也看中了多尔衮的聪明机敏，而且多尔衮知书达理、通满汉文字，在当时的诸王中，也是一项突出的优点。他任事以后，勤勉政务，才能出众，办事妥善，常得众人赞扬，吏部被皇太极称为他最放心的一个部门。此后，皇太极对多尔衮多次委以重任，使多尔衮有机会建功立业。

使多尔衮名声大振的是征服朝鲜和攻击蒙古察哈尔部之役。朝鲜和察哈尔被皇太极视为明朝的左膀右臂，是后金攻明的后顾之忧。天聪六年皇太极虽大败察哈尔部，林丹汗走死青海大草滩，但其残部仍散布在长城内外，于是在天聪九年二月，皇太极命多尔衮为主帅，同岳托、萨哈廉、豪格率兵一万前往征讨。

多尔衮富于谋略，在战争中能够因势利导，以较少的代价，获取最大的胜利。多尔衮一路严明军纪，先至锡喇珠尔格招降了察哈尔林丹汗妻囊囊太后和台吉索诺木及所属一千五百户，然后进逼托里图。到达时适逢大雾，多尔衮恐额哲所属人众惊溃逃走，下令按兵不动。他利用额哲之母苏泰太后是叶赫贝勒金台什的孙女这层亲属关系（金台什是皇太

多尔衮朝服像

极生母叶赫那拉氏的哥哥），特派已是后金大臣的苏泰太后的亲弟弟南褚前去劝降。

败亡之后无路可走的苏泰太后母子，遇到靠山强大的亲弟、亲舅来说降，焉有不从之理？对方还保证秋毫不犯——对此，主帅多尔衮和领兵贝勒都与额哲郑重盟誓。这样，察哈尔林丹汗的嗣子也归附了后金。

这一次出征，多尔衮不费一刀一枪，出色地完成了皇太极的使命。更具重大意义的是，多尔衮从苏泰太后（林丹汗之妻）那儿得到了遗失了二百余年的元朝传国玉玺"制诰之宝"，其玺"交龙为纽，光气焕烂"。

凯旋归来，多尔衮向皇太极献上这方传国玉玺，皇太极果然大喜，亲率王公大臣及众福晋等出沈阳迎接凯旋之师，后金王廷内外欢声雷动，都看作是一统万年的吉兆，众贝勒借此事上表称贺并劝谏：得元朝传国玉玺，乃是天意，是天命所归，天命不可违。皇太极是"顺天命"才登上了皇帝的宝座。

因此，登基后叙功分封的时候，多尔衮脱颖而出，被封为和硕睿亲王，位在第三，仅次于礼亲王代善和郑亲王济尔哈朗，成为满洲统治集团中的后起之秀。

皇太极亲征朝鲜时，多尔衮也在其身边。在率军进攻江华岛时，因其上居有朝鲜王子、王妃及众大臣，多尔衮一方面竭力劝降，一方面"戢其军兵，无得杀戮"，对投降的朝鲜国王"嫔宫以下，颇极礼待"。这使朝鲜君臣放弃继续抵抗，减少了双方的杀戮。

这两役之后，清朝的战局顿时改观，皇太极除去了后顾之忧，便可全力对付明朝。他在天聪十年（1636年）改国号为清，年号崇德，南面称帝，与明朝已处在对等地位。

多尔衮在这两大战役中所立的战功，也使他的地位继续上升。正月初一新年庆贺大典时，多尔衮首率诸贝勒向皇太极行礼，这与十二年前的情形相比，可谓天壤之别。当年四月皇太极称帝，论功行封，多尔衮被封为和硕睿亲王，已列六王之第三位，其时年仅24岁。

在此之后，多尔衮几次率师攻明，均获辉煌战绩。崇德三年（1638年）他被皇太极授予"奉命大将军"，统率大军破墙子岭而入，于巨鹿得大胜而归，此役中明统帅卢象升战死。然后他又兵分两路，攻打山东、山西，多尔衮攻克山东重镇济南，前后只用了一天时间，之后"自北京以西，千里之内明军皆溃散逃遁"。在长达半年时间里，"转掠二千里"，"旌旗所指，无不如意"。他在这一次劫掠中还生擒德王朱由枢，并陆续攻克城池五十余座，杀死两名总督级大员，活捉明朝一郡王，杀五郡王等，在五十七次战役中全部获胜，俘获人畜四十六万余、黄金四千多两、白银九十七万余两。在八旗铁骑先后五次大规模绕道伐明的军事行动中，多尔衮指挥的这一次战果最为巨大。明朝大将洪承畴和孙传庭也是因这一次战斗被急急调离围剿李自成的第一线，从而导致李自成有了喘息之机并死灰复燃的。

多尔衮的军功，使素以勇猛善战著称的豪格、阿济格、多铎等人全部相形见绌。班师之后，多尔衮得到了马五匹、银两万两的赏赐。

皇太极执政时期，多尔衮在一系列战略性军事行动中，均有上佳的表现，从而，令皇太极对他"特加爱重"，也为自己赢得了崇高的地位与威望。史书上说他"攻城必克，野战必胜"，不完全是溢美之词。

崇德五年到六年，多尔衮又作为松锦决战的主将之一走上战场。起初，他由于违背皇太极的部署，私遣军士探家而遭到急于破城的皇太极的责罚，但他仍以郡王的身份继续留在军中，一方面屡次上奏提出作战方略，一方面率领四旗的护军在锦州到塔山的大路上截杀，并在攻破松山后率军围困锦州，迫使明守将祖大寿率部至多尔衮军前投降，这样，明朝关外只剩下宁远孤城，为清军入关扫除了许多障碍。

在当时，多尔衮的才能和功绩是公认的。多尔衮虽然勇武，但他并不是一介武夫，他的政治头脑远在其他王公贝勒之上，这点连皇太极也看得很清楚，因此，在更定官制时，便把六部之首的吏部交给他管理。根据他的举荐，皇太极将希福、范文程、鲍承先、刚林等文臣分别升迁，利用他们的才智治国。之后又根据他的建议，皇太极又对政府机构作了重大改革，确定了八衙官制。此外，文臣武将的袭承升降、甚至管理各部的王公贵胄也要经他之手任命。而在统辖六部的过程中，多尔衮锻炼了自己的行政管理能力，为他后来的摄政准备了条件。

多尔衮还对皇太极加强中央集权发挥了重大作用。崇德元年和二年，皇太极两度打击岳托，意在压制其父代善正红旗的势力，多尔衮等人揣摸帝意，故意加重议罪，代善略有不平，便被多尔衮抓住大做文章，上报皇太极，欲加罪罚。这些举动，正合皇太极心意，他一方面对忠君的兄弟表示赞赏，另一方面又减轻被议者的处罚，以冀感恩于他。通过这一打一拉，来稳固自己的独尊地位。

多尔衮因为攻城必克、野战必胜，每每倡谋出奇，而对待皇帝又十分谨慎忠诚，所以深得皇太极的信任，地位已跃居诸王之上，和一贯对皇太极忠心耿耿的济尔哈朗不相上下了。崇德七年十月，皇太极因病不能视朝时，便命郑亲王济尔哈朗、睿亲王多尔衮、肃亲王豪格、武英郡王阿济格裁决朝廷的日常政务。多尔衮此时在国家政治中的作用已可想

多尔衮的睿亲王府

清宫四案之谜

而知。

但是，皇太极并没有料到，多尔衮正利用皇帝的信任一步步成长起来，从墨勒根戴青贝勒到睿郡王，再到睿亲王，逐渐削弱昔日曾打击他母亲之人的势力，直至有能力摆平战功显赫的皇长子豪格，等待时机，后成为辅政王，再成为摄政王，甚至觊觎皇权。

叔嫂情愫渐生，叔侄争位反目

那么在多尔衮的不停升迁之中，有没有布木布泰的功劳呢？这个问题现在无人能说清，虽然后来孝庄皇太后与睿亲王多尔衮的关系是最为人津津乐道的话题，但皇太极死前，她与多尔衮的关系到底进展到了什么程度，她与多尔衮之间究竟发生了什么，怎样发生的，经过如何，结局怎么样等几乎全部笼罩在历史的重重迷雾之中。

从实际情况判断，皇太极生前，她和多尔衮的交往可能只有很短暂的一段时日，就是在她嫁给皇太极而皇太极又没有继位为汗的一年多时间里，他们兄弟叔嫂、两个家庭之间有过交往应该是十分正常的。布木布泰和多尔衮都是十多岁的孩子，天真烂漫，满洲人又没有汉族人男女授受不亲的规矩，他们在一起玩也是很正常的，至于这种交往达到了什么程度，没有人知道。这是因为，这两个年轻人当时太无足轻重，史书上全无记载。但是，诚如我们所知，青年男女相互之间要建立起深切的好感乃至产生某种情愫，在很多时候并不需要特别长久的时间。他们很有可能就是在这段时间里，彼此之间相互吸引，建立起了很深的感情，并且相互之间产生了某种默契。

而在争取皇位这件事上，因为代善无意，所以最激烈的皇位的争斗是在睿亲王多尔衮（太宗之弟）和肃亲王豪格（太宗长子）叔侄之间展开的，这是当时清朝历史走向的焦点。这其中，布木布泰肯定是要向着多尔衮的。

本来，按照推举制原则，就能力、威望、地位与实力而言，多尔衮最应该被推举为最高权力继承人。但此时的情形已经与努尔哈赤死后大不相同。经过皇太极十七年经营，如今的大清国早已不是当年的后金，其政权在组织结构、决策与施政程序、政策法令、思想观念方面已经深深地汉化了，在一定程度上就像是大明帝国的微缩版。为此，皇太极生前亲自统领的两黄旗大臣，坚定主张必须由皇太极的儿子继位。他们之中有八个人，聚集到三官庙盟誓，为达此目的，他们不惜以生命相搏。其中，还有人指名拥戴豪格，这就使事情变得异常棘手。

皇太极有十一个儿子，除夭折的三个之外，豪格是最为出色的一个。豪格是皇太极的长子，比他的十四叔多尔衮还大三岁。从努尔哈赤的时代起，他就开始在战场上冲锋陷阵了。天聪三年，皇太极第一次绕道入关伐明时，在广渠门外，与袁崇焕的宁锦援兵发生激战，豪格勇悍异常，一直冲杀到了护城壕边上，令明军大溃。

豪格与多尔衮多次并肩作战，经常是多尔衮为主帅，豪格为副帅。譬如，那颗传国玉玺就是二人一起拿到的。不过，叔侄之间似乎并没有建立起同甘共苦、生死与共的情谊。豪格对多尔衮好像也并不服气，这或许和他年龄比多尔衮大有关。

到皇太极去世时，豪格作为四大亲王之一，已经成为大清国位高权重的人物。而皇长子的身份，更令他具有了其他宗室诸王包括多尔衮在内都不具备的优势。因此，在一定程度上，豪格似乎比多尔衮具有更加充足的理由成为皇位继承人。他的支持者之多，已经成为多尔衮不得不顾忌的力量。

另外一个因素肯定也在两大政治势力的角逐中发挥着潜在的、重大的作用，皇太极生前自领的两黄旗将士和多尔衮三兄弟所属的两白旗之间，关系可能不太和睦，甚至很不和睦。因此，两黄旗的八位重臣特别不愿意看到多尔衮继位。史书记载说，两黄旗八大臣的中坚人物、

沈阳大政殿

精兵护军首领"图尔格等人与白旗诸王素有衅隙"，遂调动三个牛录的精兵，全副武装"保护"住了宫门，致使形势变得剑拔弩张。

皇太极死后，虽然豪格继位的可能性很高，但多尔衮的优势也是很明显的：他原有老汗王要他继位的遗嘱；他的母亲是尊贵的大福晋；他身为旗主并手中握有两白旗，实力很强；他有显赫的军功；他有卓越的治国行政的才能，行事荒唐的豫亲王多铎无法与之相比，老迈软弱的礼亲王代善也无法与之相比，济尔哈朗因是努尔哈赤之侄更不是他的对手，只有豪格能与他相抗一二，但论政治素质，豪格也与他相差甚远。其他的努尔哈赤之子，因不是亲王就更没有希望了。

然而，多尔衮想要继位却很困难。其反对的声音来自直属皇帝的上三旗，特别是正黄和镶黄两黄旗。

原来的旗主是皇帝本人的两黄旗，自然是大清国最精锐的队伍，集中了满洲的精兵强将，更享受着高于其他各旗的荣誉和待遇。要想维护他们的既得利益，立皇帝之子继位是唯一的途径。豪格在皇子中年长且居亲王高位，久经征战，声望素高，所以两黄旗大臣一开始就把目光投向了他。

于是，两黄旗大臣鳌拜、图尔格、索尼等人同往豪格家中，议立豪格为君。豪格在两黄旗大臣的支持和怂恿下也积极展开活动，派遣何

洛会、杨善往告郑亲王济尔哈朗说："两旗大臣已定立我为君，尚需商议。"济尔哈朗本是努尔哈赤之侄，与皇太极关系最远，为报其恩，也表示愿意拥立豪格为帝。

但就在豪格为继承皇位积极活动的时候，多尔衮也在秘密准备夺取皇位，两白旗都主张拥立多尔衮，他的同母兄弟武英郡王阿济格、豫王多铎跪劝多尔衮，当即大位，并说："汝不即位，莫非畏两黄旗大臣乎？"

多尔衮确实把两黄旗视为夺位的最大障碍，但对两黄旗中少数几人要立豪格、有些人要立自己为君的说法，不敢轻易相信，他不像豪格那样胸无城府，他虽端坐不动，并不应允，反而说："你们这样做，逼得我只有一死而已。"

多尔衮表面上不动声色，其实对拥戴他继大位绝非不动心。但他素来谨慎多谋，善于审时度势，想必济尔哈朗已经来找他商量过了，为了打破两白旗与两黄旗各自坚持己见的僵局，多尔衮亲自来到三官庙，召见了两黄旗大臣中的主要人物索尼。

索尼生于1601年，出身赫舍里氏，满洲正黄旗人。清朝的开国功臣之一，一等公爵，清太祖努尔哈赤的时候，因为赫舍里·索尼父子及赫舍里·硕色兄弟皆通晓国书（满语）及蒙、汉文字，特命赫舍里·硕色与赫舍里·希福一起在文馆做官，赐号"巴克什"，授赫舍里·索尼一等侍卫。从征界籓、栋鄂。金天聪元年（公元1627年），赫舍里·索尼随从清太宗爱新觉罗·皇太极攻锦州，侦敌宁远，并有功。顺治死后由孝庄皇后指定其为辅助康熙的四位辅政大臣之一。他的孙女赫舍里氏后来成为了康熙的皇后。康熙六年（1667年），索尼去世，谥号文忠，儿子索额图继承其职位和爵位。

多尔衮在三官庙见到索尼就问他继承人的问题，索尼的回答很坚决，坚持"父死子继"的原则，似乎没有商量的余地，他说："先帝有皇子在，即位者必从皇子中选出，不能立他人！"

多尔衮看到索尼的态度十分肯定坚决，已经意识到问题不是那么简

清宫四案之谜

单，自己即位将面临重重困难，而豪格已是大有可能，于是他不得不另做打算。

这样一来，情势便成了原来直属于天子的上三旗要拥立皇子豪格；两白旗则坚持拥立皇弟多尔衮；

沈阳三官庙东殿

代善的两红旗处身事外作壁上观；济尔哈朗的镶蓝旗倾向于上三旗。

但在议立皇子之时，还有一股力量十分重要，那就是皇太极身后的五宫妃子们，特别是来自身为大清国母的尊贵的皇后哲哲和皇妃布木布泰。

多尔衮争位不成，孝庄后暗保福临

宸妃海兰珠病逝后，五大福晋只余下四位，皇太极再没有选新人来入主东关睢官。皇太极病逝时，后宫当属科尔沁蒙古博尔济吉特氏的天下。对于谁来继承皇位的问题，后宫当然也非常关心，其程度绝不亚于激烈对峙的两黄旗和两白旗。她们当然主张立皇子而不是皇弟。

此时由五宫后妃所生的皇子只有两个，一个是庄妃布木布泰所生的皇九子福临，这年刚刚五岁多；另一个是西麟趾宫贵妃娜木钟所生的皇十一子博穆博果尔，这年还不到两岁。因为皇后哲哲无子，按皇子贵盛的等级而言，福临和博穆博果尔是头一等，地位高于豪格，更高于其他侧妃庶妃所生之子。以贵而言，皇九子、皇十一子最有资格继位。

就皇后和宫妃的自身利益来说，她们也决不希望与她们毫无亲缘关系、今年已经三十四岁的豪格继位，因为那显然会使她们永远被遗弃在冷宫养老，度过凄凉的余年。而在皇九子与皇十一子两个孩子中，无论是从年岁还是从起主导作用的皇后哲哲的倾向来说，中选的必然是庄妃之子福临。

两黄旗旗主皇帝本人去世，尊贵的皇后还在，皇帝皇后同是主子，旗下大臣都是奴才，两黄旗大臣怎敢违逆皇后？再说两黄旗及正蓝旗这天子自辖的上三旗，在继位问题上，与皇后皇妃有最大的一致处：立皇子。至于立豪格还是立福临，对上三旗来说没有太大的区别。所以，两黄旗大臣们或是被召进凤凰楼，或是得到后宫之主派人送来的懿旨，向他们指出：两白旗坚决反对豪格继位，如果两黄旗依旧坚持，将会产生僵持不下甚至内乱的后果，不如就立福临，可以两全。

这也是当多尔衮在三官庙召见索尼时，索尼态度坚决地说要立皇子的原因。

多尔衮见了索尼后的第二日，诸王和大臣在停放皇太极棺木的崇政殿召开议立嗣君会议，会场内外气氛非常紧张。当天凌晨，两黄旗大臣会盟于大清门，令两旗巴牙喇兵张弓挟矢，环立宫殿，随时准备战斗，而且对两白旗的行动严加戒备。会议开始，索尼、鳌拜首先发言，要求"立皇子"。这时，足智多谋的多尔衮以"八和硕贝勒共议国政"的旧制为由，命令大臣们退出会议，只召开诸王会议，索尼等人无奈，只好暂退。会场的形势骤然发生了变化，对多尔衮十分有利，因为阿济格、多铎皆能参加此会，成为他的代言人和支持者，而拥立豪格的势力却大大削弱了。

诸王会议上，礼亲王代善第一个发言，他说："豪格是先帝长子，理当承大统。"接着郑亲王济尔哈朗亦表示赞同。由于两位年长的亲王率先倡言，对会议有很大影响，形势有利于豪格。可是就在这个关键时刻，豪格却做了一件蠢事，他对眼前的有利形势估计过于乐观，想效法先王以谦让提高自己的身价，因此他说："我福小德薄，难当重任。"于是请辞退去。这样，会议陷入僵局。

豪格一走，豫亲王多铎和武英郡王阿济格就更加坚决地反对立豪格，说两白旗大臣都怕豪格继位后不得活路，由此也可知他如何地不得人心。豪格本人退席、反对者又非常强烈，代善和济尔哈朗顺势收回提议。这样，就以豪格性柔、能力不足以服众为理由，否定了豪格的继位可能。

趁此机会，白旗二王多铎和阿济格立刻劝睿亲王多尔衮继帝位。多尔衮却不明确表态，犹豫未允。多铎按捺不住，竟急不可待地说："睿王若不允，就该立我！汗父遗诏中列有我的名字！"

多尔衮立刻反驳他："汗父遗诏中也有肃亲王的名字，不独有你一个。"多铎气鼓鼓地说："要是不立我，论长就该立礼亲王！"

代善一听多铎提到的三个人选：多尔衮、多铎自己，还有他代善，都是皇太极的兄弟，没有一个是皇子，便十分圆滑又十分巧妙地说："睿亲王若应允，当然是国家之福；否则还是应该立皇子。我老了，难胜此任了。"

代善把自己的意见最后又落实到了"立皇子"，这无疑是对两黄旗大臣的一种提示，其实豪格也并没有回家，他看无人出来坚持为他恳请嗣位，感到形势不妙，便指使两黄旗大臣举行武荐，于是两黄旗大臣和将领佩剑而前，说："我们受先帝皇恩，如果不立先帝之子为君，我们宁可一死，追随先帝于地下！"

这样一来，会场的空气骤然紧张起来。因为两黄旗大臣的言外之意很明白：如果不立皇子，他们便不惜兵戈相见、血染崇政殿了！

在这一触即发的时刻，代善连忙声明说："我乃皇帝之兄，因年老已多年不问朝政，又怎么能再参与议立大事呢？"说着，起身而去。阿济格见事有不妙，也跟在礼亲王后面一起退出会场。多铎眼看事态突变，便也知趣地不作声了。

沈阳故宫内景崇政殿

怎样打破僵持，解决继位大事呢？多尔衮面临着千钧一发的严重形势，此时，多尔衮虽然在会场内占优势，但是在会场外两黄旗将领剑拔弩张，如果处理不当，就要发生火拼。自己若坚持登上皇位，不仅会导致爱新觉罗氏家族的分裂、八旗军的分裂，还会产生内讧、内战等不堪设想的可怕后果，最终断送大清国的前途。机敏的多尔衮终于以大局为重，为了摆脱困境，采取以退为进的办法，毅然放弃了继承皇位的第二次机会。于是他顺着两黄旗大臣的话说道："你们说得对！肃亲王既然谦让退出，无继位之意，那就当立皇九子福临为帝。只是他还年幼，由我和郑亲王左右辅政，分掌八旗军。待他年长之后，当即归政。"

这一折中方案，一则利用豪格的谦词，否定了立豪格为帝；二则提出立六岁的福临为帝，以满足两黄旗大臣欲立皇子的要求；三则让济尔哈朗与己共同辅政是为了削弱豪格的支持力量；四则表明自己无嗣君之意，从而提高他在诸王贝勒大臣中的声望；五则福临年幼，便于控制弄权。多尔衮的意见为多数人赞同被通过，立福临为帝，一场继统危机暂时宣告结束了。这样的结果，实际上对多尔衮最有利，既打击了政敌，又获得了实权。

同时，这个方案也符合两黄旗大臣立皇子的原则，上三旗的地位不失；两白旗因旗主多尔衮为摄政王也得到实利；济尔哈朗与代善都没有任何损失；而且多尔衮与济尔哈朗左右辅政，也是皇太极崇德末年的实际状况，不会引起非议。这样各派政治势力再度达到新的平衡。于是，形成了决议，共作誓书，对天盟誓。盟誓的地点仍在崇政殿，诸王、贝勒，满、蒙、汉文武大臣都参加盟誓效忠，共奉幼主福临为帝，济尔哈朗与多尔衮则当众发誓要秉公辅佐皇帝，若"妄自尊大，漠视兄弟，不从众议，每事行私，以恩仇为轻重，则天诛地灭，令短折而死"。时间就在争议的同一天，八月十四日。

十二天后，崇德八年（公元 1643 年）八月二十六日，五岁的福临在沈阳皇宫大政殿正式即位，尊中宫皇后哲哲和生母西永福宫庄妃布木布泰为皇太后，由睿亲王多尔衮和郑亲王济尔哈朗辅政。第二年改元顺治，福临就是顺治皇帝。这一次爱新觉罗氏家族的皇权之争就此结束。

此后，豪格虽仍颇多战功，但受多尔衮打压。顺治五年，因其隐瞒其部将冒功及起用罪人之弟的罪名被下狱，当年三月死去，年仅 39 岁。豪格死后，其福晋为多尔衮所纳。

那么多尔衮是如何肯舍弃皇位，去立福临为帝的呢，仅是当时形势所迫吗？其实这也与后宫的力量，特别是布木布泰的要求不会没有关系。

多尔衮曾多次出入后宫，不仅因为他是皇太极最信任最重用的幼弟，还因为他的嫡福晋也是科尔沁博尔济吉特氏家族的格格，是庄妃的堂姐、皇后哲哲的堂侄女。崇德五年（公元 1640 年）七月，皇太极又把东衍庆宫淑妃带来的她与林丹汗所生的蒙古格格赐婚给他。所以，多尔衮与现存的四大福晋中的三位都有姻亲关系。

清宁宫中，哲哲皇后以国母之尊，表示了立皇子的强硬态度，告诉多尔衮上三旗和镶蓝旗的退让程度，即可以扬弃豪格但决不立皇弟。她希望他为国家大局着想，不要因争位而使祖宗百战艰难而获得的宏业毁于一旦，妥善化解目前的僵局。为此，皇后提出了立福临、设摄政王的主张。

多尔衮来到西宫永福宫探望皇后提出的皇位继承人——尊贵的皇九子。然而，他面对着的是孤苦伶仃的母子俩：布木布泰和她五岁的小儿子福临。

丧夫的剧变和为儿子能否继位的日夜思虑焦劳，虽然使布木布泰憔悴了许多，但无损于她的美貌和她特有的优雅气度，这正是多尔衮多年来最为熟知、最为倾慕，也是他从任何别的女人身上都看不到、得不到

清宫四案之谜

永福宫内孝庄后用过的床和炕

的东西。她是那样妩媚动人、楚楚可怜，一双明净如秋水的眼睛却永远因为蕴藏着智慧而显得深不可测，就像两汪清冽的寒潭水。

多尔衮抚慰了幼小的侄儿，而后便与布木布泰进行了磋商，内容无非就是立福临为帝、多尔衮辅政，这符合两个人眼下的要求。

在多尔衮答应扶植福临为帝的时候，布木布泰的所有辛苦都得到了报偿：她千方百计维持住的五大福晋之一的尊贵地位，使福临子以母贵，在继位序列中排在庶出的皇长子豪格之前；她不惜一切地多生早生，使福临比另一个大福晋之子博穆博果尔年长三岁，自然幼不敌长；她多年努力获得其信赖和依靠的皇后姑妈哲哲，更为福临投了至关重要的一票；她精心设计的福临出生前后那些红光、香雾、金龙等等吉兆和神人授子的梦境，此刻都成了非福临不可的天命象征。

布木布泰为什么会这么做？她从哪里学会了运筹权力，驾驭别人的呢？如果我们展开想象，不难猜出这或许是范文程的功劳。

在过去的岁月中，我们已经知道，范文程在皇太极继承汗位之后，开始受到高度重视。有资料显示，他后来的很多时光，可能都是在皇太极身边、包括在汗王宫里度过的。有一个未经考证、但很多人愿意相信的说法，庄妃也就是后来的孝庄皇太后，曾经拜范文程为老师，跟着他学习汉家文化。

我们知道，古代的智者主张实行王道，其文化的核心是围绕着皇权展开的，而汉家皇宫中围绕皇位所发生的无数故事，也实在神奇。在二十四史之中，称得上"史不绝书"了。我们无法知道，庄妃——孝庄

清宫四案之谜

皇太后是不是在范文程的教导点拨下，豁然开朗，从而，开始编织属于她自己和儿子的美丽故事。她是在 25 岁时，即嫁给皇太极 12 年之后生下福临的。假如范文程曾经做过她的老师的话，这段时间应该足够教会她中国帝王政治文化传统的精髓了。

多尔衮虽然聪明，但这时的布木布泰在范文程的教导下，以及在自己的感悟下，或许已知道如何去驾驭多尔衮，所以，她以女人的柔情打动了他。

多尔衮的皇位之路困难重重，他自己心知肚明，所以，福临才是上天选好的皇帝。也许这时两人已无须多说什么，他们自从一见面，便认为这是最好的选择，也是最应该的选择。

在满清王公贝勒中，多尔衮可能是除皇太极之外文化素养最高的一个人，他对汉文化的了解大约在众多王爷中也是最深的。以他的聪明机警，当孝庄皇太后散布出福临降生前后的神话时，他可能在第一时间立刻就明白了这个女人想干什么。从而在与豪格的尖锐对峙中，退而求其次，作出了推举福临的选择。

当时，庄妃与多尔衮之间如果有过信息交换的话，也很有可能是极度隐秘，或者是通过庄妃——孝庄皇太后的侍女苏麻喇姑进行的。而哲哲皇后——庄妃的亲姑姑曾经生育过三个女儿，没有儿子，她对于自己这个侄女想要做的事情，大约是心知肚明，并且乐见其成。对于多尔衮推举福临继位，她应该和自己的侄女一样，也是心怀深切感激的。

按照满洲和蒙古兄死嫂嫁弟的传统习俗，他们两人很有可能由叔嫂变为情侣，甚至变为夫妻。但布木布泰何等聪明，她绝不会在此时匆忙地付诸行动，她可以用目光、用表情，甚至用有意无意、半推半就的某些姿态表达心意，然而，那必须是在福临登上皇位以后，她才会实现以身相许的承诺。

在多尔衮被请进皇宫前后，和硕兄礼亲王代善、济尔哈郎以及索尼等人也可能被请进清宁宫，同皇后皇妃商讨过继位的人选。但后宫的所有这些活动，都是秘而不宣的，也基本都是由皇后哲哲出面的。但是从后来孝庄一手操纵大清政局的情况来看，我们有足够的理由相信，真正的策划者是西永福宫庄妃布木布泰。因为只有她在五宫大福晋中具有这样杰出的政治才能，因为只有她的儿子即位当皇帝，她的地位才能从第五升到第二，才能当上皇太后。

当多尔衮率领诸王贝勒及文武群臣跪迎小皇帝登上金殿的帝王宝座时，心里一定很不是滋味。因为福临坐的那宝座曾经两次都应该属于他，但两次都因为当时的形势使大好机会从身边溜走了。就算多尔衮的能力不及皇太极，难道也不及这个五岁的孩子？同是努尔哈赤的子孙，难道多尔衮就没有当皇帝的命？

或许此时在多尔衮酸涩的心里还有几分安慰的话，那就是士为知己者死的悲壮情怀，为了他心爱的布木布泰，他做些牺牲，得到美人一世的芳心，那也算值了。

多尔衮不知道的是，在情人与儿子中间，布木布泰心里的重点绝不是情人，而是她的儿子，因为她对权力的渴望，一定超过了对爱情的渴望，我们从她对福临的栽培上便可见一斑。

满清代明，九王摄政

崇德八年（公元 1643 年）八月二十六日，在沈阳清宫大政殿，五岁的福临在登上了皇帝的宝座时，表现尤为不俗，还留下了不少让人津津乐道的轶事传闻。

即位之前，小福临就要离永福宫往大政殿去了，此时秋意渐凉，门外风大，宫婢跪进貂裘披风。小小的准皇帝福临看了一眼就推开了，说："这披风里子不是明黄的，朕岂能穿着它？"这奶声奶气的斥责，令宫婢惶恐，赶紧将这领红缎里子披风换成明黄

沈阳故宫大政殿

的给他披上，福临才趾高气扬地去了。

出了凤凰楼，高大华丽的御辇在阶下候着。福临的乳母李嬷嬷习惯地抱起小福临，就要一同上辇入座时，福临却一本正经地对她说："这不是你能坐的。"李嬷嬷先是一愣，接着满脸笑容，把福临安置在御辇中，自己跪下来在道边送行。

大政殿内外，密密麻麻地排列着仪仗卤簿、侍卫亲兵、文武百官、王公贵族，多少陌生的面孔都没有使这个五岁的小男孩慌乱失措，反倒是那些熟识的脸叫他心里疑惑起来：父皇在世的时候，每当节庆日家宴的时候，他常常见到这些长辈们。于是他不由得悄悄问身边的内大臣："一会儿诸位王伯王叔王兄来朝贺，朕应当答礼呢，还是应当坐受？"内大臣说："不宜答礼。"后来钟鼓齐鸣，王公百官分班朝贺跪拜，小皇帝果真一动不动端坐龙椅，安然受拜，俨然已是一国之主。

朝贺过程中又出了个小插曲：喀尔喀蒙古也派来使者朝拜，随班祝贺，跪拜不到位，起落与众人不齐。小皇帝立刻蹙起小眉头，问："这是哪国人，怎么不会行礼？"侍臣赶忙回答说，因是远方使者，礼节未能娴熟。福临这才展开眉眼，微微点头，表情和悦，表示理解。

朝贺完毕，王公大臣们应当恭送皇上退朝出大政殿回宫。小小的福临，竟然起立走到辈分、年龄和爵位都最高的大伯父礼亲王代善面前，一再谦让，定要礼亲王先行，才肯升辇回宫。白发苍苍、德高望重的代

善，望着还不及自己腰腿高的满脸真诚的小皇帝，也感动得流下了老泪……

这个福临虽然才五岁，却已是个十足的小人精儿，有着成年人般的老练，我们不得不说，小福临的所作所为，一定是他的母亲布木布泰的教导，布木布泰一定在这个儿子身上寄托了很多希望，正是她的影响和调教的结果，小福临一步步被造就得与众不同，真所谓有其母必有其子。

但小福临再聪明，他也不具备治理一个大清国的能力，而孝庄太后又不能走向前台，所以这个时候，实际掌握大清国最高权力的人还是多尔衮。

皇太极突然死亡之时，天下局势是十分复杂的，日薄西山的大明帝国，声势浩大的李自成、张献忠农民军，还有如日中天的大清朝，三支重要的政治力量逐鹿于中国大地上，已经接近最后大决战的前夜。这也致使皇太极身后的权力继承变得格外敏感并且关系重大。倘若处置不当，为争夺皇位而发生内斗的话，历史上的大清王朝或许就不存在了。

"太后下嫁"是发生在北京城里的，那么他们是如何从沈阳来到北京的呢？这里就简要交代一下满清代明的故事。

明朝末年，国家动荡，民不聊生，崇祯皇帝朱由检虽然励精图治，但是没能挽回颓局，终致国家覆亡，清朝崛起。

造成这一事件的结果，固然与明朝政治腐败积重难返、清朝崛起于关外、李自成造反于国内三个原因有很大关系，但反观崇祯治国理政，待人处事之手段，不得不说他本人更难辞其咎。

崇祯皇帝朱由检是明朝第十六位皇帝，也是明朝的亡国之君，他是明光宗第五子，明熹宗异母弟，母为淑女刘氏，他生于 1610 年，于1622（天启二年）年被册封为信王，熹宗于公元 1627 年 8 月死后，由于没有子嗣，他受遗命于同月丁巳日继承皇位。第二年改年号为"崇祯"，世多称其为崇祯皇帝，或直接呼其年号。

朱由检继位伊始，就大力清除阉党。天启七年十一月，朱由检抓准时机铲除了魏忠贤的羽翼，使魏忠贤处于孤立无援的境地，然后一纸诏书，贬魏忠贤凤阳守陵，旋之下令逮治。在其自缢而死后，下令磔尸于河间。此后，又将阉党260余人或处死，或遣戍，或禁锢终身，使气焰嚣张的阉党受到致命打击。崇祯皇帝谈笑间铲除了魏忠贤集团，曾一度使明室有了中兴的局面。

但当时的明王朝是危机重重，在关外有后金连连攻逼，内有农民起义的烽火愈燃愈炽，而朝臣中门户之争不绝，疆场上则将骄兵惰。面对危机四伏的政局，朱由检殷殷求治，很想有所作为。但因矛盾丛集、积弊深重，无法在短期内使政局根本好转。加上他性格刚愎自用、急躁多疑，又急于求成，因此在朝政中屡铸大错；又因增加赋税、增调重兵全力防范雄踞东北的后金政权和镇压李自成、张献忠领导的农民军，也渐使民心离散。

如果崇祯皇帝不是生在明末，而是生在明朝中期，或者其他朝代的中期，他或许会成为青史留名的好皇帝，但历史没有假设，他几乎是赶上了最不好的时代，内有李自成的大顺起义军，外有满清不时骚扰打击，这种内忧外患的局面其实是最不好处理的，崇祯回天无力，终致亡国。

直接给明朝以最大打击的，无疑是李自成的起义军。当时政治的极端腐败和残酷剥削压榨造成的民心大变，致使农民起义风起云涌，其势

李自成称帝后建的行宫（陕西榆林）

如燎原烈火，在明朝统治的大地上遍野烧起。渐渐地，这些大火汇集成最大最厉害的一股势力，那就是以李自成为首的数十万农民起义大军。

李自成，明末农民起义领袖，原名鸿基，万历三十四年（1606年）八月出生，壮年投军。当时，杨肇基任甘州总兵，王国任参将。李自成不久便被王国提升为军中的把总，同年在榆中（今甘肃兰州榆中县）因欠饷问题杀死参将王国和当地县令，发动兵变。

崇祯三年（1630年），李自成率众投农民军首领不沾泥，继投高迎祥，号八队闯将。六年，在农民军首领王自用病卒后，李自成收其遗部两万余人，开始征战天下，部众也越来越多，占的地方也越来越大。1643年1月，李自成在襄阳称"新顺王"，10月，李自成攻破潼关，杀死督师孙传庭，占领陕西全省。1644年1月，李自成在西安称帝，建国号"大顺"，随后，李自成尽起大军，向着明朝的心脏北京进发。

1644年初，李自成大军从西安向北京进发，在他进军北京约两千多华里的路上，几乎是如入无人之境。然而，在山西代州西面的宁武关，他遭遇到了顽强的抵抗。代州守将周遇吉杀掉前来劝降的使者，一面加强城防，一面出兵奇袭，在城内弹尽粮绝、城外无一援兵的情势下，他退守宁武关，居然率兵连连重创李自成大军。李自成有四员骁将战死在这里，士兵阵亡者达一万多人，伤者无计其数。最后，李自成凭借压倒性的优势兵力，经过殊死攻坚战，才终于打通了这座关口。有史书记载说，后来，李自成率军开进北京时，队伍中有大量伤残者，据说都是在代州宁武关战役中负伤的。

崇祯皇帝自缢处

三月十七日，李自成来到北京城下，感慨万千地说了一句话："要是再有一个周遇吉，我就到不了这儿了。"但既然到了北京城，那么就包围起来攻打了。

　　公元 1644 年，即大明崇祯十七年三月十九日，北京城中有人打开了城门，中午，李自成军队从德胜门进入北京。崇祯皇帝朱由检听说后，来到景山寿皇亭旁，在一棵老槐树上自缢而死。至此，历时 276 年的大明王朝走到了尽头，走进了历史。

　　崇祯死时，陪伴他的只有一位名叫王承恩的司礼太监。据说，朱由检在自己的前衣襟上写下了如下遗言："朕自登基十七年，逆贼直逼京师。虽朕薄德藐躬，上干天咎，然皆诸臣之误朕也。朕死，无面目见祖宗于地下，去朕冠冕，以发覆面，任贼分裂朕尸，勿伤百姓一人。"

　　有一种说法，说是崇祯帝衣襟上另外还写了一行字："百官俱赴东宫行在。"让大臣们前去拥戴辅佐太子。但是，太子已经不可能在东宫了。史书记载说，太子兄弟三人被送出皇宫后，来到周皇后父亲家。据说，这位外祖父不敢收留自己的三个外孙，将他们拒之门外。最后，三人全部落入李自成手中，被杀身亡。

多尔衮排除异己，范文程上书入关

　　而在大清国这边，顺治皇帝福临即位，代表着清朝进入了一个新时代，努尔哈赤和皇太极打下的雄厚基础已经齐备，大清国的目标只剩入主中原了，所以这个时代也是清朝统一中国的时代，但与其称这个时代为福临时代或顺治时代，还不如称其为多尔衮时代来得恰当。因为在清朝入主中原的过程中，多尔衮的作用和贡献太重要了。

多尔衮是怎么做的呢？首先，他需要加强自己的权力，而要拥有绝对权力，他必须去排除异己。

福临即位后一个月，辅政王多尔衮替小皇帝发布谕旨，命令另一位辅政王济尔哈朗率军攻伐锦州与宁远。这是一次很奇怪的军事行动，其战略目标和战役战术指导都莫名其妙。谕旨本身则更为奇怪，是由排名在后的多尔衮命令排名在前的济尔哈朗去战斗，并且两天后就要出发。

济尔哈朗带兵走后，多尔衮又代小皇帝发布谕旨，晋封自己为摄政王。虽然这与辅政只是一字之差，但分量可是不轻。辅政者，辅助君主处理政事之意也；而摄政，则是代替君主处理政务，已经可以直接发号施令了。从《清实录》的记载上看，摄政王多尔衮很客气，他的名字仍然还排在济尔哈朗的后面。

济尔哈朗像

这里面就有文章了，因为这时的顺治小皇帝不过五六岁，是不可能做出如此的决策的，那么这是谁的主意呢，只能是孝庄太后布木布泰了。

那么布木布泰为什么这样册封多尔衮呢？一定有布木布泰对多尔衮的个人感情在内，她的孩子继承大位，孤儿寡母需要仰仗多尔衮，让其当摄政王，是想把他当靠山了，这其中，也体现了孝庄太后对多尔衮的绝对信任。

成为摄政王之后，多尔衮召集贝勒、大臣们开过一个会，会议的重大决定是：从摄政王开始，所有亲王、贝勒、贝子"悉罢部务"，不再分管政府六部事务；所有政府工作全部由各部尚书负责，各部尚书直接对摄政王负责。当年，皇太极设立政府六部，本来就有削夺诸王贝勒权限的意思，并曾经有过悉罢诸王贝勒分管部务之举。后来，随着皇太极权位的巩固而渐渐放松了控制。如今，多尔衮再次使用这一招儿，表面上是为了政权的巩固和国家决策实施的方便，但其意图仍然在于削夺诸王贝勒们的权限，使他们只能"议政"，而不能"干政"。

　　一个月后，济尔哈朗从宁锦前线返回沈阳，蓦然发现短短一个月时间一切已经似是而非。济尔哈朗深谙明哲保身之道，不久他召集大家开会，宣布今后一切政府事务都要先报告多尔衮，排名顺序也要先写多尔衮。从此，济尔哈朗成了一位挂名辅政王爷。他和代善一样，因为懂得急流勇退，遂成为前清时期最高层中能够得以善终的少数几个人之一。

　　之后，多尔衮又找个理由重重打击了他的主要对手豪格，将其降为庶人。就这样，曾经有过"贤王"之美誉的多尔衮终成为大清帝国的真正领袖，多尔衮为什么将这一切做得这么顺利呢？我们不得不说，他一定有着后宫的全力支持，布木布泰才是隐藏在幕后最隐秘的人。

　　多尔衮大权在握，又有布木布泰的支持，便开始大举伐明。

　　明朝尚未灭亡之时，李自成兵发北京的消息传到盛京，清王朝统治层中对是否入关还颇有分歧。因为此时明朝守将吴三桂已弃宁远，山海关外尽为清国所有，满清以长城为界，与乱糟糟的中原南北分治，这对于只以十三副铠甲起家的努尔哈赤的子孙们来说，这当然已经是一份很不错的大家业了。

　　这个时候，有一位谋士起到了关键的作用，他就是深受两代汗王青睐的大学士范文程。1644 年农历四月初四日，正在某温泉养病的范文程闻听李自成兵发北京的消息，立即返回盛京，上书摄政王多尔衮，极力敦促清军入关，认为"如秦失其鹿，楚汉逐之，是我非与明朝争，实与流寇争也"，指出现在正是进取中原的大好时机，成基业以垂万世在此时，失机会而遗悔将来也在此时。他建议在战略上作出两项重大改

变：一是明确主要敌人已不是明王朝，而是李自成农民军；二是把过去入关对明王朝的掠夺性战争，转变为争夺全国最高统治权的战争，指出"战必胜，攻必取，贼不如我；顺民心，招百姓，我不如贼"，因此要一改以往的屠戮抢掠政策，严禁军卒，严申纪律，变烧杀掳掠的八旗将士为"吊民伐罪"的仁义之师。

清朝创建之初，清太祖努尔哈赤和太宗皇太极能得范文程相助，实在是清朝莫大的幸运。他不愧为深知中华国民性格和当时时局的汉族知识分子，他的分析和建议可谓高瞻远瞩，而他此时敦促清朝应采取积极进取的态度，对多尔衮、济尔哈朗及诸王，对后宫的两太后，尤其是对年轻的布木布泰，都是极大的鼓舞！

范文程上书时，李自成率农民军攻克明王朝京师的情报，尚未传到处于关东一隅的清朝统治区，范文程以其敏感的政治嗅觉和犀利的政治眼光，率先提出行将改写大清国运、改变中国历史走向的战略主张，其深谋远虑，可比之于汉之张良、明之刘基。

范文程此书对多尔衮启发尤大，此时的多尔衮已成为大清的实际执政者，他听取了范文程的建议，作出了大举入关的英明决策，并果断地下达了紧急动员令，征调兵马迅速集结，准备入关争雄。

范文程像

顺治元年四月初七日，多尔衮举行庄严仪式，向太祖、太宗神灵祭告出师。四月初八日，与多尔衮的决策相配合，皇太后布木布泰奉同中宫皇太后哲哲，使六岁的皇帝福临驾临大政殿，大会诸王诸将，向摄政和硕睿亲王多尔衮颁赐"奉命大将军"敕印，授权多尔衮"代统大军，往定中原，战守方略，一切赏罚，俱便宜行事"，并赐给御用旗黄伞等物，以重事权。多尔衮得到了类同于皇帝亲征的所有权限和军事力量。由此可见后宫之主对多尔衮的信任和倚重，也可见后宫决策人的英明，而结合前后事情来看，这个决策者是孝庄太后布木布泰无疑。

四月初九日，雄壮的号炮声震动了盛京城，这是在清朝历史上最关乎国家命运的一次进军，摄政王多尔衮亲统满蒙八旗兵的三分之二及全部汉军约十四万人马出发了。其副帅为多罗豫郡王多铎、多罗武英郡王阿济格，还有八旗的精兵强将以及孔有德、耿仲明、尚可喜三汉王及范文程、洪承畴等重要谋臣，这几乎是大清国的所有精英，真是出倾国之兵，志在必胜的历史壮举！祭师出发之时，多尔衮明告三军："曩者三次往征明朝，俱俘虏而行。今者大举，不似先番，蒙天眷佑，要当定国安民，以希大业。"

多尔衮挥师中原，孝庄后惴惴不安

1644 年四月十五日，多尔衮率领的清朝大军行至翁后所地方，历史又给清朝送来了极好的机遇，明朝山海关总兵吴三桂向清军"泣血求助"借兵，请"灭流寇于宫廷"，为君父报仇！多尔衮马上意识到这是一份厚礼，于是他紧紧抓住机会，毫不迟疑率军急进，立刻奔赴山海关。

多尔衮在山海关欢喜岭上会见了吴三桂，二人攥刀为誓，决定共灭李自成的起义军。

吴三桂，字长伯，一字月所，祖籍江南高邮（今江苏高邮），生于明万历四十年（1612年），靠着父辈关系晋升为负责镇守京师东北山海关一带的总兵。李自成攻破北京后，吴三桂和众将商议决定归顺李自成，但在得知其家为闯王部下抢掠、爱妾陈圆圆被闯王大将刘宗敏霸占后，就改变了投降李自成的初衷，决意投降大清国。

之后，吴三桂联合清军先与农民军交战于山海关外的一片石战场。次日，爆发了决定未来中国命运的惨烈的石河大战。

在这次决战中，多尔衮见吴三桂还有点兵力，就诱使吴军首先上阵和农民军对战，在双方精疲力竭之际再令八旗军冲击，结果农民军战败，迅速退回北京。可以说，在山海关以西发生的这次著名战役前后，多尔衮充分利用了汉族内部的阶级矛盾，挟制了吴三桂，使他不得不充当清军入主中原的马前卒。

一片石和石河大战时，李自成事先对清军入关毫无所知，兼之以连日作战，农民军士气也处于再而衰的境地，虽然拼命搏战，但最终还是抵挡不住清、吴两军的凶猛攻击，军队遭到严重的打击，战场上"积尸相枕，弥满大野"。农民军被击败了，李自成被迫率余众西走。决定三方命运的山海关之战就以清吴联合作战的胜利和李自成农民军的失败而告结束。

一片石古战场

在军事上异常被动的形势下，李自成被迫西撤，途中，将吴三桂父吴襄及家属三十余口全部杀死，四月二十六日李自成回到北京，二十九日在紫禁城匆匆即皇帝位，然后便向陕西撤退。临走时，李自成按照军师牛金星的主意，在凝聚了几百年民脂民膏的紫禁城中放了一把大火。这把大火烧了三天三夜，除一座武英殿尚完好之外，其余大体残破不堪。

而吴三桂此时已成了多尔衮砧板上的鱼肉，他接到多尔衮的命令，让他绕过北京城继续向西追赶李自成，不许他护送太子进入北京。就此，吴三桂借兵复国的算盘算是彻底落空了。他一生善于投机钻营，谁知算来算去，父亲被杀、爱妾被夺，上不能为君父报仇、下不能保家人性命，自已要活命还得看人脸色。

当时，北京城内外盛传吴三桂大将军已经夺回太子，将要拥戴太子回京登基。一批前明朝官吏准备了全套的皇家礼仪迎接，五月二日这天，他们出朝阳门五里前去迎接，结果烟尘起处，一片大军浩浩荡荡蜂拥而至，只是他们拥来的不是明朝皇太子，而是大清摄政王多尔衮。大清铁骑终于在大明皇家仪仗的迎接下，进入了北京城。随着多尔衮踏进朝阳门，中国历史进入了大清王朝的时代。

但这个时候，真正在左右天下的，无疑是大清摄政王多尔衮，在未来的岁月里，他带领八旗铁骑一举拿下了全中国，当时在中国社会与政治舞台上叱咤风云的所有人物，不是成为他的部下或棋子，就是灭在他的手里。在他手中，建立起了对这一片广大土地完整而有效的管理秩序。大明帝国许多遭人痛恨的人物，俨然变成了治国之能臣，如洪承畴，如著名阉党、明朝前大学士冯铨，甚至李自成的宰相牛金星之流。

1644 年 5 月 2 日，多尔衮率清军进入北京，乘辇入紫禁城武英殿升座，定鼎燕京。

这正应了当时的一段民谣："朱家麦面李家磨，做得一个大馍馍，送给隔壁赵二哥。"这里的"朱家"是指明朝，"李家"是李自成大顺军，"赵二哥"是指清朝，这民谣说得可谓准确而深刻。

在这一系列的事件中，作为最后的赢家，而且是大赢特赢的赢家，

紫禁城武英殿

多尔衮不愧为努尔哈赤和皇太极的继承者，不愧为强悍的女真民族的后起之秀，由于他善于审时度势、抓住机遇，可谓用最小的代价获取了最大的胜利！

清军入关时，沿途官民畏惧杀掠，"民多逃匿"。范文程为减清军杀戮，扶病随多尔衮出征，他建议多尔衮草檄宣谕："义兵之来，为尔等复君父仇，非杀百姓也，今所诛者惟闯贼。官来归者复其官，民来归者复其业。师律素严，必不汝害。"其檄皆署范文程的官阶姓氏。这一宣谕相当有效，"民心遂安，把本来是清与明、满与汉之间的民族矛盾，巧妙地转化为农民阶级和地主阶级的对抗，为入关拆除了民族樊篱。

明朝灭亡，李自成败逃，多尔衮乘胜占领了北京，接受北京汉人的拥戴，满清迅速实现了多年以来入主中原的宏愿。从此之后的三百年，北京变成了满清人驾驭天下的都城。

自掌权起不到一年，多尔衮便为清朝立下了两件大功：一是拥戴福临，巩固了新的统治秩序；一是山海关之战中运筹帷幄，击败了农民军，收复了吴三桂，占领了北京城，开启了清朝发展史上最辉煌的一页，清朝入主中原，也代表着其作为一个主要朝代，被载入华夏史册。

多尔衮在北京志得意满的时候，留在盛京的满清臣民们，也在为大清开国以来的最大胜利欢呼雀跃，沸腾不已。

多尔衮命人传去的一次次捷报，除了带来一次次欢庆之外，也给不少人带来一次次的不安，其中当以福临皇帝之母布木布泰为最。

多尔衮入居明朝大内武英殿，被京师人称作"九王"，以致关内人只知有九王、不知还有皇帝等等，这一系列消息从不同渠道传来时，布木布泰的疑虑更加深了，她还会相信她的情人么？

联想到多尔衮出征前紧急征兵动员，男丁70以下、10岁以上无不从军，朝鲜方面都惊异地报道说清朝前后兴师从未有如此之大举。精兵强将、精壮男丁都被摄政王带去，留守盛京及各要地的清军多属老弱病残。如果多尔衮有异心，那么首先会危及到她的皇帝儿子，此时留守盛京的人马能有什么辙？还不是干瞪眼儿？

布木布泰的心里正不停在想的是：多尔衮会不会有异心呢？

就在一年前，多尔衮本是诸王会议中提出的帝位继承人之一，除了其他原因之外，主要还是因为他的两白旗势力不敌，不得已而退让，如今他手握重兵，有谁的实力能与他相比？他想要称帝，还不轻而易举？

再说，中原繁荣昌盛，明朝宫室壮丽辉煌，皇宫深藏上万女子，皆天下绝色，哪个男人不喜欢富贵风流？身处明朝皇宫之中，就是铁石心肠也难自持，多尔衮难道就不动心？

于是布木布泰心里一直在打鼓，她除了害怕儿子的皇位受到威胁，除了害怕自己的尊贵地位丧失，还有一分害怕情人变心的苦闷。

以前，多尔衮和布木布泰在一起的时间并不少，他们或许曾在一起海誓山盟，共度了许多甜蜜的时光。布木布泰曾经愿意相信多尔衮，但他和她一样，都具有政治家的头脑和素质，决不会把情感放在高于政治权力的位置上。

关山阻隔，千里迢迢，颇有心机的布木布泰如何驾驭颇有心机的多尔衮？她想不出办法，于是又一次感到了危机降临到自己头上，却又只能听天由命。

到了农历六月，距多尔衮出征已经快两个月了，来自北京的使者驰返盛京，将多尔衮之意禀奏两宫皇太后，以"燕京势踞形胜，乃自古兴王之地，皇上迁都于此以定天下"为由，要迎请顺治皇帝南下入关进京。布木布泰闻听此言，才终于放下心来，长出了一口气。

多尔衮定都北京，有情人共度良宵

从多尔衮来到北京后的所作所为来看，他还是对得起他的老情人布木布泰的，他清理了一切障碍，接下来就是请他的小侄子即大清顺治小皇帝福临以及他的母亲、自己的情人布木布泰前来北京城的皇宫中安居了。

布木布泰心中悬着的大石头终于落了地，不仅为了母子二人得到保全，更为自己没有看错人、托错人而庆幸，多尔衮的过人才略、蓬勃的进取精神以及他对母子二人的一片忠诚，使布木布泰宽慰、欣喜又感激。她强自抑制着情绪，直到回到她的永福宫，抚慰着她的小皇帝儿子，才渐渐平静下来，但她也知道，多尔衮已是功高盖世，谁还会臣服她的小皇帝儿子呢？多尔衮会怎么对待她的小皇帝儿子呢，倘若多尔衮要立己为帝，天下又有谁能挡得住呢？

明智的布木布泰知道，此刻最要紧的，便是要稳住多尔衮，消除他的野心，那么如何才能稳定多尔衮并消除他的野心呢？

公元1644年，即大清顺治元年七月初八日，正好是福临在大政殿命多尔衮出征往定中原的整整三个月之后，小皇帝又兴高采烈地前往福

清宫四案之谜

陵和盛京太庙，以克定中原、迁都燕京，祭告列祖列宗。

八月二十日，顺治皇帝与两宫皇太后起驾，由辅政郑亲王济尔哈朗护驾，离开了盛京，前往另一个更有魅力的帝都。

1644年九月初，顺治皇帝驾过山海关；九月十二日，驾至永平府；九月十八日，驾抵通州，摄政王多尔衮率诸王、贝勒、贝子、公及文武群臣至通州迎驾。这里有一个很有意思的细节，后世人读之难免要产生一些遐想。按照礼部早已经安排好的时间表，皇帝和太后一行应该在顺治元年九月十七日到达北京。在通州只是迎入行殿短暂停留一下，更衣——皇帝大小便的委婉说法，然后便前往北京皇宫。但实际上，摄政王多尔衮率领百官迎接至通州城外五里处时，率百官进入行殿叩拜，完毕后退出。只有摄政王留下与皇帝、皇太后叙话。不久，百官接到命令，皇帝一行旅途劳顿，决定当夜驻跸通州，次日一早起驾进京。有历史学家认为，就是在这一天，时年32岁的孝庄皇太后，开始以自己的柔情和身体来回报她的靠山——33岁的大英雄多尔衮。

第二天，也就是九月十九日午后，福临和其母亲庄妃等一众人从正阳门进入紫禁城。

十月一日，多尔衮主持举行第二次登基大典，六岁的福临以定鼎燕京，来到南郊告祭天地，举行了盛大的登基典礼，即皇帝位于大内武英殿，仍用大清国号，顺治纪元。从此他成为君临整个中国的大清帝国皇帝。

福临也是中国历史上少有的两次登基的皇帝，前一次登基是在沈阳，面对的是关东地区大清臣民，如今是在北京，面对的是前大明国臣民。

十月初十日，顺治皇帝于皇极门颁发登基诏书，布告天下。全文共五十五款，对故明宗室勋臣、文武官员、进士举人、食廪生员、山林隐逸，乃至商贩车户等，在政策上作了种种优惠的规定，同时正式宣布废除明末三饷，并严禁各地官员侵犯扰害百姓。这实际上就是清政府的一篇极其完备的开国政策声明，其影响之巨大和深远，可以从后来一年中

北京故宫紫禁城鸟瞰

清朝统一战争的顺利发展中窥到。

此日，顺治皇帝加封多尔衮为叔父摄政王，正式给予他独秉大政的权位，赞扬他的功业超过周公，因他定鼎燕京、征伐中原功劳最高，特地为他建碑纪绩。

这当然不止是幼小的福临自己的认识，这里面更饱含着后宫之主庄妃对多尔衮的推重赞赏与感激之情，以及情人间的缠绵之爱。

之后，顺治皇帝加封郑亲王为信义辅政叔王，恢复豫郡王多铎为豫亲王，恢复豪格的肃亲王爵位，加封武英郡王阿济格为英亲王，并大封了一大批宗室的有功者为郡王、贝勒、贝子、公等爵位。

明清之际的改朝换代就这样大体完成。由此，多尔衮很自然地开始谋取天下之大一统。从这时开始，到顺治七年十二月多尔衮病死，福临从未满八岁到未满十四岁，大清帝国的实际权力掌握在摄政王多尔衮手中。福临的皇位来自多尔衮的推举，福临的天下也是多尔衮为他打下的。

多尔衮慷慨赠予，孝庄后不吝报答

由于清军入关和平定天下，使多尔衮勋劳日多、地位日崇、威望日高，而在满洲人的政治体制中，他和他的同胞兄弟阿济格、多铎，已掌握了两白和正蓝三旗，又对两黄旗进行分化拉拢，以致两黄旗大臣纷纷投靠多尔衮。顺治四年八月，他借故罢济尔哈朗辅政，封多铎为辅政叔德豫亲王，进一步扩大自己的势力。顺治五年，他又以微罪为口实，将平定山东、四川，镇压大西军，射杀张献忠有大功劳的肃亲王豪格监禁致死，最终除去了自己的最大政敌。此时的多尔衮，天下已无人能撄其锋。

顺治帝福临即位的最初几年还是个儿童，再聪明也无法过问朝政。接受群臣朝拜，举行各种大典，他都只不过是个傀儡，是个象征，他的母亲布木布泰，虽有谋略也无法走到台前，所以一切军国大事都由摄政王多尔衮掌管。

为了堵上他人之口，摄政王多尔衮自然也须向小皇帝奏事，表示对皇帝至尊的承认，其实也是在向小皇帝的母亲布木布泰和姑姥姥哲哲两宫皇太后奏事。这时的摄政王对小皇帝和皇太后布木布泰，可说是外托君臣之义、内结男女之情。摄政王凡有所请，小皇帝和两宫皇太后无不允准。一些朝廷大臣的尊崇摄政王的提议奏疏，无论是出于他们自己想巴结多尔衮，还是他们受多尔衮暗示所托，小皇帝和两宫皇太后也都一

清宫四案之谜

概同意，并以皇帝的名义发出诏书，不断给多尔衮加尊号，为多尔衮歌功颂德。

所以，在福临继位之后，多尔衮反倒有可能经常和此时已经成为两位太后之一的孝庄见面了。他以小皇帝福临名义发布的那些文告与命令，应该得到过这两位太后的鼎力支持。

这个时期，是从多尔衮定鼎中原后，迎接小皇帝福临与孝庄皇太后们迁都北京开始的。而来到北京以后，情形又截然不同。此时的多尔衮已经不需要遮挡。进入北京后，他曾经住在皇宫大内的武英殿里。福临来后，他搬出来住进了自己的王府，据说这王府的辉煌壮丽在当时不亚于皇宫。

当多尔衮进到皇宫内院时，没有人能阻止他，在那时的中国，他名义上是摄政王，实际上，以他的功业、威望、权势，已经没有什么人能够阻止他做他想做的任何事情。他行使的根本就是皇帝的权力。

而在多尔衮内心深处，他极深的隐痛和愤懑并没有随着功成名就、位隆权重而消退。有史料说多尔衮曾这样说："若以我为君，以今上居

清朝皇帝议政的太和殿内部

储位，我何以有此病症？”表明他心中的称帝之心从未止息。他对皇太极的恩怨纠葛，对豪格的严厉打击，两次与皇位失之交臂的遗憾，他对孝庄皇太后的情意，对帝国肩负的责任，定鼎中原对大清帝国毋庸置疑的丰功伟绩，一切的一切无不交相煎迫，至少在他心中可能是充满了焦虑和愤恨不平。这可能是他高度复杂矛盾和诸多犯上行为的逻辑起点。

此后，多尔衮和孝庄皇太后之间，可能有过一段时间的蜜月期。因为多尔衮不但仍尊福临为帝，还给他们母子献上了大明的万里锦绣河山，那是女真和蒙古人一代代的梦想，孝庄作为报答，当然需要拿出自己的柔情来温暖多尔衮的心。这种情形，很像那些在远方厮杀征战后满载而归的勇士们，在他们妻子或者情人怀抱中所感受到的女人的温柔。孝庄皇太后母子坐在皇宫里，居然摇身一变就成了这片大地至高无上的主人。放眼古今中外，有几个英雄能够为女人做到这一点？

不但有女人温柔的回报，当然也会有权力和名誉的回报。顺治元年十月一日，第二次登基的福临册封多尔衮为“叔父摄政王”；顺治二年年初，加为“皇叔父摄政王”；顺治五年十一月尊为“皇父摄政王”。这种层层升级的尊崇，必定与多尔衮威权日重有关，也无法排除他与孝庄皇太后之间感情不断升温的可能。

在开始的时候，宫中的这些举措对多尔衮是出于真心的感激之情，因为多尔衮待布木布泰和福临确实不错，但到后来，随着多尔衮权力的膨胀，褒扬多尔衮就成为不得已的事了。因为布木布泰和福临只有富贵而没有权势，他们的存在只能仰仗摄政王。好在多尔衮与布木布泰的情分一直不薄，或者布木布泰一直在用自己的柔情温暖并稳定着多尔衮的心，所以以他们两人的特殊身份，彼此支持、互相配合，使得顺治初年的清朝统治集团能够基本上维持稳定团结和进取精神。

按照满洲人的婚俗，皇太极的离世，其妻妾或应另行嫁予其诸弟，而因为皇太极的帝王身份，这类事或许没有成行，但不可能没有人提起，所以，多尔衮与布木布泰应该商议过二人结合之事，或许已经有了娶嫁之约。但清朝入主中原以后，战事频繁，国政丛集，多尔衮一时难以顾及；而且布木布泰作为天下之母，出嫁不能不格外慎重；而多尔衮因君臣之分的限制，也不能不有所顾虑。

皇太极死后的大清国，多尔衮大权在握，顺治皇帝年幼，布木布泰操持后宫，孤儿寡母，行事尤为艰难，好在多尔衮对布木布泰有心，布木布泰对多尔衮有意，二人本就有感情基础，又逢30余岁的壮年之时，他们日日在一起的时间当不会少，况且多尔衮处理政事的地方和布木布泰所居住之宫非常之近，几乎顷刻即到，所以他们到北京之后，住在紫禁城中之时，二人间的幽会应该不少。相对而言，满洲人的风俗不太在乎男女私情的产生，他们因国事、因对皇帝的教导、因自己的私情经常来往，当时也不会在满蒙八旗中引起什么非议。因为就亲族关系而言，布木布泰是寡嫂，多尔衮是小叔，按满蒙习俗原有婚姻之分。此时满洲是新来的统治者，威焰正盛，处于奴才地位的汉臣汉人，谁敢议论皇族的家事，谁敢对满洲的习俗说半个不字！

因为人的私欲，每个人都想比他人更有权力。在封建君主制社会，权力集中是一种不可遏制的必然趋势，而集中到顶端，就是掌握到一个人手中，这个人通常是皇帝。但在顺治皇帝还是孩子的时候，权力渐渐集中到了摄政王多尔衮手中。

为了安慰多尔衮的心，褒奖他的功劳，以及奖励他给自己母子所做的一切，布木布泰也是费尽心机，她不但奉献了自己的柔情，并且除了皇帝的名位，能够给多尔衮的已经全部都给了他。应该说，在那个时代，孝庄皇太后对于多尔衮的报答也算是至矣尽矣。但情况正在变化，敏锐的布木布泰感到：多尔衮的表现越来越不对头了。

清宫四案之谜

孝庄后为子下嫁，有情人凤愿得偿

对于多尔衮所掌握的至高权力，布木布泰开始时并未阻拦，她甚至支持多尔衮集中大权于一身，为的是处于复杂而又剧烈变化形势下的大清朝廷，能够迅速适应变化、迅速作出正确的反应和决策，她相信他的明智和才干。多尔衮打击豪格并监禁致死，她也不曾反对，因为皇长子豪格是对她的儿子皇九子福临帝位的潜在威胁，除去豪格也是除去一个后患。

但另一个威胁的阴影却笼罩到福临头上，更大也更现实。这威胁正来自她所信赖和亲近的多尔衮。多尔衮的举动越来越出格，布木布泰的不安日益强烈，她为什么不安呢？因为她很担心多尔衮踢掉她的儿子，自己做皇帝。

顺治二年（公元1645年）五月，因清军攻占南京，清廷叙功之时，多尔衮由叔父摄政王加封为皇叔父摄政王。济尔哈朗于是提议，皇叔父代天摄政，赏罚等同于朝廷，因此必须加礼。此举开了诸王大臣对多尔衮行跪拜礼的先例，以后便形成了制度。

顺治三年（公元1646年）五月，多尔衮借口处理紧急军情需要，竟将贮存在紫禁城宫中的皇帝专用印信兵符，取回他的睿王府贮存使用。

顺治四年（公元1647年）年底，新年朝贺大典即将来临，多铎领受多尔衮的示意，联合济尔哈朗上奏，说多尔衮因有风疾，不胜跪拜，请免去君前行礼。十岁的顺治皇帝当然照准。但，普天之下，什么人能在天子面前不跪不拜？为什么多尔衮不愿在他已经跪拜了五年的小皇帝面前继续跪拜了呢？

顺治四年二月时，多尔衮又以济尔哈朗修建的王府超出标准为由，下令罚款 2000 两白银，并罢免了他辅政王的名位。其实，这只是表面的理由，其中，有两个真实的隐情。济尔哈朗曾经对一个高级官员巩阿岱谈到："皇子福临继位是件好事，没什么可说的。唯一令人忧虑的是有人想篡位。"显然，这里针对的是多尔衮。这个巩阿岱当时如何表示不得而知。事后，他向多尔衮告了密，导致多尔衮罗织罪名，贬黜了济尔哈朗。还有一个原因是，多尔衮与同胞弟弟多铎的感情最好，打掉济尔哈朗是为了给多铎当辅政王腾出位置。

顺治五年（公元 1648 年），是多尔衮在朝廷里威风大发的一年。这年三月，摄政王以包庇部下冒功之名，将刚从四川凯旋而归的肃亲王豪格议罪削爵，下了大狱。随后又算老账，指责济尔哈朗当初在盛京时不举发两黄旗大臣谋立豪格的私议，将去年已经罢了辅政的郑亲王降为郡王。

这一切，表明这位皇叔父的野心正在日益膨胀，摄政王已经满足不了他的胃口了。

但是促使布木布泰下最后决心的，却是一条由她的耳目私下传递，却又是千真万确的消息：多尔衮卧病时，曾对他的心腹说了这样一句话："如果以我为皇帝，以现今的小皇上为皇储，我哪里会得病呢？"

多尔衮像

这句话的中心是"以我为皇帝","以现今的小皇上为皇储"不过是个陪衬。他若真的达到了做皇帝的目的，皇储未必还属于福临。

情势极其危急，布木布泰母子二人的前途顿时变得凶吉难卜，恐怕是凶多吉少。

也许在与多尔衮私会时，布木布泰也探过他的口气，但她不可能得到不好的回答，因为这样的篡夺大事，又与布木布泰休戚相关，就算是最亲密的情侣，也不可能透露一分一毫，何况多尔衮又如此精明、如此老谋深算。

布木布泰为了防止母子二人坠入厄运，思虑再三后，终于走出了决定性的一步，让孝庄以国母太后之尊，下嫁摄政王多尔衮！

布木布泰此举不可谓不高明，其意味深长的潜台词是，向全国臣民公开确认了自己与多尔衮的夫妻关系，也就此界定了多尔衮与皇帝的父子关系。在漫长的帝国历史上，围绕皇位的争斗千奇百怪、血雨腥风，唯独还没有父亲抢夺儿子皇位的故事。不管多尔衮怎么想，也不管阿济格、多铎如何不甘心，如何希望多尔衮拿下皇位，这条底线划出来之后，跨过它，就意味着开了一个恶劣的先例，意味着不可能不留下骂名。

降尊下嫁多尔衮，应该是布木布泰主动提出来的，为了自己儿子的帝位，也为了搞好和情人的关系，也为了更好地监视多尔衮的举动，她不得不出此下策。

虽然所谓的正史没有史料记载，但太后下嫁此事也应该发生过，开始的时间当在顺治五年（公元 1648 年）十月前后。因为在这个时间之后，顺治皇帝表彰了多尔衮治国平天下的大勋劳，尊多尔衮为皇父摄政王。将皇叔改为皇父，已经表明了多尔衮与皇帝和太后关系上的质变。

而据野史记载，清朝入关之初，摄政王多尔衮总揽朝纲，"出入宫禁，时与嫂侄居处，如家人父子。"而孝庄太后时当盛年，寡居无欢，认为多尔衮功高天下，又将帝位让给了她的儿子，忠心辅政，除非自己以身报答，不足以极其功，于是委身相事，借以笼络多尔衮。不久，多尔衮的妻子亡故，于是朝中范文程等大臣乘机鼓动皇太后与摄政王合

宫，正式结婚，双方自然都很乐意。定下婚期后，就以顺治小皇帝的名义颁诏天下，宣称"太后盛年寡居，春花秋月，悄然不怡。朕贵为天子，以天下养，乃独能养口体，而不能养志，使圣母以丧偶之故，日在愁烦抑郁之中，其何以教天下之孝？皇叔摄政王现方鳏居，其身份容貌，皆为中国第一人，太后颇愿纡尊下嫁。朕仰体慈怀，敬谨遵行。一应典礼，着所司预办。"就这样，皇太后纡尊降贵，公然下嫁给了小叔子，摄政王多尔衮成了幼帝顺治的继父，其名号称为"皇父摄政王"。

诏书中说得倒也直白，年轻的皇太后终于难守空闺，红杏出墙，自愿下嫁给刚刚丧妻的多尔衮。也有些小说称，早在皇太极在世时，庄妃已与多尔衮两情相悦，暗渡陈仓了，此时结婚，终使两人夙愿得偿。

为了更有力地制约多尔衮的野心，布木布泰还要求把太后下嫁的婚礼办得格外隆重，格外豪华，格外引人注目！要办得天下人皆知！所以，命礼部为太后下嫁增添新的仪注，准备使这次婚礼成为一次国家大典礼。

有了这些要求，礼部为操办这次婚礼，还专门搞了一套特殊的婚礼仪规，洋洋六大册，称为《国母大婚典礼》，极为隆重，中外文武百官都上表称贺，蔚为盛事。

如果历史上他们举行了婚礼的话，婚期应该定在了顺治六年（公元1649年）的二月初八日，因为这一天是布木布泰的生日，太后诞辰称圣寿节，原是万民同庆的日子，再加上婚礼，喜上加喜，双喜临门，节庆的气氛更加热烈喜兴了。于是，太后的寿酒变成了婚宴的喜酒，清朝皇家可谓双喜临门。

婚礼欢欢喜喜、热热闹闹、轰轰烈烈，京师及天下百姓都沾到了喜气。诸王贝勒和满蒙贵族、八旗将士都为此欢欣畅饮，汉官、汉民尽管心里称奇，表面上一样称贺不已。真正了解布木布泰苦心的应该是中宫皇太后哲哲，她除了祝贺，还能说什么呢？后宫的两位太妃娜木钟和巴特玛也全力支持这一婚事，道理很清楚，对她们而言，如果多尔衮篡位，她们只能是皇嫂，论尊、论贵、论富，比太后和太妃就差得太远了。

这年顺治皇帝已经十二岁，还不懂汉文、不会说汉话，在满蒙额娘和嬷嬷的教养下，熟知本民族的习俗，母亲再嫁并不是什么令他觉得羞耻的事情，以他的聪颖和额娘们的提示，

清代描绘帝后大婚的图画

他应该能够理解母亲的行动意在保护他的皇位吧。

太后宫中，张灯结彩，合卺宴罢，进入洞房。一双新人，原是老相好，新郎 37 岁，新娘 36 岁，二十多年的风风雨雨，恩恩怨怨，爱爱恨恨，终于有了今天，也算如愿以偿了。

对于这件事，当时南明著名的抗清将领、诗人张煌言在他的《张苍水诗集》中写到："上寿觞为合卺樽，慈宁宫里烂盈门。春官昨晋新仪注，大礼恭逢太后婚。"又说："掖庭犹说册阏氏，妙选娥眉作母仪。椒寝梦回云雨散，错将虾子作龙儿。"

张煌言诗中讥讽和不屑的意味不言而喻。这首诗成于顺治七年（1650 年），是当世人的记载，造成了极大的轰动，在民间快速流传开来。这情形也表明，在当时的社会心理中，在满洲人看来，这是一个再正常不过的考虑了。而从汉族人那无数贞节牌坊来看，这对于太后本身和新王朝形象的杀伤力却极大。且如果清初真有太后下嫁摄政王多尔衮，封摄政王为"皇父"一事，必然有颁诏告谕之文。

然而，虽然传言众多，但一直没有关于太后下嫁的可靠的史料佐证。这有可能是被皇室后人、历代帝王所隐灭造成的，因此才被弄得如此欲盖弥彰。

从太后下嫁这件事上就完全可以看出，多尔衮虽然聪睿绝伦，但还是败在了孝庄之手。分析太后下嫁这件事，其实其关键就在太后下嫁的

张煌言雕像

这个"下"字上,这一个字就定下了多尔衮今后的名分和地位。

就像公主下嫁一样,驸马虽是公主的丈夫,即使其地位再高,也越不过公主的尊贵;多尔衮虽然号称皇父摄政王,其实也仅只等于是太后的"驸马",地位总是在太后之下的。他只能是皇帝的继父、太后的后夫,仿佛此后二三百年后欧洲那些女王的"王夫",决不是王一样,无论是名分还是等级,他都不可能称帝。婚姻关系的羁绊、以周公相许相期的激励,使他的野心几乎化为流水。他只能做那个在历史上因辅佐侄子成就帝业而德高望重的周公了。

围城之痒终难捱,有情人嫌隙渐生

公主下嫁,从来都不是嫁到夫家去,而是专建公主府。布木布泰身为太后,就更不会屈居睿王府了。只有摄政王不时进宫中陪伴太后,才是正理。但这桩婚姻的特殊之处就在于,作为"驸马"的多尔衮自己还有一个妻妾成群的大家庭、一处富丽堂皇不亚于皇宫的睿王府。他只能用大多数时间在大内与太后同宫而居,间或回王府照看照看。他的妻妾们纵然不满也不能说什么,因为她们哪方面都无法与太后匹敌。这更是对多尔衮的又一重束缚了。

不过，布木布泰也给了多尔衮极大的补偿：他以皇父摄政王的身份处理一切政事及批示本章，可以不奉皇上之命，概称诏书圣旨下发。他已经握有皇帝的权力，其实就是代理皇帝，然而终究还是个假皇帝。因为他绝不能居皇帝之宫，绝不能登皇帝之宝座，绝不能称万岁绝不能在太和殿朝会时受诸王、百官朝贺等等。天下仍然是顺治的天下，大清的皇帝仍然是福临。

多尔衮虽非傻瓜，但他得娶太后，亦可谓亘古第一人，此时的他正对自己的创举而自我满足着，被"皇父摄政王"的崇高称号捧得意气洋洋，被新婚妻子的柔情蜜意迷得晕晕乎乎，等到他明白自己掉进了强势女人的婚姻罗网时，已经晚了。

两人蜜月期刚过，多尔衮忽然觉察出不爽来，因为他忽然发现，他一生成就的顶峰，已经只能止于此地了，而且做事也没以前顺手了，以前他做事都是自己拍板后再向太后和皇帝请示，他们不敢说半个不字，现在布木布泰开始过问一些政事了，而且处处都在为儿子考虑，这让多尔衮颇为厌烦。

太后下嫁后的一个月，三月十八日，多尔衮的有力助手、他的同胞弟豫亲王多铎因患天花而病死，时年 36 岁。四月十七日，布木布泰最亲近的情同姐妹的姑妈、中宫皇太后哲哲崩逝，享年 51 岁。十二月二十八日，多尔衮的嫡福晋博尔济吉特氏又亡故了。这样下来，多尔衮失了臂膀，布木布泰成了后宫独尊。这一连串的丧事给他们都带来极大的悲痛，但在实际利害上，却是一失一得，布木布泰又胜了多尔衮一筹。

多尔衮心理开始不平衡，除了政事上许多失误失策以外，自己的贪欲也日益膨胀，作出许多不明智的举动。如，他私自为他的嫡福晋加谥为敬孝忠恭正宫元妃。又如，在嫡福晋去世不到一个月的次年正月，他又将他的政敌肃亲王豪格之妻、他的嫡福晋之堂妹娶过府来。这还不算，多尔衮同时还派人去朝鲜选美女。

这无疑是不为布木布泰所喜的，但多尔衮却不知收敛，且毫不避讳，他除了纳娶自己的小姨子兼侄媳妇为夫人之外，还在这一年命令朝鲜国王征选朝鲜美女侍候自己。

当时，朝鲜的姑娘们似乎不太愿意嫁给这位摄政王。结果，国王好不容易在和王室有关系的女孩子里挑选出一位，千里迢迢地送了过来。多尔衮知道后，命令"速行进送"。并且自己还以打猎为名，出山海关前去迎接。在宁远以东的连山地方接到了新娘子。多尔衮迫不及待地掀开车帘一看，那经过跋山涉水的女孩子困顿憔悴，大约离多尔衮想象的花容月貌、妖媚水灵有一些距离。多尔衮恼火至极，当场便毫无风度地把朝鲜送亲使者痛斥了一顿，说"公主不美，侍女丑陋，足见你们国家没有诚意"。然后，立即下令把那可怜的女孩子遣送回去，并恫吓人家的使者说："如果选来漂亮的，以前的嫌疑都可以烟消云散。不然，你就是来解释十次，也没用。"朝鲜国王只好再次下令在全国范围内征选美女。

多尔衮眈于女色，他的妻妾多达十人，算上他夺得的豪格嫡福晋和下嫁的布木布泰，共十二人。尽管在一般人眼里，多尔衮是享尽了艳福，但他的最大烦恼也是尽人皆知：有十二名妻妾，却生不出一男半女。无奈只得从拥有八子九女的亲弟弟多铎家过继来一个儿子——多铎的第五子多尔博。多尔博的生母正是多尔衮五福晋的亲妹妹，血缘最近。

对于多尔衮不断纳妾的举动，考庄应该是很反感的，可能也因此告诫过多尔衮，但二人成了夫妻关系后，平常人婚姻中面临的"围城"问题也开始困扰他们，所以孝庄后的举动恰恰又使多尔衮更加地移情别恋，于是多尔衮不停地纳妾找女人。

不可否认，布木布泰与多尔衮从少年时代起，就彼此倾慕，彼此怀有深厚的情愫。二十多年的宫廷内外的斗争磨炼，早就使布木布泰变得处事清醒又冷静。她很懂得决不可感情用事，但在必要的时候却可以用感情去做事，以达到比感情本身更高的目的。

当初两白旗与两黄旗争夺皇位时，布木布泰以情爱、婚约甚至委身的办法取得了多尔衮的谅解和退让，使儿子得践帝位；此刻，她又以感情为牢笼，下嫁为手段，笼络住多尔衮的情，限制住多尔衮的篡位野心，进一步维护儿子的皇位，保护母子二人的安全。但多尔衮的背离，也使孝庄十分伤心，为此，她应该会考虑自己该如何采取行动了。

对顺治皇帝福临而言，母亲下嫁叔父，他心里肯定是不痛快的，但他却说不出什么来，因为收继婚是满、蒙、藏等游牧渔猎民族的婚姻习俗，皇室从本民族之俗也很自然，福临也十分清楚：祖父努尔哈赤的第二大福晋是从族兄那里收继来的，父亲皇太极的宸妃、贵妃和淑妃原来也都是别人的妻子；叔父英亲王阿济格娶过他哥哥德格类的福晋，大哥肃亲王豪格和堂兄克勤郡王岳托娶了叔父莽古尔泰的福晋，摄政王多尔衮又娶肃亲王豪格之妻为继福晋。就是福临自己后来也把弟弟的妻子收进宫来立为贵妃。

福临虽然做事有些狂妄自大，但也很聪明，布木布泰和多尔衮成为情人之时，他已经长到 11 岁，怎么也能懂得母亲为保护自己而采取这一行动的苦心。但是，男子汉大丈夫不能保护母亲、不能自保，倒需要母亲用下嫁的方式来卵翼护佑，这是他的自尊心所不能忍受的！他自然迁怒于多尔衮，旧恨新仇，从此愈积愈深。

但福临却没有想到，他母亲的这一举措，完全是为他考虑的，是让他的皇位坐得稳当，他不知道母亲的用心良苦。

多尔衮是摄政王，需要处理国事，但孝庄常常待在身边，仿佛是他的监护人，让他颇感不爽，便想逃出她的控制。

到了顺治六年七月，身体虚弱又娇贵的多尔衮因嫌京师炎热，要在边外筑避暑城，竟不顾百姓死活、不顾国家的严重财政危机，向全国加派地丁银二百五十万两，一反他入关初废除明末加派三饷的初衷。这些行动，可以看成是他对布木布泰的婚姻束缚的反抗和示威。

多尔衮在 30 岁以后，身体就不很健康了。所以，顺治元年他刚刚当上摄政王的时候，豪格就曾与人私下议论说多尔衮身体多病，难以长

寿，不是有福之人，活不了几天等等。豪格还因此得罪被幽禁除爵，直到顺治帝定都燕京，发大赦令，豪格才得以复爵。入关以后，军政事务繁杂劳累，多尔衮又大权独揽，负担很重，身体情况只会变差。

顺治七年（公元 1650 年）的十一月，多尔衮仿照他的汗兄以打猎边外来消病健身，出猎古北口外，但他不慎坠马，膝盖受伤，医治无效，于十二月初九日戌时，也就是晚上七点到九点之间，多尔衮病死在喀喇城，时年 39 岁。

多尔衮壮年而死，顺治帝秋后算账

多尔衮正值壮年，因何而死？说法也是相当的多。关于他的死因，官方史书记载较为含糊。但不管怎样，多尔衮的死，也为太后下嫁画上了句号，从此大清的天下，开始真正成为顺治皇帝福临的天下。

多尔衮的死，时机真是太恰巧了，所以才有后世诸多猜疑，种种说法。但多尔衮的死，最大的收益者无疑是福临，因为对孝庄和福临来说，权力上最大的威胁解除了，不管怎样，儿子帝位的稳固，让布木布泰大大地松了一口气。

曾有心理学家说："一个人被谋杀，如果找不到凶手，那么只要看看那人被谋杀之后，从中得益最大的人是谁，就大致知道是谁杀的了。"从这一道理上推理，不能不说孝庄和福临都有嫌疑，但倘时福临年纪才13岁，不可能做得这么机巧和隐秘，所以如果说多尔衮是被人谋害而死，或许他的老情人布木布泰嫌疑最大。

当然，布木布泰对多尔衮也不是没有感情，两人有着20余年的感情，也曾经一度如胶似漆，恩爱缠绵，虽然婚后孝庄为福临考虑而使二人感情变淡，但回想与多尔衮20多年的情爱和波折，她应该会痛苦地大哭一场，以后每回想起，也应该不胜嘘唏。

感情常常是最折磨人的东西，所以孝庄也不想亏欠多尔衮什么，多尔衮生前的最大愿望不过是做皇帝，没能得到，作为他一生的情人，布木布泰决定在他死后给他一个满足，于是在十二月二十六日，她让顺治皇帝下哀诏于中外，称颂多尔衮的至德丰功，决定追尊多尔衮为义皇帝，庙号成宗。

皇权上没有了阻碍，福临对母亲也充满感激之情，亲政之始，便尊布木布泰为昭圣慈寿皇太后，并为此颁发恩诏于天下。

上尊号的次日，布木布泰又以皇太后之尊，诰谕顺治帝福临，说："为天子者处于至尊，诚为不易：上承祖宗功德，益廓宏图；下能兢兢业业，经国理民，斯可为天下主。民者国之本，治民必简任贤才；治国必亲忠远佞；用人必出于灼见真知；莅政必加以详审刚断；赏罚必得其平；服用必合乎则，毋作奢靡；务图远大，勤学好问，惩忿戒嬉。倘专事佚豫，则大业由兹替矣！凡几务至前，必综理勿倦。诚守此言，岂惟福泽及于万世，亦大孝之本也。"

这不仅是母亲对儿子的厚望、皇太后对皇帝的教诲和鼓励，也充分体现了布木布泰的政治家的风貌。其中"务图远大，勤学好问，惩忿戒嬉"几句，当是针对福临弱点的最精准的忠告。

母亲不惜一切代价，护佑着儿子从清初政坛的惊涛骇浪中奋斗出来，终于把他送上了真正的皇帝的宝座。在后来的时日里，每到关键时刻，母亲还会

孝庄皇太后曾经居住的慈宁宫

以政治家的头脑和目光来点拨时复迷惑的儿子，母子间也会为这样那样的事情发生矛盾，但，治国的道路主要靠儿子自己去走了。当然，在大多数情况下，母亲是坚决站在儿子一边的。

但对多尔衮而言，尤为可叹的是，即使是死后尊荣，也不是容易维持的。多尔衮虽然功勋卓著，贵为摄政王，但他死后发生的事情，足以令帝国臣民们目瞪口呆、眼花缭乱了。

十七日，九王多尔衮的灵柩运回北京。十三岁的小皇帝亲自到东直门外五里迎接。他在多尔衮灵柩前连跪三次，酹酒祭奠，痛哭失声，表现得极为悲痛。

二十五日，福临追尊多尔衮为"诚敬义皇帝"，庙号"成宗"，这是一个很高的评价，表示承认多尔衮缔造帝国的皇帝般的功勋。然而，从第二天便开始由议政王大臣会议集体讨论英亲王阿济格的罪行。最后，确定他在多尔衮死后，意图发动政变，将其幽禁。随后，据说这个曾立下大功、脾性蛮横粗野的清军战将在狱中藏刀、纵火、闹事，遂被无情处死。

顺治八年正月十二日，多尔衮死后一个月零三天，福临在太和殿举行亲政大典，接掌帝国军政大权。这一天，他距离满13周岁还差18天，可见，这时的幕后主持，仍是孝庄皇后。

多尔衮专擅朝政、大权独揽的时候，树敌太多，引起公愤，多尔衮死后一个月，曾经深受他信任和重用的苏克萨哈等人出面控告他心怀不轨，其实这是一种为人所不齿的投机行为，投合了福临对多尔衮的痛恨，也从而引发了大清朝廷对多尔衮的彻底清算。

至此，多尔衮被追赠的皇帝之名也不过当了四十来天，就因生前的谋逆大罪而削爵、黜宗室、毁坟、财产入官，连过继来的儿子多尔博也归宗，回到豫亲王多铎名下了。

苏克萨哈出面控告多尔衮的内容是：多尔衮死后，他的侍女吴尔库尼告诉他的亲信人员，要将王爷生前准备好的八卦黄袍、大东珠、黑狐褂等皇帝才能穿用的服饰等放进棺材。意思就是"显有悖逆"、"逆谋果真"，等等。随后就是帝国历朝历代官场屡见不鲜的痛打落水狗——多尔衮身边的人们跟进揭发，人人争先恐后地和多尔衮划清界限，原先对多尔衮趋之若鹜的人，现在唯恐避之不及。

最后，议定将多尔衮的家产人口抄没入官，多尔衮或真或假的罪行被长篇大论地公之于世。一大批官员被处死、撤职查办、抄家、流放，古代历史上演出过无数次的故事，从头到尾地重演了一遍，铸就了大清朝开国以来的第一大冤案。

顺治帝对多尔衮的清算是很彻底的，一位汉语名字叫卫匡国的意大利传教士，写过一本著名的书，书名叫《鞑靼战纪》。其中记载道，在皇帝的命令下，多尔衮的尸体被挖出来，经过鞭抽棒打之后，砍下了脑袋示众。这也说明，入关七年的大清朝——大明帝国曾经的大敌，也是忠实的学生，已经将明帝国政治文化传统中的凶残基因，完整无误地继承下来了。

多尔衮去世五年后，监察官员彭长庚、许尔安为多尔衮鸣不平，认为"皇太极创业于沈阳，大家都有功劳，但多尔衮之功为冠"，要求为他平反昭雪。这两位勇敢的官员不但没有能够让大家学会尊重事实，他们自己反而被判处死刑，最后，顺治皇帝下令将他们流放到了宁古塔。

在这一时期，为什么孝庄太后没有出来阻止呢？有人认为她是不想和儿子作对，或者有意为之，以去除多尔衮对皇权的影响，为儿子福临的顺利掌权铺路，并给敢于觊觎皇权者以警示，但有更多人认为也可能是福临违背母意强制去做的。

不管怎样，经过顺治皇帝如此这般的一番折腾，多尔衮在大清朝定鼎中原时所立下的盖世功勋，很快淹没在历史的尘埃之中，直到一百多年后乾隆皇帝执政时，才被重新翻腾出来。乾隆皇帝为多尔衮平了反，恢复王爵，追谥为忠，配享太庙，并命多尔博一支的后人再次过继，承袭其爵世袭罔替，成为清朝的八个铁帽子王之一。

作为皇帝，福临的曾孙子乾隆帝弘历看得更清楚。他明白多尔衮要是想谋取皇位，早就在握有军权时做这件事了，哪里要等到死后去阴

间来做？于是，乾隆皇帝为多尔衮全面平反昭雪，并在他那个睿亲王中间，还为他加上了一个"忠"字。实事求是地说，多尔衮还真是当得起这个字眼。九泉之下有知，多尔衮大约会把这个重侄孙子引以为知己。

太后下嫁之谜的主角布木布泰，经历了一场场政治斗争的洗礼，越加成熟老练，在此后的漫长岁月里，辅佐了两代幼年皇帝——顺治帝福临和康熙帝玄烨，对清初的政治格局、对大清帝国的兴旺发展，都有着不容忽视的影响，是一位对国家、对民族有着重大历史功绩的政治家。

当布木布泰暮年回首往事的时候，一定不会忘记这一段延续了二十余年、几乎占了她生命的三分之一时间的恋情，一定不会忘记短短的一年多的第二次婚姻。这对后世人是一个谜一样的故事，对于她来说，可能更像做了一个美丽的春梦。

太后下嫁说法多，护子心切是主因

虽然正史未有记载，但野史、传记小说对太后下嫁不吝笔墨，关乎孝庄与多尔衮情事的记载大体如上所述，细节处不一而足。而至于孝庄为何要下嫁多尔衮，则提出了多重原因，现选择比较有代表性的三种说法介绍如下，即报恩说、私通说和保皇说。

"报恩"一说是认为孝庄太后觉得多尔衮对自己和孩子福临有恩，故下嫁以报之。此说多见于文人笔记。其背景和说法大致是这样的：清太宗皇太极去世后，有人劝睿亲王多尔衮以弟承兄继立为帝，多尔衮却扶六岁的侄子、皇太极第九子福临登基，自己仅称摄政王，并且首先下拜。各王公大臣感戴多尔衮的诚意，共同呼拜，顺治帝位于是得定。不久，多尔衮率大军杀进山海关，击走李自成，乘势进踞燕京，入驻明朝紫禁城宫殿，但他仍不以帝位自居，而是迎请顺治帝移驾南下京师即皇帝位，于是年幼的福临得以成为清朝入关后的第一位天子。

其时，举朝都因此替顺治帝感到过意不去，非有所报答不可。多尔衮看准了时机，与大学士范文程密议定计，授意亲信在朝廷中倡言，说："摄政王功高望重，又谦抑自持如此，让位之德，亘古少有。我皇上虽想要报答，可这么大的恩德如何能够报答得了呢？正好摄政王是皇上的叔父，今日让位的事，就跟皇父传位其子的意思一样。摄政王既然像对待太子一样对待皇上，皇上也应当像对待皇父一样对待摄政王，以此作为报答，诸位觉得如何？"众人都附从此议。范文程于是出面提议说："近日闻说摄政王妃新亡，而我皇太后又多年寡居无偶。皇上既视摄政王如父，自然不可使父母异居两处。宜请摄政王与皇太后同宫而居。"

众人见此提议都表示附从，于是史官乃大书特书，记载于册曰："皇太后下嫁摄政王。群臣上贺表。"于是多尔衮和孝庄太后成了亲，相传其婚礼之盛，为从来大婚所未有，官员和老百姓当时也没什么非议，还多传为佳话。

所以这事起初并未为清廷视为羞耻之事，而是一件很平常之事，直到乾隆皇帝执政时，主管修史的纪昀（字晓岚）见到这则记录，他是深受儒家思想才华的知识分子，于是惊异道："这种事怎么可以传示后人，以彰其丑？"便立刻请示乾隆皇帝，而乾隆也早已为汉人礼仪所风化，便也觉得这事见不得人，就让纪昀将有关内容全部删削，并禁言此事，于是此后便很少有人知道这件事了。

按清初的历史事实分析，"私通说"无疑最有说服力，但此说多被演义小说采用。如有小说讲道：清太宗皇太极的庄妃博尔济吉特布木布泰有美色，肌肤莹洁如玉，宫中私号为"玉妃"。入宫之初仅为才人，但慧黠有智谋，言必称"皇上旨"。洪承畴降清时，使清朝尽得关外大片领土，多因布木布泰劝诱说降，其功不在开国元勋之下。因此玉妃得以参与帷幄机谋，权力日进。又因为生皇子福临，遂得正位为皇后。

布木布泰有个妹妹，嫁了九王多尔衮，美貌不亚于其姐，人称"小玉妃"。姐妹俩原本十分亲密，劝降明将洪承畴时，小玉妃也曾参与计议运筹，皇太极因此待多尔衮也格外优厚。虽然清朝定都沈阳后，生活礼仪渐仿汉制，宫禁也稍稍森严，但多尔衮以参与密谋，总能出入自由。皇太极因政务繁忙，又常年用兵，东征西讨，几乎没有一天安宁，经年不还宫中，则内务琐政，尽都由多尔衮决断，而多尔衮又都是奉大玉妃意旨，逢迎无所不至。而大玉妃也往往留多尔衮居住宫中，经旬不得归私第。借议军国要事之名，行私通之实。一时人言纷纷，颇多非议，小玉妃听闻此事，自然不愿意，于是大小玉妃由姐妹变情敌。

不久，李自成攻破北京，明朝灭亡，吴三桂投向皇太极，将引清兵入关，皇太极率大军行至途中，小玉妃贿通的某王向其进言，将大玉妃与多尔衮私通丑事一一禀明。皇太极大为震怒，气愤地说："朕不处分此獠，何以取天下！"立即下令返师沈阳，准备先正宫闱而后出兵取明。但还宫不到一天，便以暴病崩逝，由此也牵出了皇太极暴死之谜。

皇太极死后，人们都疑心是被大玉妃和多尔衮所害，但当时多尔衮党羽极盛，无人敢撄其锋。不久，多尔衮竟奉遗诏为摄政王，率师入关进燕京，从此久居宫中，政事机密，大玉妃全权委任给多尔衮办理，于是朝廷大权，多尔衮独揽。

小玉妃自然对此愤恨不平，进宫寻姐评理，大肆诟骂，大玉妃拒不相见。小玉妃无奈回府，与多尔衮争吵之后，当夜就宣称暴亡。摄政王妃既亡，按照满族人的婚俗规矩，身为太后的大玉妃便名正言顺地下嫁了多尔衮。

"保皇说"是指在孝庄太后的孩子福临被推为皇帝后，她为稳固儿子的帝位，才下嫁给了多尔衮。在清太宗皇太极初崩时，孝庄太后原有垂帘听政的意向，但恪于祖训，怕宗室中有人挟此名义别生枝节，反而动摇福临的帝位。而与她关系不错的睿亲王多尔衮在诸王中树党自固，

皇太极昭陵前门

最有实力，又因其福晋是太后的同姓姐妹，原本亲如家人，多尔衮更因才智过人，素受太后信赖，此时太后自然要借重多尔衮。于是多尔衮献计用摄政制，而许以内权让太后。这样，福临得即皇位，多尔衮为摄政王，成就了清廷入关的局面。

此说也支持在皇太极未崩之前，多尔衮就与太后关系暧昧，至福临即位后，方不避讳世人之口。不过入关以后，顾及汉制，多尔衮与福临成了内则父子、外则君臣的特殊关系。所谓"天无二日，民无二主"，多尔衮虽居摄政王位，见福临还得顾君臣之义，行跪拜之礼。

随着摄政王权势日重，多尔衮不但主持朝廷，遇宴会也是主持，在哪里都成了主角，王公大臣对他也开始北面而朝了，这使太后十分疑惧，恐其弑主称帝，于是她故意下诏命诸臣议尊崇摄政王的典礼，内三院便以皇叔九千岁的礼仪进上。多尔衮一时昏昧不察，竟欣然接受。从此诸臣见摄政王便都一跪三叩首了。

既有了这个基础，某一日，太后与多尔衮同游，有侍卫前来奏事，都是先皇帝、太后，再及摄政王。多尔衮偶有奏对，鸿胪寺赞礼者也如常仪一般在旁边三呼跪拜。多尔衮大为不满，翌日不上朝、不进宫，只遣人奏报太后说："臣终不能与太后共享安乐了。以臣职分所限，君臣安得敌体。今又心劳多病，请罢摄政，闭门思过，不复能见太后颜色了。"

孝庄太后得奏，心中十分懊丧，福临年幼，国事离不开多尔衮；但多尔衮专权，又威胁着福临的皇位。既能笼络多尔衮，又能保住福临皇位的办法只有一个，便是太后下嫁。于是太后立命内大臣往摄政王府议下嫁之事，并命内三院拟太后下嫁及称尊皇父的典礼。其时明朝旧臣陈之遴任内院大学士，闻命十分惊异，咋舌道："这种礼也能议吗？"在侧的满官将此言上告，太后大怒，立论陈之遴死罪以示威。幸而有大臣相救，奏告说："下嫁是大喜事大嘉礼，不宜用刑。"这才免陈之遴死罪，但仍将其谪戍吉林三姓城入军籍服役。

有关太后下嫁的传说还有很多种，有些故事荒诞不经，显然为了猎奇；有些更如同淫秽小说，令人难以置信，就不再引用了。

顺治皇帝出家之谜

第二部分

顺治之幸运，背后是孝庄

顺治皇帝名福临，姓爱新觉罗氏，清太宗皇太极第九子，崇德三年（1638年）戊寅正月三十日戌时出生，六岁继位，是清朝入关后的第一位皇帝，生母为孝庄文皇后博尔济吉特·布木布泰。因为他的母亲是布木布泰，从一出生，福临就是历史上的幸运儿，上天给予福临的是一个极其特殊的机遇。在中国乃至整个世界的历史上，多少人费尽心机、耍尽阴谋诡计，不惜背信弃义、骨肉相残，不在乎伏尸百万、流血千里，不在乎国家存亡、天下大乱，孜孜不倦、梦寐以求而百般得不到手的皇位，因为其母的巧妙运筹，五岁的福临不费吹灰之力就得到了！他得到的皇位，是让他拥有东北到鄂霍次克海、西北到贝加尔湖、南临万里长城和大海的至少三百万平方公里版图的大清国，小小的他高高在上地接受臣民的朝拜，他难道不是天下最幸运的人？

从此以后，福临就过着和平常孩子完全不同的生活。他的衣食住行都是全国最高的规格，他的仪仗随从都是全国最庞大最气派的，他要在各种隆重的祭祀活动中，代表国家和全体人民直接和天地神灵打交道。

顺治元年（公元1644年），福临刚继位不久，又一块大馅饼落到了他手中，风雨飘摇的大明王朝被强大的李自成农民军推翻了！大清朝多年来积蓄力量、壮大自己，终于等到了南下中原、争夺天下的时机。摄政王多尔衮倾举国之兵，如狂风暴雨一般席卷了中原大地，取得了中国

顺治皇帝福临

战争史上罕有其匹的辉煌战功，大清国的都城从沈阳迁到北京。福临被大人们簇拥着祭祖、祭陵、祭告天地，然后起驾南行入关，摄政王率诸王、贝勒、文武大臣到通州迎驾，簇拥着小皇帝和两宫皇太后进永定门、进正阳门、进大清门，进入了紫禁城皇宫。十月初一日，福临即皇帝位于武英殿。就这样，福临无须费心筹算策划，无须临阵冲杀，就得到了明朝的江山，成为世界上面积最大、人口最多的帝国的君主。

这一切，福临都是最高得益者。他的至高无上、至尊至贵的天子意识就这样逐渐形成，再加上他先天的敏感气质和后天娇惯出来的任性，在他幼小的心里，早早就种下了狂妄和暴戾的种子，这给他短短的一生带来许多痛苦和烦恼。

对于多尔衮等人的慷慨赐予，布木布泰和福临母子俩对得到这些的感觉是不大一样的。小小的福临心安理得，因为他觉得这天下就该是他的，他是天子，是他在沈阳清宫大政殿里命将出征，是他授给摄政王奉命大将军印，是他向多尔衮亲口下谕说：因朕年幼，特令摄政王代统大军，往定中原。摄政王多尔衮的"奉命大将军"，奉的就是他这位大清皇帝的圣命！也许幼小的他会认为，如果他能亲统八旗大军征战天下，一样能得中原、得天下。

福临母亲布木布泰却心里明亮。当初多尔衮带走了大清国几乎全部军事力量入关，在短短的时间内摧枯拉朽般击败了各路对手，在北京立住了脚，那时候要想背叛他们母子，自行称帝立国，简直易如反掌。所以她心里实在为儿子，也为自己捏着把汗。多尔衮竟然主动迎请幼主迁都登基，布木布泰内心对他的感激是不言而喻的。只因为孩子太小，她还不好对小皇帝透彻明言。

六七岁的儿童就当了这么大国家的皇帝，福临的自尊自贵得到更大的满足。不过，随着时间的推移，随着福临年龄的增长，他的天子的自尊、大清国皇帝的感觉渐渐受到遏制和压抑，孩子那稚嫩的心灵也渐渐蒙上阴影。

孝庄下嫁多尔衮，福临心理受打击

一个人长大后的性格与所作所为，与其小时候的经历和所受的教育有很大的关系。所以顺治帝长大后的出家厌世行为的原因，还应从小时候开始说起。

多尔衮手握实权，孝庄太后就不得不尽力与他搞好关系。甚至不惜以太后之尊下嫁，屈身安慰多尔衮，但这样一来，她和福临便分宫而居了，常常数月不得一见。母子亲情被隔断，福临来自母亲的关怀爱护被夺走，又处在摄政王的亲信们时时刻刻的监视之中，不知何日会有性命之忧，他的恐惧、孤独、寂寞、痛苦可想而知，而且他的痛苦、他的心事无人可以倾诉，无人能够分担。对一个 11 岁的孩子来说，这境遇实在是太残酷了！

其实不但是太后下嫁之后，就是没有下嫁时，福临也是不能常与母亲见面的。

清朝迁都北京后，迅速向明朝学习，并很快完善了体制上的各种规

顺治帝曾居住的位育宫

章制度，按照大明祖制，皇家子女出生后，不能由亲生母亲抚养，要交由宫中女官、乳母、宫女、太监和师傅们养育辅导。到北京后，孝庄皇太后住进了慈宁宫，七岁的福临大约是住在位育宫，按规定他只能和母亲分开来自己单独住。

多年以后，早已把死后的多尔衮批判得一文不值的顺治皇帝，仍然充满怨恨地谈到，多尔衮摄政时，自己和皇太后要分别居住在不同的宫室里，经常要几个月才能见上一面，以至于皇太后时时牵挂，特别难受。

顺治皇帝将此归罪于多尔衮，肯定有他的道理。从多尔衮的角度看，将他们母子隔开，固然有皇家制度的因素在起作用，不过，多尔衮和孝庄之间的私情可能是更重要的原因。

如今我们已经很难知道多尔衮与孝庄皇太后之间的感情究竟是怎样的情形，但福临长大后，性情偏执强烈，形成严重的分裂型人格，和自己母亲孝庄皇太后的关系也恶化到几乎无法弥补的程度。从一般心理学规律判断，这种情形必定和他童年与少年时期的成长经历密切相关。而多尔衮和孝庄皇太后的关系，可能使他受到过极大的刺激。这应该是他切齿痛恨多尔衮的最重要原因。

随着年龄越来越大，身为皇帝的福临可能日益感受到了多尔衮庞大权势的威压，他极其讨厌多尔衮对自己的操纵。

多尔衮的名号由摄政王而"叔父摄政王"，又"皇叔父摄政王"，后来直接是"皇父摄政王"，这样等于他成了皇帝的爹，当然是说一不二。

顺治三年五月时，多尔衮将皇帝专用印信兵符收到自己府中管理。这是调遣全国军队的唯一凭证，本来是唯有皇帝才有权力握有，但多尔衮却将其拿到了自己手里。多尔衮死后，这件事被当成他心怀不轨的证据之一。

其实，恰恰是这件事表明多尔衮真的没有谋夺皇位的心思，因为从他拿到调动全国军队的兵符后，一直到多尔衮死去，其间间隔了四年半时间。在这么长的时间里，多尔衮要想夺位，恐怕是没有人能够拦得住他的。有人认为是因为代善健在，他的号召力及其两红旗导致了多尔衮不敢轻举妄动。其实，这个理由大约同样很难成立。代善是在顺治五年十月死的。这一年，豪格已经死去，济尔哈朗的辅政王之位也在前一年被多铎取而代之。即便在这种政治、军事势力完全一边倒的情势下，在两年多时间里，仍然没有任何有力的证据能够证明多尔衮曾经有过谋取皇位的行动。

但即便多尔衮如此，对于他的专权，福临也是极为不满。他心里虽有气，但并没有过多地表现出来，这或许是母亲给过他暗示，早熟的福临心领神会，他小小年纪就玩起了韬晦的把戏，整天装得没心没肺，顽闹嬉戏，不是闲游乱逛，就是逗猫惹狗；今天迷上打猎，明天又要打渔，玩起来乐不思归，全然像个没出息的贪玩好动的野小子；对摄政王则感激加恭敬，从无违逆的表情。也许是他的戏演得不错，摄政王始终当他是长不大的孩子，始终没有看透他内心的仇恨，所以篡位夺权的行动始终顾虑重重。终摄政王执政之期，福临得以安全无事。

福临在多尔衮摄政之下的这种心理状态，或许能为多尔衮远离其母子找到另一种解说。福临从小聪明过人，这与他母亲布木布泰的教导

应该有很大的关系，而且宫廷里等级森严，使他早就懂得奴与主、君与臣是怎么回事，也早就有天潢贵胄的优越感。母亲更会不停地向他灌输皇家至尊至贵、皇子至尊至贵的信条。所以，从他开始懂得人事起，自尊、自大、自信就成了他主要的性格特征。

让福临尤其受不了的是多尔衮和他的母亲或明或暗地勾勾搭搭，这使他觉得他们两个都见不得人，自己更是为之羞愧难当。

对福临而言，多尔衮的威胁是多方面的。福临应该也曾向母亲发泄对多尔衮的不满，母亲则会向他叙述当年多尔衮让位之德和忠于幼主、征明安天下的大功劳，意在使福临感激多尔衮，平息他的情绪，但结果却适得其反。福临自尊心极强，受人恩惠而不得不回报，本身就是难以忍受的屈辱，于是，在他表面的感激下面，就更深地潜藏了愤恨和对多尔衮的仇视。

从摄政迤始，多尔衮对后宫和小皇帝采取了两个方面的措施。第一，规定从孝庄皇太后开始，严格执行后宫不得干政的制度；第二，是对于顺治小皇帝采取顺其自然的教育办法。

在关外的时候，多尔衮就给顺治请了五位师傅，其中三个满人和两个汉人。入关后他又给他派了三个新的师傅，结果小皇帝不满了，顺治成年以后经常抱怨，说叔叔摄政王就怕他学习好，成天让他玩，其实满人从小在马背上长大的，所以骑马射箭就是他们的传统，这是满族的教诲啊，怎么可以说是光让他玩不让他学呢。

在治国上，多尔衮要求顺治每天和他临朝听政，让他在不知不觉、边玩边学的过程中，耳濡目染，学会如何驾驭自己的臣子。

对于长幼关系的处理上，多尔衮做得不好，他觉得顺治是自己的侄儿，自己又没儿子，他对他的教育是应该的。可是顺治可不这么想，在母亲的教育下，他只知道皇帝是天下最大，他的老师也对他说，他生下来就是皇上，谁都得听他的，谁在他面前说话都得自称奴才，顺治皇帝也就接受了这样的思想，觉得他叔叔摄政王就应该怕他，但现实却是他叔叔一点也不怕他这个皇帝，反倒是自己有点怕叔叔。这样，小顺治就开始对多尔衮有不满的地方了，长此以往，两个人之间就产生了矛盾。

从史料中推测，多尔衮对这小顺治皇帝可能只是冷漠而已，因为史料中找不到他以实权威迫小皇帝的事例。相反，多尔衮还在许多场合坚定维护着小皇帝的尊严。有一次，济尔哈朗等人商议，

顺治通宝——清朝顺治年间的钱币

要将对摄政王的礼仪提高到诸王之上。多尔衮说："在皇上面前不敢违礼，其他可以像你们商量的那样办。"第二天上朝时，诸王公大臣们在朝门口跪着迎接多尔衮，多尔衮马上命令调头回去，并责问他们何故如此。史料中也不止一次记载着有关多尔衮"待皇帝长大后，就要归政给皇帝"的谈话。

有一次，多尔衮召集王公大臣开会，对他们说："现在大家只知道取媚于我，很少尊敬皇上。我岂能容忍这样？当年先帝皇太极死时，大家跪着请我继大位，我誓死不从，遂推举了现在的皇上。那个时候，我尚且不肯做这样的事情，今天难道能够容忍你们不敬皇上而来给我拍马屁吗？从今以后，凡是忠于皇上的，我就会爱他用他，否则，虽然给我献媚，我也绝不宽恕。"这种情形，显然和多尔衮在推举福临时的顾全大局是一致的。据说一百多年后，乾隆皇帝在实录中读到这段话时，曾经感动得潜然泪下。

但另一方面，多尔衮因其母阿巴亥被皇太极用计生殉，自己的皇位被取而代之，现在自己又在辅佐皇太极的儿子，也使他暗怀恶气，一直梗在心头，他的一些举措也因之失当，从而增加了皇帝对他的恐惧和憎恶，并且也让他大失人心，为他死后的悲惨遭遇埋下了伏笔。这些举措中，最重要的就是打压济尔哈朗和除去豪格。

从历史记载来判断，在多尔衮心里，可能也确实没把这小皇帝太放在眼里，他对这位小皇帝可能很严厉，丝毫也不假以辞色。当多尔衮在铁马金戈的征战中缔造大清帝国时，小福临还在布木布泰怀里撒娇呢。假如不是为了帝国的利益，不是为了情人孝庄皇太后，多尔衮不干净利索地拿下皇位，已经算是太对得起他了。

顺治五年二月，豪格平定四川立下大功。但在返回京城后，不到一个月就被多尔衮下狱治罪，为此多尔衮用了两个很可笑的罪名，其一说豪格包庇手下的一个中级军官贪冒军功，其二说他提拔重用了一个罪人的弟弟。然后，不由分说地将豪格幽禁起来。三月，幽禁中的豪格没有任何征兆地死去，时年仅 40 岁。

与此同时，多尔衮又对济尔哈朗下手，立即有一批八旗高级将领控告济尔哈朗，说当初一些人谋立豪格为帝，济尔哈朗知情不举。济尔哈朗则据说是从宽处理，被降为郡王。多尔衮还将努尔哈赤时代开国五大臣额亦都、费英东等人的子侄牵连进来，许多人被抄家并关进了监狱。

这种情形表明多尔衮的权势在膨胀，他已经不再是那个富有远见、运筹帷幄的政治家。当他不惜采用残忍下流的手段对付异己时，已为他身死之后的凄惨遭遇埋下了伏笔。

多尔衮的作为让福临犹为不满。让人不解的是，时年 11 岁的小皇帝福临和那位比他大了近 30 岁的豪格大哥感情甚好，不知为何，豪格对这位抢走自己帝位的小弟弟并不记恨，还很喜欢他，这可能是他觉得自己没有称帝是多尔衮在作便，和小福临没有关系的缘故。豪格平定四川，斩了张献忠，可说是立了大功回京，福临小皇帝十分兴奋，专门在太和殿设宴慰劳大哥哥豪格。谁知仅过一个来月，福临为大哥豪格庆功的热乎劲儿还没有过去，就传来大哥豪格的死讯。据说，听到这个噩耗后，福临的反应极度狂乱，几近疯狂，将身边的宫女太监们鞭打得鸡飞狗跳，狼狈不堪。

因为多尔衮的影响，福临长期陷入心理矛盾中，要用外表的贪玩嬉戏、无所事事来掩盖内心的仇恨和算计；又要以高傲的天潢贵胄的优越面孔去压住内心的软弱和胆怯，他本是个敏感的孩子，复杂境遇的刺激，使他变得喜怒无常，变得神经质。他的病态自尊可以发展到刚愎自用、狂暴，常常以鞭打侍从太监来发泄仇恨和

清代绘画中皇家狩猎的情景

怒气；但他内心的自卑又使他脆弱到暗自落泪。这样的心理矛盾和复杂性格，对他后来的政治生涯带来灾难性的后果。

如果没有布木布泰替福临操持着一切，真不知他会做出什么事来，如果不是多尔衮英年早逝，结束了摄政局面，中断了福临的极不正常的成长环境，也说不定他们之间会发生什么。不然，福临不会变成一个孤僻、冷漠、刻薄的怪人，甚至会发疯也说不定。

顺治帝"龙性难撄"，孝庄后无奈妥协

无论如何，多尔衮的死亡，标志着他的时代已经成为过去，孝庄又从多尔衮身边完全回到了儿子福临身上，在孝庄皇太后扶持下，13岁的顺治帝福临开始亲政。而这个受多尔衮和孝庄皇太后双重教育影响下长大的孩子，此时终于在全天下人面前表现出了鲜明的双重人格。

在大臣们众目睽睽的朝堂上，他虽然仍然年少，但他是顺治皇帝，他雍容俨然，颇有人君气象；然而在退朝回宫后，则骄纵易怒，异常横暴。不止一种史料里谈到，这位小皇帝时常会失去控制，经常在暴怒中鞭打宦官和宫女们，可说是喜怒无常，特别不好惹。这种性格也导致在他11年的执政生涯中，他将母子关系、君臣关系、夫妻关系全部搞得高度紧张，国事、私情都弄得一团乱麻。

亲政之初，福临倒也是胸怀大志，努力进取，但他的天性中又存在着浮躁易怒、任性放纵的顽症。八年二月，皇太后告诫皇帝的谕中有"惩忿戒嬉"，这是母知其子，可谓说到了病根。后来和尚木陈忞说他"龙性难撄"，茚溪森说他"生平性躁"，看法都是一致的。

从努尔哈赤开始，清廷的规矩是宫女不以汉人充当。但在太监的影响下，福临追求声色，耽于逸乐，选收汉人宫女，顺治十二年竟派内监赴江南采买女子，弄得大江南北人心惶骇，为避免灾祸临头，纷纷

清宫四案之谜

顺治时期的瓷器

嫁女而"喧阗道路"。七月，兵科右给事中季开生特上疏谏阻。福临览奏非常气愤，他强辩说根本无买女子之事，于是将其革职，流放尚阳堡。像季开生这样真心为清朝、为福临着想而被惩罚、被流放的言官不止一人。事后，福临怕因此堵塞言路而一再求言，十五年五月御史李森先上奏说，皇上屡下求言之诏，而大小臣工犹然迟回观望的原因在于"从前言事诸臣一经惩创则流徙永锢，遂相率以言为戒耳"。他建议要开路，首先应将因建言被流放的李呈祥、季开生等予以恩赦。遇到这样的实际问题，福临又恼火了，他斥责李森先"明系市恩徇

情"、"着吏部从重议处"。于是李森先又险些遭到流放。

福临刚愎自用，对一切冒犯其尊严或不顺心者，动辄惩处，有的则是该惩而不惩。顺治十二年，他已严令不许太监干政，并立十三衙门铁牌，禁令昭昭，但十五年二月就暴露了"内监吴良辅等交通内外官员人等"、"作弊纳贿，罪状显著"之事。如按十三衙门铁牌敕谕应"即行凌迟处死"。福临却另有一番言辞："若俱按迹穷究，犯罪株连者甚多。姑从宽一概免究。""自今以后，务须痛改前非，各供厥职。"其实这话仅用之于太监，而与太监交通勾结突出者，如大学士陈之遴以及陈维新、吴维华等人，却遭到了流放盛京或宁古塔的惩处，太监，尤其是吴良辅却仍然安然无恙。这种福临自己也无法解释的自坏章法的原因，是他偏爱太监之故。

但福临并不是将错就错到底的昏君，这位在人生道路上大胆迈进，具有鲜明个性而尚不成熟的青年君主，还不失真诚治国之心。他在坚持满洲特有权利而严厉惩处汉臣的同时，也并非没有自己的思想。当议政五大臣会议逃人法时，他曾表示："因一罪犯牵连众人，荡家废产远徙他方，朕心不忍。且所议大小官员等罪亦属太过"。要求其"详慎定议"，"另议具奏"。十三年六月在谕八旗各牛录时说逃人法中所定的株连罪"非朕本怀也。尔等亦当思家人何以轻去，必非无因。果能平日周其衣食，节其劳苦，无任情凌辱，无非刑拷打，彼且感恩效力，岂有思逃之理？"这是发自肺腑的明察之言。十七年五月他更向吏部发出这样的谕旨："朕统御寰区，焦心图治，前此屡有引咎省躬诏谕，自今追思，皆属具文，虚邀名誉，于政事未有实益。且十二、三年间时有过举。""向因建言得罪流徙降革等官，吏部详察职名事迹，开列具奏。"他再次希望"科道各官尤当尽言无隐，即朕躬阙失，亦直言勿讳，朕不惟不加罪，并不芥蒂于心"。在此谕后，季开生复原官、归骸骨，李呈祥、魏琯等免罪。所赦言臣尽管很少，但终能自责并见诸于实际行动。

所以，观顺治帝之为政，无法评述褒贬，好在他的母亲孝庄在大事上能替他作主，帮他纠正了不少错误，但这也引起了他的极度反感，以致母子二人关系势如水火。

顺治八年正月十七日，福临亲政后的第五天，群臣奏请皇帝批准，要在二月份为皇帝举行大婚典礼。小皇帝干净利索地批示："所奏不准行！"群臣尽皆吃惊，都面面相觑。这事早已由孝庄皇太后和多尔衮确定，请皇帝批准本来只是一个形式，因为新娘子是孝庄皇太后的亲侄女，皇帝的亲表妹，既有亲上加亲的意思，也有笼络蒙古贵族的含义，还有皇太后加强自己娘家力量的深意在，但福临不同意也不行，孝庄哪里容许13岁的小皇帝"不准行"？于是经过母子间几番折冲，八个月后，大婚典礼照样举行。

谁知，两年多以后，顺治十年八月，未满十六岁的顺治皇帝突然下诏宣布废后，在朝野上下又掀起了一场轩然大波。福临直截了当地道出了自己的不满，这个皇后是"因亲定婚，未经选择"，将矛头直指孝庄皇太后。顺治皇帝明明白白地告诉全国臣民，自己和皇后有夫妻之名，无夫妻之实，结婚三年没有过夫妻生活，这个皇后根本就不具备母仪天下的能力与资格。

据福临的诏书中说，这位皇后虽然长得美艳，但心地不端，特别崇尚奢侈，极度忌妒，见到容貌漂亮一点的女孩子就感到憎恶，必欲置之死地而后快；而且还对皇帝的一举一动都要猜忌防范，因此，自己就尽量不见她。而在此期间，其他妃嫔为他生了两个孩子，未来的康熙皇帝也将在半年后降生。

在群臣的竭力反对浪潮中，福临停止了对皇太后的晨昏定省之礼，不接见任何人，包括孝庄皇太后的贴身侍女苏麻喇姑。这位苏麻喇姑从小把福临带大，福临称之为姐姐，可能是他最为亲密的朋友。

耐人寻味的是，孝庄皇太后起初一言不发，后来，在势成僵局之际，她主动出面说服诸王大臣同意废后，她牺牲掉自己的亲侄女，成全了儿子福临。实际上，孝庄皇太后等于是在用自己的行动诏告天下，皇帝的尊严是至高无上的，任何人都不能违背皇帝的意志！于是顺治帝赢了母亲，这个16岁的青年皇帝从此将军国大政的决定权牢牢掌控到了

清代绘画中描绘皇家出巡盛况的情景

自己手里。

　　顺治皇帝"龙性难撄"，与母亲斗争不断，那么他为什么要这么做呢？孝庄皇太后为了他的皇位，可是做出了巨大牺牲的啊！

　　这一问题的关键，恐怕还在于孝庄下嫁多尔衮这件事上。因为福临从一出生开始，就与母亲相依为命，早年他与母亲的感情定然不是一般的深，那么为什么后来不一样了呢？最大的原因就是有人分走了母亲对他的爱，使还是孩子的他心生记恨，无疑这个人就是多尔衮。

　　福临不喜欢多尔衮，孝庄也没有办法，虽然她为福临付出了很多，但因为她与多尔衮的私情，以及为稳住多尔衮而不得不做的一些努力，她自己也觉得欠了孩子太多，所以对于福临的抱怨以及对多尔衮的打击，她不好去管，也无法去管。所以，福临作为年轻的皇帝，他的一些作为也是缺乏节制，缺乏考虑的，因为他习惯了任性而为，而孝庄对已经长大的他也没有很好的办法。如在对待后妃上，孝庄基本是没有一点办法，福临废后基本上是突然袭击，打了孝庄一个措手不及，孝庄太后知道再劝也没用，又因为她也看不惯皇后的一些做法，于是只好答应了儿子。

但孝庄并没有放手管制顺治皇帝的婚姻，可能她与儿子顺治帝进行了这样的约定：废后可以，但必须仍然娶自己娘家科尔沁蒙古一族的女子，顺治帝是孝庄看着长大的，知道自己拗不过老娘，便见好就收，答应了这样的约定。于是顺治帝的第二位皇后，也是博尔济吉特氏，是孝庄皇太后的侄孙女、福临的外甥女。她是在第一位皇后被废的一年后册立的。到顺治十五年正月初三，刚刚过完春节，皇帝便下令"停进中宫笺表"，就是虽然保留皇后名位，但中止皇后管理内宫权力的意思。一年后，皇帝因为一件小事又下旨痛责孝庄皇太后的两个同胞哥哥，也就是自己的舅舅，并准备命令有关部门严加议处。可能是因为孝庄从中斡旋，这两件事情最后全都虎头蛇尾、不了了之。这些也反映了顺治帝与母亲孝庄太后势如水火的矛盾。

顺治皇帝见诸史册的后、妃、庶妃十九人，没有生育而失载的不知凡几。他有八个儿子，五个女儿。第一个儿子在他13岁时出生，生下后来的康熙皇帝玄烨时，顺治帝才15岁。在他的后妃中，有五位来自蒙古科尔沁草原的博尔济吉特部落，来自孝庄皇太后的亲族。不过，在他的13个子女中，没有一个是这些后妃所出。其实也曲折地表达出了这位皇帝对自己母亲的态度，古语说"爱屋及乌"，顺治帝对其母亲，可说是"恨屋及乌"了。

福临恋弟媳，逼死亲弟弟

造成顺治帝作出反对母亲这些行为的原因，固然与其小时候的经历和所受的教育有关系。从孝庄太后一生的表现来看，她是极其宠爱福临这个唯一的儿子的，为他用尽心思谋得皇位，又为保他的皇位屈尊下嫁多尔衮，其做出的牺牲不可谓不大；但在教育上，过度的宠爱往往会得到适得其反的效果，导致孩子不但不懂感恩，反倒成了对手或"敌人"。孝庄与福临便是这样，福临根本不理会母亲的苦心，只认为那是对自己的干扰，只知道母亲是凡事就是与自己作对的人，而孝庄对儿子的所作所为又毫无办法。所以从对儿子的教育上来看，孝庄太后布木布泰是很失败的。

从顺治帝对待后妃的态度这件事上来看，顺治帝是以青少年特有的叛逆心理来和母亲作对，但还有一个原因是，这时的顺治帝福临已经长大，正是少年多情的时候，他会有自己喜欢的女子。而孝庄为国家大计和母族考虑，却不让顺治帝任意而为，这也加深了母子的对抗，并使得顺治帝因身为帝王的不自由而产生厌倦，这也为其厌倦帝王生活、后来出家为僧埋下了伏笔。

那么让顺治帝为之心动，为其不惜废掉皇后，又不惜与母后作对的这个女子是谁呢？她便是曾让顺治帝福临产生刻骨铭心之爱情的董鄂氏。

从史书上看，福临对于他的后、妃、子、女们的感情十分冷淡。前两位皇后在顺治面前备受视若无睹的折磨，史书记载即便在顺治帝临死时，都不许她们前来见最后一面。对于子女，顺治帝也是一样，据说临终安排接班人选时，他一度坚持要将皇位传给自己的堂兄弟，而不愿让自己的亲生儿子继位。这可能同他与董鄂氏的这场爱情在发生作用。

顺治帝喜欢的女子董鄂氏，满洲正白旗人，内大臣鄂硕之女，祖籍在辽宁佟佳江流域。董鄂氏原是福临的弟弟博穆博果尔的妻子。在皇太极的11个儿子中，博穆博果尔最小。他的母亲是麟趾宫贵妃，在皇太极的崇德五宫中，麟趾宫贵妃名位排在福临的母亲永福宫庄妃的前面，博穆博果尔本应比福临尊贵，但由于庄妃过人的机智和运筹能力，终为其儿子福临谋得了皇位，那么其他人不管以前多尊贵，现在

只能靠后站了。

　　董鄂氏的父亲鄂硕为清初将领锡罕子、罗硕弟。天聪八年，鄂硕从贝勒多铎伐明，之后开始随清军征战四方。顺治十三年，擢为内大臣，转为清廷官员，并且可能出任过江南苏州一带的地方长官。董鄂氏从小在富庶甲天下的人文荟萃之地长大，读过不少汉家诗文典籍，深受汉文化的熏陶。因此，其行为举止很有江南女子的温婉气象，据说在满族亲眷中颇为出类拔萃。

　　顺治九年，按照大清制度，14岁的董鄂氏选秀入宫，被指配给博穆博果尔为妻，她的年纪比自己的丈夫可能大两岁。按照大清皇室规定，帝国勋贵们的妻子必须轮流入宫陪侍后妃。作为皇帝的弟媳妇，董鄂氏负责入侍的是孝庄皇太后。按照皇室制度，皇帝每天必须早晚两次到皇太后宫中请安，术语叫"晨昏定省"。于是，皇帝和自己的弟媳不可避免地碰了面，并一见钟情，当时，这两个年轻人的年龄大约都在16岁上下，正是多情怀春之际，从此陷入死去活来的热恋之中。

　　顺治十一年四月，奉皇太后懿旨，皇帝下令废止了勋贵妻子入侍的制度。显然，这与孝庄皇太后发现皇帝的出轨恋情有关。两个月后，在孝庄皇太后的坚持下，皇帝册封了第二位博尔济吉特氏皇后。

清代女袍

　　生活中有一种现象，即在陷入热恋中的年轻人面前，双方的长辈时常会显得力不从心。他们强力干预的结果，往往不是所有的人都陷入痛苦，就是以悲剧告终，所以孝庄的阻拦并没有见效。

　　博穆博果尔人虽小，但可能继承了蒙古人与女真人

清宫四案之谜

好勇斗狠的遗传基因，从小就渴望领兵打仗，在疆场血战中建功立业。顺治十二年二月，福临下令册封自己这个时年十五岁、没有尺寸之功的弟弟为和硕襄亲王，然后派他随军出征。结果，这小王爷踌躇满志之时，却由于听到妻子红杏出墙的消息，不但没能杀敌立功，反而受到了极大的羞辱，并因之自杀身死。

关于这一段历史，各种史书记载得简约含混，欲说还休，好在有些人知道其中真实情形，如著名的传教士汤若望也记载了这件事情，若将种种说法综合起来，可知情形大约如下：有一天，博穆博果尔在军营办事，他的一帮军士聚在一起侃大山，说到他们的这位和硕襄亲王上司时，这帮人颇为不屑，很是鄙夷地谈论其王妃董鄂氏红杏出墙的事，说小王爷虽然是领军统帅，却不知已被戴上了绿帽子，这些士兵兴高采烈地谈论之时，谁也没有注意到那小王爷就在边上听着呢。这天璜贵胄、骄纵无比的小王爷哪里受过这种羞辱？他操起一把利剑就向那帮士兵杀去。一时间哀声四起，惨叫连连。

但博穆博果尔杀人后仍怒气未消，随后他返回王府找董鄂妃兴师问罪，却不见董鄂妃人影，问左右仆人，有人吞吞吐吐地告诉他王妃进宫去了。博穆博果尔更加气愤，又发疯一般闯进皇宫大内，结果媳妇是找到了，但正是和他的哥哥顺治皇帝在一起，博穆博果尔怒火冲天，大骂两人为通奸的狗男女，结果顺治帝不但不觉得羞耻和对不住兄弟，反倒勃然大怒，立即起身当众打了弟弟两个耳光，让他滚回去。处于疯狂状态的博穆博果尔叫天不应，呼地不灵，不由大声号哭，回到王府便上吊自杀了。

这件事情发生在顺治十三年七月三日。但当日的大清官方史书《清实录》对此只记载了下列一行字："和硕襄亲王博穆博果尔薨，年十六。"

之后的顺治帝也并没有为弟弟的含冤而死有所愧疚，可能他从来都不觉得自己欠别人什么，因为他是皇帝，他就该拥有想得到的，于是仅在一个月后的八月二十五日，他曾经的弟媳妇董鄂氏就被他封为皇帝之

贤妃，真正地成为了他的老婆；十二月五日，顺治又以"敏慧端良、未有出董鄂氏之上者"为理由，又下诏旨，正式册封她为皇贵妃，行册立礼，其父亦进为三等伯，并破格颁诏大赦天下，在有清一代近300年的历史上，因为册立皇贵妃而大赦天下的，这是绝无仅有的一次。

此时的董鄂妃约18岁，女人进入后宫得到这样快速的升迁，整个中国历史上都十分罕见。按常规，皇帝只有在册立皇后的大礼上，才会颁布诏书公告天下。董鄂妃享受到这种特殊礼遇，也表明她早就和顺治帝有着暧昧的男女关系，并深深地得到了顺治不同寻常的宠爱。同时也正是这个女子，与后来顺治帝的出家有着莫大的关系。

董鄂妃与董小宛，身世不明混淆生

因为史料记载董鄂妃来到顺治身边的年龄是18岁，这位极度受宠的贵妃又引起了后人对她入宫前的身份的猜测。因为基本概念是：她是不可能通过报选秀女这个正常渠道直接走近顺治的。清朝相关的法规限定，报选秀女的年龄是13到16岁。如果隐瞒不报，身为满族军官的她父亲，是要依照相关法规受到处罚的。所以，她这样的年龄，是从什么渠道入宫的呢？最广泛的猜测演义，就是说她是被掳献入宫的江南名妓董小宛。这又引出了清宫谜案中著名的董鄂妃身世之谜。

江南名妓董小宛，名白，字小宛，一字青莲，南京人，出生于明天启四年（1624）。这个出生时间，是根据她的丈夫冒襄写的纪念文章《影梅庵忆语》推算的。小宛小时候因父母离异生活贫困而沦落青楼。

她 16 岁时，已是芳名鹊起，与柳如是、陈圆圆、李香君等同为"秦淮八艳"。

冒襄，字辟疆，江苏如皋人，生于明万历三十九年（公元 1611年）三月十五日。冒辟疆与方以智、陈贞慧、侯方域合称明复社四公子。明清时期，如皋城里的冒氏家族人才辈出，是当地的名门望族，也是一个文化世家。当时的明王朝已成溃乱之势，东北在清兵的铁蹄之下，川陕湖广是"流寇"驰骋的战场，而江浙一带的士大夫依然过着宴安

董小宛像

鸩毒、骄奢淫逸的生活。秦淮河畔，妓家所居的河房开宴延宾，樽酒不空，歌姬的翡翠鸳鸯与书生的乌巾紫裘相交错，文采风流，盛于一时。辟疆也沾染了一般豪贵子弟的浪漫风习。一方面，他年少气盛，顾盼自雄，主持清议，矫激抗俗，喜谈经世大务，怀抱着报效国家的壮志；另一方面，又留恋青溪白石之胜、名姬骏马之游，过着脑满肠肥的公子哥儿的生活。

冒辟疆最早从方以智那里听说秦淮佳丽之中有位才色双绝的董小宛。吴应箕、侯方域也都向辟疆啧啧称道小宛。而小宛时时在名流宴集间，听人讲说冒辟疆，知道复社中有这样一位负气节而又风流自喜的高名才子。崇祯十年，乡试落第的冒襄与小宛偶尔在苏州半塘相遇。她对冒襄一见倾心，连称："异人！异人！"虽然她多次向冒襄表示过倾慕，均未得到他的回应。

崇祯十二年，乡冒襄试落第，因为冒襄早已属意吴门名妓陈圆圆，并"订嫁娶之约"。次年冒襄第六次乡试途经苏州，重访陈圆圆时，已是人去楼空，加上科场失意，情绪沮丧到了极点。冒辟疆听说小宛住在

半塘，便多次访寻，但小宛却逗留在太湖洞庭山。苏州歌姬沙九畹、杨漪煜名气与小宛相当，辟疆便每天来往与沙、杨之间。在离开苏州前，辟疆又前往董家，小宛醉卧在家，与辟疆相会于曲栏花下。辟疆见小宛秋波流转，神韵天然，只是薄醉未消，懒懒不发一言，心中便已钟情。

崇祯十五年春，小宛从黄山归来，母亲去世，自己又受田弘遇抢夺佳丽的惊吓，患了重病，闭门不出。辟疆到时小宛已奄奄一息，但她一见冒襄，便支撑着起身，牵着他的手说："我十八天来昏沉沉如在梦中。今天一见到君，便觉神怡气旺。"她吩咐家人具办酒菜，与辟疆在床前对饮。辟疆好几次要告别，小宛都苦留辟疆。在与冒辟疆的恋爱、嫁娶中，董小宛处处主动，焕发出向往自由、寻觅真情的个性光彩；而冒辟疆事事举步踌躇，显露出一个大家公子以自我为中心的人格弱点。

冒辟疆带着小宛回苏州赎身，不料又遇上了麻烦，因董小宛在半塘名气太大，不论出多少银子，鸨母都不想放走这棵摇钱树。就在他们一筹莫展之际，钱谦益偕同柳如是来游苏州。柳如是是董小宛当初卖笑秦淮河时的好姐妹，钱谦益也曾与她有过颇深的交情，他如今虽然免官闲居，但在江南一带名望甚高，经他出面调排，董小宛赎身之事迎刃而解。

这时已是崇侦十五年隆冬季节，冒辟疆与董小宛顶风冒雪赶往如皋。一路上，他们不愿意放弃观光赏景的好机会，走走停停，寻幽访胜，直到第二年初春才到达如皋的冒家。

冒家十分通情达理，顺利地接受了董小宛这位青楼出身的侍妾。因为他们相信冒辟疆的眼光。这时冒辟疆的父亲已从襄阳辞官归家，一家人欢聚一堂，共享天伦之乐。冒辟疆的原配妻子秦氏体弱多病，董小宛便毫无怨言地承担起理家主事的担子来，恭敬柔顺地侍奉公婆及大妇，悉心照料秦氏所生二男一女。冒家的全部账目出入全由她经手，她料理得清清楚楚，从不私瞒银两。小宛还烧得一手好菜，善做各种点心及腊味，使冒家老少大饱口福，在众人的交口称赞中，小宛得到了无限的满足。对丈夫，小宛更是照顾得无微不至，冒辟疆闲居在家，潜心考证古籍，著书立说，小宛则在一旁送茶燃烛，有时也相帮着查考资料、抄写书稿；丈夫疲惫时，她则弹一曲古筝，消闲解闷。

宁静和谐的家庭生活刚刚过了一年，国家出现了轰轰烈烈的战乱，李自成攻占北京，清兵入关南下，江南一带燃起熊熊战火。清军大肆杀戮，冒家险遭涂毒，幸亏逃得快，才得以保住了全家的性命，然而家产却在战乱中丢失得一干二净。

战乱过后，冒家辗转回到劫后的家园，缺钱少粮，日子变得十分艰难，多亏董小宛精打细算，才勉强维持着全家的生活。就在这节骨眼上，冒辟疆却病倒了，患了上疟疾，下痢不止，把他折磨得不成人形。疟疾发作时人会寒热交作，再加上下痢腹痛，冒辟疆几乎没有一刻能得安宁。为照顾他，董小宛把一张草席摊在床榻边作为自己的卧床，只要丈夫一有响动，马上起身察看，恶寒发颤时，她把丈夫紧紧抱在怀里；发热烦躁时，她又为他揭被擦澡；腹痛则为他揉摩；下痢就为他端盆解带，从没有厌倦神色。经过五个多月的折腾，冒辟疆的病情终于好转，而董小宛已是骨瘦如柴，仿佛也曾大病了一场。

日子刚刚安稳不久，冒辟疆又病了两次。一次是胃病下血，水米不进，董小宛在酷暑中熬药煎汤，紧伴枕边伺候了六十个昼夜；第二次是背上生疽，疼痛难忍，不能仰卧，董小宛就夜夜抱着丈夫，让他靠在自己身上安寝，自己则坐着睡了整整一百天。

艰难的生活中，饮食难饱，董小宛的身体本已虚弱，又加上接连三次照料丈夫的病痛，冒辟疆病愈后，她却病倒了。由于体质已极度亏虚，冒家多方请来名医诊治，终难奏效。顺治八年正月，在冒家做了九年媳妇的董小宛终于闭上了疲惫的眼睛，在冒家的一片哀哭声中，她安详地走了，年仅27岁。

冒襄的《影梅庵忆语》，写于小宛去世后。文中追忆同小宛相识的时间是明崇祯十二年（1639），这年小宛16岁。如此推知，小宛应该是在明天启四年（1624）出生。而顺治帝则出生于清崇德二年（1637），这个概念就是，小宛要比顺治大十三四岁。冒襄记录小宛死亡的时间，

冒襄像

是顺治八年正月初二（1651年1月22日）。这一年，顺治帝刚刚14岁，还没有到大婚的年龄。所以单从年龄和小宛去世的时间上推论，董鄂妃也不可能是董小宛。

况且，在《影梅庵忆语》中，冒襄详细记录了为小宛赎身、一起回家后遭遇的战乱逃亡生活，以及小宛最后病死的全过程。董小宛死去的地点是江苏如皋叫"水绘园"的家中，也是属于她自己的那间房子里——"影梅庵"。她的死亡还得到了当时一些著名学士的见证。所以董鄂妃不可能是董小宛。

董鄂妃红颜薄命，孝庄后难辞其咎

既然董鄂妃不是董小宛，那么两人便没啥关系了，清史档案中的记载应该就是正确的。外国传教士汤若望也有关于董鄂妃的记录，说她是清廷大学士鄂硕之女、顺治异母弟襄亲王博穆博果尔妃子，满族人，姓董鄂氏。又据清纪晓岚《阅微草堂笔记》记载应为东鄂洛氏，董鄂是汉语音译，而王国维《吴梅村清凉山赞佛诗与董小宛无涉》一文考证为栋鄂氏。

　　无论从哪一种记载来看，这位董鄂妃都不是董小宛。但同时我们也能发现，这两个女人都是性情极好的女子。对顺治皇帝而言，自从有了董鄂妃，他也有了一段幸福时光，他所拥有的一切，仿佛都因为这个女人变得有意义起来。对这位已成皇贵妃的董鄂氏来说，应该也是如愿以偿，但她的入宫，很快就分去了科尔沁蒙古一族的后宫势力，因此是不能得到孝庄太后的好脸色的，其处境之艰难、尴尬也是可以想见的。

　　顺治帝对董鄂氏眷恋之厚之深，使其受宠程度冠绝后宫。在顺治帝眼里，董鄂妃善解人意，姿容绝代，卓而不欲，才华出众，顺治帝对董鄂妃可谓是一见钟情，至死不渝。

　　进宫以后，董鄂妃在人际关系处理上如履薄冰，日子过得十分为难。除了对皇太后、皇后丝毫不敢怠慢之外，就连对她们身边的工作人员也都十分小心，对谁都要敬重几分，并想方设法增加其他妃嫔被皇帝宠幸的机会，从而化解别人异样的目光。据说，皇帝批阅公文时，有时会让她帮助参考，她一概"固辞不可"，不敢干预国政。然而，每当秋天皇帝审决刑部报上来的死刑犯名单时，董鄂氏都会恳请皇帝谨慎小心，说是"民命至重，死不可复生"，宁愿失之宽，不可失之严。这也说明这位董鄂妃若不是因为嫁过他人并闹出人命，应该是位不错的贤内助，由此，这位皇贵妃渐渐得到了人们的谅解甚至好感。

　　顺治帝与董鄂妃情投意合，心心相印，顺治帝集三千宠爱于董鄂妃一身，视六宫粉黛如无颜色。据顺治帝后来亲笔为董鄂妃所写《孝献皇后行状》的描述，每次顺治看奏折时，一般是草草看过后就随手扔在一边了，董鄂妃提醒他应该仔细看，不能忽视；每当顺治要和她同阅奏章时，她又连忙拜谢并解释说后宫不能干政。每当顺治下朝后，她总是亲自安排饮食，斟酒劝饭，问寒问暖；每当顺治批阅奏章至深夜，她总是毫无例外地为其展卷研磨，侍奉汤茶。顺治每次听翰林院的官员们讲课结束后，回到寝宫时，她一定会打听讲课的内容，他也会再给她讲一遍，顺治每次讲给她听的时候，她都非常高兴。他们的真挚感情，并非卿卿我我的小夫妻，而在于理性的相互促进。董鄂妃时常陪伴在顺治的

清宫四案之谜

【第二部分】顺治皇帝出家之谜

身边。更难得的是，她时常劝说顺治，处理政务要服人心，审判案件要慎重。连宫女太监犯错误时，董鄂妃也往往为他们说情。

1657年，董鄂妃生下顺治帝的皇四子，顺治帝欣喜若狂，此子明明是第四子，顺治帝却颁诏天下说"此乃朕第一子"，为此还祭告天地，接受群臣朝贺。举行颁布皇第一子诞生诏书的隆重庆典，大有册封太子之意，当时顺治颁行天下的诏书这样写道：自古帝王继统立极，抚有四海，必永绵历祚，垂裕无疆。是以衍庆发祥，聿隆胤嗣。朕以凉德缵承大宝，十有四年。兹荷皇天眷佑，祖考贻麻，于今年十月初七日，第一子生，系皇贵妃出。上副圣母慈育之心，下慰臣民爱戴之悃，特颁肆赦，用广仁恩。

然而这个孩子生下不到三个月就夭折了，让顺治帝和董鄂妃悲痛欲绝，顺治帝下令追封其为和硕荣亲王，还为他修建了高规格园寝，并亲笔写下《皇清和硕荣亲王圹志》，抒发对皇四子的宠爱和痛惜之情。

偏偏就在董鄂妃丧子期间，孝庄皇太后身体不舒服，移驾到几十里地之外的南苑养病，并命令后妃们前去侍候。这位产后不久且痛失爱子的皇贵妃只能在数九隆冬的冰天雪地之中，前去"朝夕奉侍，废寝忘食"，其间是不是受到了孝庄的虐待，不见史册记录。但不管怎样，董鄂妃就是在伺候孝庄时身体种下病根，此后三年间缠绵于病榻之上，并于顺治十七年八月十九日去世，年仅22岁。

当时和后世都有人认为，南苑是皇家猎场，到了冬季便一派肃杀，孝庄皇太后实在没有理由在这种时候偏偏到那儿去养病，除非是她存心想折腾什么人。因此，很难说这种情形不是她为了报复董鄂氏所故意导演的一场悲剧。

据顺治帝说，董鄂妃崩时"言动不乱，端坐呼佛号，嘘气而死。殓后数日，颜貌安整，俨如平时"。

著名传教士汤若望有书记载，顺治皇帝对董鄂妃之死尤其不能接受，此事几使他精神崩溃，他"竟至寻死觅活，不顾一切"。顺治皇帝还为董鄂妃写了一篇《孝献皇后行状》的悼文，称得上字字血、声声泪，就连清朝文人都觉得此文"导扬优美，词意恳切。若非多情人，曷克臻此？"全文近五千字，但文中追思无尽，却又处处话里有话，讲董鄂妃则辛酸无比，讽刺他人则辛辣非常，此似乎就是为了讥刺他的母亲——孝庄皇太后的心机与伪善。

董鄂妃崩后，顺治帝悲恸欲绝，他以超常的丧礼来表达对爱妃的哀悼。第三天，即八月二十一日，福临谕礼部："皇贵妃董鄂氏于八月十九日薨逝，奉圣母皇太后谕旨：'皇贵妃佐理内政有年，淑德彰闻，宫闱式化。倏尔薨逝，予心深为痛悼，宜追封为皇后，以示褒崇。'朕仰承慈谕，特用追封，加之谥号，谥曰'孝献庄和至德宣仁温惠端敬皇后'。其应行典礼，尔部详察，速议具奏。"

在礼臣们拟议谥号时，礼臣们先拟四字，顺治帝不允。礼臣们又至六字、八字、十字而止，而顺治帝犹以无'天''圣'二字为歉。福临为什么以无"天""圣"二字为歉呢？因为清代谥法，皇后谥号的最后四字为"×天×圣"，"天"代表先帝，"圣"代表嗣帝，表示该皇后与先帝和嗣帝的关系。如孝庄文皇后在太宗时"赞助内政，既越有年"，以后又辅佐顺、康二帝，所以她的谥号最后四字为"翊天启圣"。而董鄂妃谥号的最后四字为"温惠端敬"四字，明显比有"天""圣"二字的皇后低了一等，这可能是由于孝庄太后从中作便，所以福临感到内疚。

出殡之日，顺治帝命令上至亲王，下至四品官，公主、命妇齐集哭临，不哀者议处，幸亏皇太后"力解乃已"。顺治欲将太监、宫女30名悉行赐死，"免得皇妃在其他世界中缺乏服侍者"，后被劝阻。

顺治十七年（1660）八月二十七日，董鄂妃的梓宫从皇宫奉移到景山观德殿暂安，抬梓宫的都是满洲八旗二、三品大臣。这在有清一代，不仅皇贵妃丧事中绝无仅有，就是皇帝、皇后丧事中也未见过。

董鄂妃的梓宫移到景山以后，福临为她举办了大规模的水陆道场，有108名僧人诵经。整天铙钹喧天，烧纸施食，香烟缭绕，纸灰飞扬，经声不断。在"三七"日（第二十一天），将董鄂妃的尸体连同梓宫一

北京景山公园

同火化，由溪森秉炬举火。一起烧掉的还有两座装饰得富丽堂皇的宫殿，连同里面的珍贵陈设。火化后，将骨灰装入"宝宫"（骨灰罐）。十月初八日，皇帝第五次亲临寿椿殿，为后断七。

清制中平时皇帝批奏章用朱笔，遇有国丧改用蓝笔，过 27 天后，再用朱笔。而董鄂妃之丧，福临用蓝笔批奏章，从八月到十二月，竟长达 4 个月之久。顺治帝让学士撰拟祭文，"再呈稿，再不允"。后由张宸具稿，"皇上阅之，亦为堕泪"。为了彰显董鄂妃的贤德、美言、嘉行，福临命大学士金之俊撰写董鄂氏传，又令内阁学士胡兆龙、王熙编写董鄂氏语录。福临亲自动笔，饱含深情地撰写了《孝献皇后行状》，以大量顺治追悼董鄂妃的《御制哀册》、《御制行状》的具体实例，展现了董鄂妃的美言、嘉行、贤德，洋洋达四千余言，内容十分丰富。

董鄂妃生前与顺治关系之好，为历来帝后中少见。董鄂妃本来不信佛教，顺治有时用一些禅宗经典来告诉她，而且为她解释《心经》的深层含义，因此成了她推崇尊敬的至宝。她专心研习禅学，参悟探究"一口气不来，向何处安身立命"一语，每次遇见顺治，就总举出这句话，顺治每次都笑而不答。因为长期患病，董鄂妃不过靠着桌几床榻，从没上床休息。到了病情渐渐加重，她仍研习前面的佛说，死前其言语、举动丝毫不乱，端坐那里念佛号，坐化后其颜色、面目都很安详端整，和平日没有什么两样。

董鄂妃大约病了三年，虽然身体虚弱，面容憔悴，仍然时而勉励安慰顺治说没有大碍，诸事仍然都很齐备，礼数上也没有任何懈怠，董鄂妃都是始终如一。侍奉孝惠后更恪尽谦和恭敬，像母亲一样对待她，孝

清宫四案之谜

惠后更是把她当作姐姐。顺治十四年冬，顺治去南苑，皇太后身体不适，皇后（董鄂妃）都朝夕侍奉，废寝忘食。

董鄂妃之好，顺治帝深以为然，在《孝献皇后行状》一文中，顺治帝回忆道：前年，现在的皇后（孝惠后）病危，我亲自服侍，她的侍婢才得以有些空间休息，而皇后（董鄂妃）五天五夜没有合眼啊，时而为她诵读史书，或者谈些家常来解闷。等董鄂妃离开她身边，出了寝宫门就含泪悲伤地说："皇上派我来问安探视，倘若不能痊愈，那怎么办啊？"凡是现今皇后（孝惠后）的事，董鄂妃都亲自为她置办好，一点也看不出她疲倦来。今年春，永寿宫其他妃嫔有了疾病，董鄂妃又亲自服侍，三昼夜没有休息。她殷切关心帮助她们解除忧虑，事先都准备好，都像是侍奉今天的皇后（孝惠后）一样。皇后所裁制的衣物，现在都还在。悼念其他妃嫔去世的时候，董鄂妃哭诉说："韶华之年入宫，怎么没能长久侍奉皇上，就这样快夭折了呢？"悲伤之深切，甚而超过了她们的亲属啊。她很挂念其他的妃嫔，就举这些例子吧。在孝献皇后（董鄂妃）崩时，皇后（孝惠后）和其他妃嫔都很哀痛说："与其留下我们这些没用的人，还不如存留下贤淑的皇贵妃（董鄂妃）啊，能够符合皇上的心意啊！我们这些人怎么不先死去呢，今天我们虽然还活着，但是对皇上又有什么裨益呢？"

董鄂妃死后，孝惠后和其他嫔妃想起董鄂妃的好处，感激董鄂妃过去的恩情，都吃素诵读经书。董鄂妃曾在宫中抚养承泽王的两个女儿，安王的一个女儿，朝夕尽心抚养，慈爱不逊于自己亲生的。在董鄂妃崩时，这三个公主，都捶胸顿足十分哀痛，人们都不忍再听闻。

宫中庶务（杂务等等），以前都是皇后董鄂妃来处理的，尽心检查审核，没有不恰当的。虽然位在皇后之下（董鄂妃时为皇贵妃，只比皇后低一级，而高于诸妃之上。其次皇贵妃有副后之称，而且董鄂妃实权长期与孝惠后并存），但是董鄂妃却是尽到了皇后的职责了。其次因有孝惠后在，所以董鄂妃才没有得到皇后的中宫桂冠。但董鄂妃自己严谨恪守，热心地辅助内务，殚精竭力，无微不至，各项事务都非常勤勉努

清东陵——清代皇帝和后妃们的陵墓

力，没有不周详的。据说董鄂妃死前，虽然受封皇贵妃已经数年时间，她却绝无积蓄。临死时，她请求皇帝把所有人致送的葬礼礼金施散给贫穷人家。

董鄂妃崩后，孝庄皇太后率领众后妃前来参加，她伤心哀痛地说："我儿子的好媳妇儿啊，就是我的女儿啊。我希望能让他们两个人永续好合，好让我不要老得那么快，现在董鄂妃离去了，谁还能像她那样侍奉我啊？还有谁能如此顺我心意的呢？我有什么话，又同谁诉说啊？又能和谁一起谋划事务呢？"真不知她这些话是真是假。

董鄂妃病亡，顺治帝出家

董鄂妃崩后，天下的臣民没有不感到悲痛的，但最悲痛的无疑还是顺治皇帝福临，他了无生趣。几乎是在此同时，他决心落发出家，遁入空门。他半是请求半是强迫，让禅宗临济宗的一个和尚在万善殿中为自己落了发。然后，准备举行皈依仪式，正式出家为僧。

关于"顺治出家"，也是清宫一大疑案。比较流行的说法是，顺治因爱妃董鄂病死而消沉出家。后来，康熙又多次陪奉母后游巡五台，遂更有顺治帝出家五台山、康熙来此寻父之说。

据说顺治皇帝决意出家之时，孝庄皇太后知道自己对儿子已经完全失去了影响力，聪明的她立即派遣人马火速赶往浙江湖州，召为皇帝落发那个和尚的师傅来京。这个老和尚法名叫玉林琇，他深知这件事情处理不好后果有多么可怕，于是在来到皇宫以后并不去见皇帝，而是径直来到万善殿，命众僧徒把那个不知深浅、为皇帝落发的家伙捆绑起来，准备把他活活烧死。

老和尚在庭院里搭起一座高台，下面堆满薪柴。就在他拿着火把准备点火之际，闻讯赶来的顺治皇帝福临，从老和尚手中夺下了火把，答应蓄发，不再出家。

四个月以后，公元 1661 年即大清顺治十八年正月初一，皇帝没有出席百官朝贺的元旦大典。第二天，清代官方史书《清实录》记载：上不豫——皇帝龙体欠安。有众多资料显示，这一天，皇帝来到了位于宣武门外西南的悯忠寺，出席了太监吴良辅削发为僧的仪式。这个吴良辅是从小陪伴皇帝一起长大的太监，此次，他作为皇帝的替身，受命代皇帝出家为僧。皇帝死后，他马上被孝庄皇太后下令从寺庙里抓回

悯忠寺天王殿

来处死，理由是他勾引调唆坏了皇帝，他要为皇帝生前的所有不当举止负责。

到正月初六，先是说皇帝身体偶尔感到不舒服，随后同一天，便说"上大渐"——皇帝进入了弥留状态。当晚，到初七日子时，即初六晚上十二点，皇帝就死在了养心殿。他得的什么病、怎么治的、经过如何等等，全无记载。然后，就是遗诏颁于天下。就此，顺治皇帝之死成为大清朝的一个谜团。

由于顺治出家和顺治之死离得如此之近，又由于顺治皇帝的确非常想出家为僧，所以他的出家和死亡都是谜，并且人们常把这两者作为一个谜来看。有许多人坚信，顺治皇帝真的出家去了五台山，否则对佛祖并没有那么虔诚的孝庄皇太后与康熙皇帝，不会三番五次地前去五台山烧香礼佛。情感丰富细腻的人们则倾向于认为，顺治皇帝福临是在对董鄂氏的绵绵思念中郁郁殉情而死。最没有想象力的一批人，觉得顺治皇帝应该是染上了满族人最缺少抵抗力的天花，从而一病不起的。

顺治皇帝福临在位18年，于国家治理上基本沿袭了多尔衮摄政时期的方针大略，其他甚少建树。据说，福临十分倾慕汉家文化，曾经废寝忘食地苦心钻研，甚至累得吐过血。他能诗善画，很有汉族士大夫的风致，在融洽满汉之间的关系上可能起过不小的作用。在私德上，留给人们指责的地方不少。然而，孟森先生认为这位皇帝"媚佛而不以布施土木病民，宠姜而不以女谒苞苴干政"，可见其"理解之超，情感之笃，萧然忘其万乘之尊，真美质也！"（孟森《明清史讲义》）。对他的个人资质评价不低。可惜的是，在他母亲和多尔衮的摆布下，这位"天生福人"生活得实在是算不上幸福，他给自己帝国臣民带来的，也甚少福祉可言。若假以时日，或许能够做得更出色一些。可惜，在时年24虚岁的鼎盛之年便匆匆逝去，让人惋惜。

可怜千里草，萎落无颜色

那么顺治到底出家了吗？关于这件事，目前主要流行两种说法。

第一种说法是说顺治并非在 24 岁亡于天花，而是在这一年脱去龙袍换上袈裟，于五台山修身向佛，并于康熙五十年（1711 年）左右圆寂。期间，康熙皇帝曾经数次前往五台山觐见父亲，但都没有得到顺治的相认，所以康熙才会写出"文殊色相在，唯愿鬼神知"的诗篇。至于顺治帝出家的原因，则是因为顺治帝梦到爱妃董鄂氏选择五台山修行。

这种说法主要存在于《顺治演义》、《顺治与康熙》等野史和文学作品中。尤其是当时著名才子吴伟业（梅村）写的一组《清凉山赞佛诗》，此诗是一组长诗，诗文影射顺治在五台山修行，并用"双成"的典故和"千里草"代指"董"姓。由于吴伟业的诗素有"史诗"之称，所以信者云云。而这一切，又可以在五台山找到相关的附会。

但是，即便五台山有与此说相关的附会证据，也不能证明顺治帝真的就在五台山出了家，因为此说里所说的董鄂妃乃秦淮八艳之一的董小宛，前文已证明董小宛与董鄂妃并非一人，因此此说并不可信。

那么为什么此说又在世间广泛传播，数百年间大行其道呢？原因便是清初好事文人的臆测附会，只因二女都有个"董"字，便展开想象，合二为一，造出了清宫四案中的顺治出家之谜。

这一传说本身荒诞不经，其之所以流传广泛，最重要的则是诗人吴伟业的一些诗歌作品为编造这一传说的好事文人提供了"证据"。

　　吴伟业是清初著名诗人，与钱谦益、龚鼎兹并称"国朝三大家"。与"秦淮八艳"有较为密切的往来，并与其中"长斋绣佛"卞玉京有着深厚的感情。他的一些诗作，被认为是寻找秦淮八艳下落的"明证"。吴伟业有提"冒辟疆名姬董白（即小宛）小像"八首，其中有这样的诗句"乱梳云髻下妆楼，尽室仓黄过渡头，钿合金钗浑弃却，'高家'兵马在扬州"，这被很多人认为可信。同时"欲吊薛涛怜梦断，墓门深更阻侯门"明显地暗示出了董小宛的下落——大约是被掳走并卖给豪门世家。其"古意"第六首，曰："珍珠十斛买琵琶，金谷堂深护绛纱，掌上珊瑚怜不得，却教移作上阳花。"，"上阳"两字，即使在今日也不可能不引起人们的猜测。

　　吴伟业有名的《清凉寺赞佛诗》，也被很多严肃的史学家也认为可信。而顺治帝五台山出家这一传说的全部情节，这首诗中都有暗示。其中"王母携双成，玉盖云中来"二句中，双成全名董双成，是传说中王母娘娘的侍女。"可怜千里草，萎落无颜色"明确地点出了"董"字。吴伟业的诗当然不是无意为之，但所指的并不是董小宛，而是董鄂妃，

吴伟业像

吴伟业不懂满语而误会其姓董，好事的文人们却将这些暗示认为是顺治为董小宛出家的铁证。

　　王国维为此事专门撰文《吴梅村清凉山赞佛诗与董小宛无涉》辩驳此事。文人骚客们又将吴诗中的"房星竟未动，天降白玉棺"两句，附会成为董小宛与顺治帝有夫妻之名而无夫妻之实，最终思念冒辟疆忧郁而死。至此，顺治帝

清宫四案之谜

为董小宛出家五台山的传说，便成了凄婉悱恻的完整故事，流传至今。但传说毕竟是传说，传说多是由人编造的，不同于事实。

第二种说法是顺治确曾出家为僧，但迫于其母孝庄太后等人的压力，后来又还俗了。这一说法来自于《大觉普济能仁国师年谱》、《旅庵和尚奏录》、《敕赐圆照茆溪森禅师语录》、《北游集》、《续指月录》等僧侣书籍的记载。这些书用语录及偈语的形式，记载顺治曾经在十七年（1660）十月中旬于宫中，由湖州（浙江吴兴）报恩寺和尚茆溪森为其举行了净发仪式。但剃了光头本已出家的顺治，又在茆溪森的师父、报恩寺主持玉林琇的谆谆诱导和要烧死茆溪森的胁迫下，回心转意，蓄发留俗了。

这样一来，我们首先需要搞清的，是顺治帝在 24 岁那年是不是真的去世了，问题基本就清楚了。

顺治之死，疑案不疑

中国第一历史档案馆，藏有明朝、清朝遗留的原始档案一千余万件。在这些珍贵的历史资料中，最受其时皇家尊崇保护的是《实录》、《圣训》和《玉牒》。它们在漫长的清朝统治时期，被单独专门保护在皇史宬（位于北京南池子）的金匮里，由专职守尉看护。其中的《实录》，是由继位的皇帝组织人员，依据各种文书档案，按照年月日的顺序，为去世的皇帝编写的事实记录。由于精心的保护，《清世祖实录》金黄色的绫面到现在还像新的一样。在该《实录》卷一百四十四这样记录着：

"顺治十八年，辛丑，春正月，辛亥朔，上不视朝。免诸王文武群臣行庆贺礼。孟春时享太庙，遣都统穆理玛行礼。壬子，上不豫……丙辰，谕礼部：大享殿合祀大典，朕本欲亲诣行礼，用展诚敬。兹朕躬偶尔违和，未能亲诣，应遣官恭代。着开列应遣官职名具奏。尔部即遵谕行。上大渐，遣内大臣苏克萨哈传谕：京城内，除十恶死罪外，其余死罪，及各项罪犯，悉行释放。丁巳，夜，子刻，上崩于养心殿"。

这段话的意思是：在顺治十八年正月初一，顺治帝免去群臣的朝贺礼仪，而且当日应该举行的春季第一月祭祀太庙的礼仪，也派官员前往。初二日，顺治帝身体不适。初六日，顺治帝传谕，应该由自己参加的大享殿礼仪，因为身体不适，需要派官员代祀，让礼部列出代祀官员的名单，并且因为病情迅速加剧，又传谕赦免京城内十恶死罪以外的一切罪犯。初七日的凌晨即相当于现在零点到一点这段时间内，顺治帝就去世了。

从以上《清世祖实录》的详细记载中我们可以看到，顺治皇帝被明确记载患病，是在初二日，而初六日，则"大渐"了。"大渐"这个词在皇帝身上应用，应该是非常慎重的。因为这个词表示病情急剧加重而且很危险。至于去世的具体时间，记载是"丁巳，夜，子刻"。这里，"丁巳"是初七日的天干地支记日。"子刻"，虽然相当于现在的二十三点到一点，但在旧历的记时方法中，表示的是"开始"——记时是从"子时"开始往后按子丑寅卯的顺序推算。所以"丁巳子刻"，应该是初七这一天的凌晨零点或一点的时候。中间的"夜"字，只是表示深夜而已。但在大部分的史学研究专著中，都解释成是初七的深夜，也就是将顺治的去世时间，拖延了十二小时。这样，从原始的《清世祖实录》这一史料中证明，顺治皇帝病逝于顺治十八年正月初七日子刻。但病因未述。

档案馆藏有的《玉牒》，则是清朝皇帝的家谱。它从努尔哈赤的父亲塔克世开始记录。塔克世子孙后代这一支，称"宗室"，使用黄色；塔克世兄弟的子孙各支，称"觉罗"，使用红色，而且在家谱格式上，分"横格"和"竖格"两种版式。横格玉牒只简单记录世系，竖格玉牒则不仅有世系的表述，而且还详细记录该人的生卒和婚姻。记录顺治皇帝情况的《玉牒》，其去世的时间与《清世祖实录》的记载相同，但同样没有说明病因。

另外，档案馆还存有顺治皇帝的《遗诏》。该《遗诏》长548厘米，宽93厘米，黄纸墨迹，卷轴状保存。遗诏中，顺治皇帝对自己渐习汉俗、早逝无法尽孝、与亲友隔阂等事作了自责，同时宣布由八岁的儿子玄烨即皇帝位。这份遗诏，由于充满了自责，使不少人猜度它并非出自顺治帝，而是出自顺治帝的母亲孝庄皇太后，因为自责的内容，多是皇太后对顺治帝的不满之处。但仅以自责内容就判定《遗诏》并非出自顺治帝，也有些牵强。

如果沿着顺治帝的成长轨迹去摸索他的思想感情基础和思维方式，这种自责也并非解释不通。首先，顺治是一个初主中原的满族皇帝，对这片土地与人民、生活与文化充满陌生，要实施统治，就不得不尽力熟悉与适应它，并且迅速地背离自身的传统，这是一种深深的矛盾困扰，其自责当也在情理之中。

另外，顺治早年曾深受德国传教士汤若望的思想影响，一度笃信基督教，形成了感恩所得、自我忏悔的性格。

汤若望，原名亚当·沙尔或约翰·亚当，字道未，德国科隆的日耳曼人，是继利玛窦来华之后最重要的耶稣会士之一，也是一位学贯中西的大学者。现在德国科隆有故居，有雕像，在意大利耶稣会档案馆有他大量资料。

在中西文化交流史、中国基督教史和中国科技史上，汤若望是一位不可忽视的人物。他以虔诚的信仰、渊博的知识、出众的才能，奠定了他在中西文化交流史上的重要地位。他在中国40余年，经历了明、清两个朝代，继承了利玛窦科学传教的策略，在明清朝廷历法修订以及火炮制造等方面多有贡献，中国今天的农历是汤若望在明朝前沿用的农历基础上加以修改而成的"现代农历"。他还著有《主制群徵》、《主教缘

汤若望像

起》等宗教著述。汤若望在天历等方面所做的实际工作以及撰写的一系列注重实践的著述，在当时是很有现实意义的。他以孜孜不倦的努力，在西学东渐之中成就了一番不可磨灭的成绩。而他对天主教在中国的发展，也做出了不可磨灭的贡献。

汤若望是对顺治皇帝影响最大的人之一，福临尤其受到其天主教思想影响。福临在位期间，经常把各种灾害或者动乱归于自己的"政教不修，经纶无术"，屡次下诏自责，并要求各种文书不能称自己为"圣"。1659年正月讨平李定国实现一统大业后，面对各种举行祝贺的请求，他冷淡地说能有今天的这种事业，并不是自己的德行所能实现的，拒绝贺礼。第二年他在祭告天地、宗庙时，对自己在位的17年作过简单的总结，通篇是自谴自责之词，并且下令暂时终止官员上给自己的庆贺表章。这些史实都可以在《清世祖实录》中翻看到。所以说，这份《遗诏》充满自责，也并不完全违背顺治皇帝的思维方式。

这份《遗诏》的撰拟，在《清圣祖实录》卷一中记录，是在初六日召原任学士麻勒吉、学士王熙到养心殿，奉完旨意后在乾清门撰拟的。这段记载，又有奉写遗诏的礼部侍郎兼翰林院学士王熙的《自撰年谱》为佐证。年谱中，王熙记述了被传旨召入养心殿、聆听完顺治帝旨意后起草诏书、三次进呈三蒙钦定的全过程。王熙在《自撰年谱》还写到，在进入养心殿之后，顺治帝对王熙说，我得了痘症，恐怕是好不了了。

另外，在兵部督捕主事张宸的《平圃杂记》中记录：初六日，也就

清宫四案之谜

是《实录》中记录皇帝"大渐"的那一天，在传谕大赦的同时，还传谕民间不得炒豆、不得点灯，不得倒垃圾。因为这种禁忌只有在皇帝"出痘"——患"天花"的情况下才会出现，所以人们推测顺治帝是因为罹患天花而去世的。

但是有学者研究后提出，"天花"这种急性传染病的症状是高烧昏迷，病人在死前是不太可能神志清醒的，所以顺治帝不可能像王熙写的那样，亲自口授《遗诏》。其实这份《遗诏》是否出自顺治帝本人，还有待进一步考证，因为孝庄太后完全有可能为了安定局面而替顺治帝写一份遗诏。

从档案馆保存的《清圣祖实录》和其他文献保存单位的一些僧侣文献中可以看到，顺治帝的确是病逝了。在《清圣祖实录》卷一中可以看到，安放顺治帝遗体的梓宫（棺材），在顺治十八年（1661）二月初二日，被移放到景山寿皇殿。其后，继位的康熙皇帝在所有应该致祭的日期都前往致祭。卷二中又记载，在四月十七日这一天，康熙皇帝来到安放着顺治帝梓宫的景山寿皇殿，在举行了百日致祭礼以后，将顺治帝的神位奉入了乾清宫，以等待选择吉日奉入太庙。二十一日，则举行了"奉安宝宫礼"。这说明，到二十一日时，顺治帝已经被火化了，因为"宝宫"二字说的是骨灰罐。

关于顺治皇帝被火化的详细记录，在官方记载的档案里尚无记录，但《旅庵和尚奏录》中则写明，顺治帝临终前，对近身的僧侣特别嘱托，因为祖制是火葬，而且自己又信奉佛禅，所以希望如果茆溪森和尚能赶到，就由茆和尚主持火化，如果赶不到，则由位于北京的善果寺和隆安寺来主持。

旅庵和尚即本月旅庵，是宁波天童寺主持木陈忞的弟子。木陈忞在应召入京时把他带到了顺治帝的身边，同另外一些入宫的和尚一起，为顺治帝宣讲佛法。本月旅庵的奏录，记录的是自己及他人与顺治帝的奏对，真实性极强。而顺治帝提到的茆溪森和尚，是湖州报恩寺主持玉林琇的弟子。茆溪森对佛法的阐释，曾深深打动了顺治帝并由此得到高度

清孝陵——顺治皇帝陵墓

信任。

据《五灯全书》记载，茆溪森和尚在接到旨意后兼程赶抵北京，于四月十七日的一百祭日，为顺治帝举行了火化仪式。这就与《清世祖实录》记录的百日祭奠、逢迎神位和安放宝宫相吻合。

所以说，顺治帝是于顺治十八年正月初七日的子刻，逝世于养心殿，病因可能是天花。他的遗体在四月十七日被火化，骨灰存于"宝宫"内。据中国第一历史档案馆珍藏的《清圣祖实录》卷九记载，该"宝宫"在康熙二年（1663）四月二十四日黎明被启程移奉孝陵，在六月初六日的戌时，同孝康皇后和端敬皇后的宝宫一起，被安放在地宫的石床上，并掩上了石门。

若从这些书籍和史料的记载来看，关于顺治帝在24岁这年离宫出家、朝廷以其病逝为托词的猜度，不过是一个充满想象力的传奇故事而已，但是，这些事又是不是有人在人为地作假呢？比如，孝庄后对顺治帝出家之事死了心，为了让继承皇位的小康熙坐稳位置，天下不至于因此事动荡，或者说为了保护出家的儿子福临，孝庄太后也是有可能这样那样地做做样子的，但这些事现今只能靠后人的揣度了，并无直接的证据和让人信服的史料能证明他出家了。

顺治礼佛，因由何在

　　无论顺治帝是死于天花还是因董鄂妃去世伤心过度，顺治帝一心想出家修行却是真的，剃发修行也是真的。在顺治十七年（1660年）十月，顺治帝于西苑（中南海）万善殿，由茆溪森和尚为其举行了皈依佛门的净发仪式，这是史实，是可信的，只不过剃光头发意欲出家的顺治帝，最终在茆溪森的师傅玉林琇谆谆规劝和要烧死茆溪森的压力下，又决定留俗了。

　　这一史实的记载虽然不见于官方档案，但广泛见于本文上述的僧侣著作中。这些著书立说的僧侣，都是被顺治帝邀请入宫阐释佛法的著名人士。由于他们在记述净发的时期内，生活在顺治帝的周围，而且是各自著作中的分别记录，所以具有极强的真实性，因此普遍为史学研究者所认可。

　　在关于规劝顺治还俗的语录记录中，最被人称道而且看起来最见效的一段劝导是，面对顺治帝的提问——佛祖释迦牟尼和禅祖达摩，不都舍弃王位出家了吗？玉林琇回答，他们是悟立佛禅，而现在从出世法来看，最需要您在世间护持佛法正义，护持一切菩萨的寄身处所，所以，您应该继续做皇帝。正是这段规劝，最终令顺治帝回心转意，蓄发还俗了。

　　由此可知，顺治皇帝没有去五台山出家，这是确定无疑的，但顺治皇帝曾经想过要出家，也是确定无疑的，那么顺治皇帝为什么要出家呢？他仅仅是因为董鄂妃之死而看破红尘了吗？或者，这和其母孝庄和多尔衮的关系以及他们对他的控制有关联吗？

因孝庄后与多尔衮两人的暧昧关系，无论他们是否举行过婚礼，都无法消除人们对他们有私情的猜测，福临对于其母孝庄和多尔衮的关系十分反感，但自己又无可奈何，那么怎么办？只能逃避，眼不见为净，这个时候，佛学为福临提供了心灵的栖息之所。顺治在宫中净发出家，其首要原因，也是受佛教思想的深刻影响。

入关前，小福临本对佛教一无所知。入关后，由于其朝政被做摄政王的叔父多尔衮所把持，多尔衮对顺治的教育，又采取放任自流的态度，所以顺治的幼年和少年时期，像所有满族孩子一样，热心于骑马、射箭和围猎，对汉文化则是一片茫然。据《清世祖实录》卷三、卷九、卷十五等处的记载，就顺治接受汉文化教育的问题，都察院承政满达海、给事中郝杰、大学士冯铨、洪承畴等人，都曾经先后向多尔衮上疏，请求选择有学识的人辅导顺治的学习，但都被多尔衮以顺治年幼的理由拒绝了。后来，多尔衮对这种建议索性置之不理。只是因为多尔衮在顺治七年（1650）十二月突然逝世，才使顺治的汉化教育一下成为必然。面对如此丰富而悠久的汉文化和历史，顺治在几乎不识汉字的基础上孜孜求学。但最先植入他头脑中的宗教，却并非是已被汉文化深深吸纳和包容的佛教，而是没能融入汉文化的基督教。

基督教在唐朝、元朝都曾断断续续传入中国，在明朝万历十年（1582），因耶稣会传教士的努力，则再度传入。顺治亲政的第一年，为了学习一些日食、月食、彗星、流星、历法等天文、物理知识，他接受了大学士范文程的引见，召见了在钦天监任职的北京耶稣会传教士汤若望。

汤若望于1611年10月加入了耶稣会，宣誓终生安贫、贞洁、服从，他接受过严格的修士训练，也加入了灵采研究院，探索着不断发展着的新科学，尤其是天文学和数学。早期传教士在东方、在中国所建立的丰功伟绩，让他激动不已。他钦佩利玛窦在中国采取的适应中国文化

清宫四案之谜

习俗即所谓"合儒"的传教策略,竭力把天主教义与中国的儒家文化相结合。当他听说利玛窦神父以其数学、天文学的智慧惊倒了中国人,并且受到皇帝的优礼和敬重,为上帝的教会开拓了新的、非常大的信仰领域时,他为西方的数理天文这在中国获得这样的价值而欣喜若狂。

1619年7月15日,汤若望和他的教友们抵达了澳门,被安置在圣·保禄学院里。传教士们一踏上中国土地,便开始精心研习中国语言文化,甚至以掌握北京官话为目标。这些西方修士入乡随俗,脱下僧袍,换上儒服,住进中式房屋,并潜心研究中国经史和伦理,寻找其中东西方文化的融合点。在同朝野名流交往的过程中,这些上通天文、下知地理、又熟读汉文典籍的西方传教士,自然赢得了中国文人士大夫的好感和信任,从而达到传播其信仰的目的,这就是利玛窦开创的"合儒超儒"的传教策略。

1622年夏天,汤若望换上了中国人的服装取道北上,他把自己的德文姓名"亚当"改为发音相近的"汤","约翰"改为"若望",正式取名汤若望,字"道未"出典于《孟子》的"望道而未见之"。

汤若望到达北京后,仿效当年的利玛窦,把他从欧洲带来的数理天算书籍列好目录,呈送朝廷,又将带来的科学仪器在住所内一一陈列,请中国官员们前来参观,并以他的数理天文学知识得到朝廷官员们的赏识。

他到北京不久,就成功地预测了当年10月8日出现的月食。后来他又准确地预测了第二年(1624)9月的月食。他还用了一种罗马关于月食计算的方法,计算了北京子午圈与罗马子午圈的距离。为此,他写了两篇关于日食的论文,印刷分赠给各官员并送呈给朝廷。

顺治元年(1644),清军进入北京,明亡。汤若望以其天文历法方面的学识和技能受到清廷的保护,掌钦天监事,次年封太常寺少卿。在古观象台工作的传教士有50多人,汤若望是其中最主要的传教士,还担任台长,即钦天监监正,受命继续修正历法。

汤若望多次向新统治者力陈新历之长,并适时进献了新制的舆地屏图和浑天仪、地平晷、望远镜等仪器，而且用西洋新法准确预测了顺治元年（1644年）农历八月初一丙辰日食时，初亏、食甚、复圆的时刻，终于说服当时的摄政王多尔衮决定从顺治二年开始，将其参与编纂的新历颁行天下。他用西法修订的历书（就是《崇祯历书》的删节版）被清廷定名《时宪历》，颁行天下。顺治八年，汤若望先后授太仆寺卿、太常寺卿、通政使并赐号"通玄教师"（康熙帝时为避讳，改"通微教师"）。汤若望经常出入宫廷，对朝政得失多所建言，先后上奏章三百余封。

汤若望渊博高深的学识，先是引起了孝庄皇太后的注意，从而受到皇家的礼遇，接着孝庄想让汤若望教导一下福临，于是将汤若望推荐给了儿子。凭着过人的知识量和智慧，汤若望很快得到了顺治帝的尊敬。

而汤若望在得到这种教习机会后，在解释科学知识的同时，开始向顺治帝传输基督教教义。其教义中关于人类起源、人类苦难、人类救赎的阐释，使对这些问题存有深深疑惑的顺治折服了。教义中关于一切罪过都可以通过忏悔而获得天主宽恕、并免遭审判的思想，也随之植入了顺治的心灵。但汤若望在顺治头脑中苦心营造的这一信仰，终因缺少这片广阔土地的文化滋养而坍塌了——在这片土地上被深深滋养着的佛教，其关于相同问题及出路的阐释，最终征服了顺治帝，并成为了他的人生信仰。

世界上很多好的宗教的教义其实是相同的，天主教和佛教与人为善、乐于助人、舍己为人等思想也是相通的，但天主教毕竟是新的外来教派，中国人还不好接受，倒是佛教在中国更有生命力。顺治帝接触佛教，应该开始于同京师海会寺主持憨璞聪的会晤。那一年，是顺治十四年（1657年）。但据中国第一历史档案馆保存的"内国史院满文档案"的佐证，晏子友先生论证了顺治帝应该是在八年的秋冬，通过认识在河北遵化景忠山石洞内静修的别山法师而开始了解佛教的。

佛教，诞生于公元前六世纪至前五世纪的印度，创始人为迦吡罗卫国的王子悉达多·乔达摩（释迦牟尼）。其基本教义认为人生是无常的、无我的、痛苦的。造成痛苦的根源，在于人自身的欲望和行为。而这种欲望和行为，又导致生命轮回的善恶报应的结果。每个人就生活在这种无常无我的轮回报应中，要想摆脱这种痛苦，只有通过修悟，彻底转变自己世俗的欲望和认识，才能超出生死轮回的报应获得解脱。

这种基本教义在漫长的传播发展过程中，因为传播者对其思想戒律在理解上产生了众多的分歧，而分化为许多教派。传入中国的，主要是其中的大乘教派。它在魏、晋、南北朝时期得到广泛发展，在隋、唐时期达到鼎盛，并在传播过程中逐渐形成天台宗、律宗、净土宗、法相宗、华严宗、禅宗、密宗等主要宗派。其中的禅宗，又是影响力最大的占主导地位的宗派。

"禅"是梵文的音译，其意是心绪宁静、专注地思虑。"禅宗"主张用这种静心思虑的方法来悟出佛法和得到彻底解脱。而禅宗在发展中，又分化为曹洞、云门、法眼、沩仰、临济五宗。其中，临济、曹洞又是流传时间最长、影响也最大的两个宗派。

在景忠山上修行的，正是曹洞宗的僧人。他们同顺治之间的往来，被记载在景忠山上众多的碑文石刻上。上面记载着在顺治八年（1651），顺治因为出猎来到景忠山，在碧霞元君殿会见了主持海寿法师，得知，有一位别山禅师已经在"知止洞"内静修了九年，就非常敬佩。在探望之后，回宫即在西苑（中南海）的椒园（又名蕉园）辟出万善殿，召别山法师入宫，供其修身。

这件事使顺治帝知道了佛教，知道了佛教中有一些超然物外的人，他们的信仰与追求是自己所不了

景忠山风景

解的，于是顺治陆续延请了一些佛门中人入住万善殿，开始了同佛教的深入接触。而那位回了山洞的别山法师，由于给顺治的印象非常深刻，在顺治十年（1653年）又被诏入西苑椒园，赐号"慧善普应禅师"，并在椒园住了下来。

我本西方一衲子，为何生在帝王家

别山祖师，法名性在，河北丰润左家坞人，俗名姓郑。8岁出家，师从仰峰春和尚。14岁师从愍忠和尚学习波罗木义，不久担任住持。崇祯三年（1630年）冬，18岁的他慕名来到河南少林寺，被允许入室。崇祯十六年（1643年），32岁的别山和尚来到迁西县景忠山，在南坡的一个天然石洞里面壁修行佛教中的曹洞宗。他取"知止而后有定，定而后能静"之义，将石洞命名曰"知止洞"。

由于洞内阴暗潮湿，生活饮食上又很简陋，因此别山和尚身体不好，他面容枯槁，形态佝偻，几近残废。顺治八年（1651年）十月十九日，14岁的顺治皇帝"携皇太后、皇后行猎"，经杨村、宝坻等地，十一月初七日"驻跸遵化，初八日驻跸高家庄，是日，上幸娘娘庙（景忠山）"。十二月初三日，从滦州行猎回銮途中，顺治皇帝再次幸娘娘庙，并且初次见到了别山法师，"赐京宗山（景忠山）北洞道士李寿孝银五百两，南洞之和尚伯三（别山）银一百两"（《档案译编》）。在这里，早就对佛教有些好感的顺治皇帝，在听了别山和尚的一番关于佛教经义的谈论后，非常高兴，"数为动容"，对佛教的兴趣更加浓厚，遂邀请别山和尚到京中的皇宫去，为他讲经念佛。

别山和尚看到皇帝如此一心向佛，自然也很高兴，于是收拾好东西，随驾赴京，来到宫中。入宫以后不久，过惯了苦修生活的他便以"怀恋修行故地"为由请求还山。顺治皇帝不得不准假一月。顺治九年（1652）五月，顺治皇帝再派太监窦从芳专程赴景忠山向住持僧海寿颁布御旨，诏请别山法师重返京城。顺治帝特意将西苑（中南海）中的椒园腾出来，改为禅室（名曰万善殿或万善寺），用以长期安顿别山法师，并于顺治十年（1653）冬赐其法号为"慧善普应禅师"。

别山法师再次来到皇宫后，一些六根未净的出家人看到其深受皇帝喜爱，羡慕异常。于是假称有道高僧在京城四处招摇，以便接近皇帝期待垂青。顺治对此十分反感，甚至开始对出家人的动机有些怀疑、鄙视、慢待。可当他看到身边的别山法师久住宫中，却不被宫中的奢靡生活所诱惑，不被皇帝赐予的封号所打动，无游优之感、非分之求时，感觉到世上确实有这样的"高世独立者"，于是对别山法师益加敬重。顺治十四年，他又下诏在全国各地征召像别山这样的高僧。

经过别山大师一段时间的传授佛经教义，顺治皇帝对佛教的理解越来越深刻，对佛教的信仰越来越执著，甚至到了痴迷的程度。他先后创作了好多的赞僧诗，如"朕为大地山河主，忧国忧民事转烦。百年三万六千日，不及僧家半日闲。"、"世间难比出家人，无忧无虑得安宜。口中吃得清和味，身上常穿百衲衣"等，可说是由衷羡慕出家的僧人。同时，还写有"悲欢离合多劳虑，何日清闲谁得知。若能了达僧家事，从此回头不算迟。"、"黄袍换却紫袈裟，只为当年一念差，我本西方一衲子，为何生在帝王家。"等诗，直接表达了不做皇帝想出家的意愿。

曹洞宗的参佛方法着重于从个体去体悟佛性，不是很适合顺治当时正值少年的文化基础，而且这种教派的修身方法主张个人的苦行清修，因此也决定了海寿、别山等僧人的不善言辞，所以当顺治在十四年（1657）结识了禅宗中的另一主要教派临济宗的一些僧人后，曾说一开始我虽然尊崇佛教，却并不知道有教法派别的区分，也不知道各个教派

山西五台山寺庙

中的高僧，知道这些，是从憨璞聪开始的。

憨璞聪，福建延平人，是临济宗的高僧。他在顺治十三年（1656）的五月，被位于京师城南的海会寺请来做主持，从而使临济宗的宗风在京师大振。

临济宗的教法，重在通过师生问答的方法衡量双方悟境的深浅，并针对不同的悟境程度，对参学者进行说教，提倡通过交流使人省悟。这种重在交流而不是自省的方法，很适合顺治学习佛法。所以在几次长谈后，顺治就对佛法产生了浓厚的兴趣，并请憨璞聪奏列了江南各大名刹的高僧姓名和情况，开始延请临济宗的高僧入宫阐释佛法。

其中对顺治影响很大的僧人，就是前面提到的浙江湖州报恩寺主持玉林琇、浙江宁波天童寺主持木陈忞，以及玉林琇引荐的弟子茆溪森，木陈忞引荐的弟子旅庵、山晓等人。在这些僧人的包围阐释下，顺治从佛教中得到了深深的精神寄慰，并转变成自身的思想信仰。他认玉林琇为师，西苑万善殿就成了他参禅拜佛和与这些僧人讨论佛法的处所。玉林琇的大弟子茆溪森，不仅成了他的师兄，更因为自身学识和修行的高深而得到顺治的深深信赖。

有关顺治帝与这些僧人在一起的活动和交谈，都可以从这些僧人的

清宫四案之谜

著作中找到记载。从中我们可以看到，顺治帝在思想上已经完全接受了佛教关于生命轮回、个人承担着自身一世的善恶报应、如想脱离轮回只能依靠悟修佛法的教义等佛理。由此他相信，自己的皇帝之位，不过是过眼烟云，来生并不知会在何处立命。所以他在受到董鄂妃病死的心理重创后意欲出家，这也是其思想信仰的必然结果。

顺治十六年，顺治帝竟让征召来京的法师玉林琇为他起法名，玉林琇不敢。于是顺治自选"痴"字，下用龙池派中的"行"字，即法名行痴。又自号"痴道人"，以后他的钤章还有"尘隐道人"、"懒翁"、"太和主人"、"体元斋主人"等名号，说明了他想出家出世超然物外的心情。

顺治帝虔心佛事，每以讲经释教为常事，甚至董鄂氏也在他的影响下由不信佛到笃信于佛，直至"口呼佛号而终"。在顺治帝御制的《端敬皇后行状》中也说："后素不信佛，朕时以内典禅宗谕之，且为解《心经》典义，由是崇敬三宝，专心禅学。"

玉林琇回归本寺庙后，同年九月，浙江宁波天童寺的住持道忞法师又携其弟子旅庵本月、山晓本晳等来到京城。道忞的到来使顺治对佛教的信仰达到了一个新的高度。道忞知识渊博，才华横溢，能言善辩，词锋犀利，深得福临激赏和敬重。道忞到京不久便被封为弘觉禅师，受到皇家优礼，他不时被顺治召入内廷，顺治帝甚至对他说："愿老和尚勿以天子视朕，当如门弟子旅庵相待。"

顺治十七年八月十九日，顺治帝最心爱的董鄂妃病逝。这位"不爱江山爱美人"的年轻皇帝于是产生了悲观厌世的想法，企望遁入空门，以求精神上的解脱。九、十月之交，他在写下"十八年来不自由，南征北讨几时休。我今撒手西方去，不管千秋与万秋"一诗后，即命茆溪森和尚为其削发剃度，决心出家。

在孝庄皇太后及奉命赶来的法师玉林琇百般劝解下，特别是玉林琇劝他："若以世法论，皇上宜永居正位，上以安圣母之心，下以乐万民之业；若以出世法论，皇上宜永做国王帝主，外以护持诸佛正法之轮，

悯忠寺，又名法源寺

内住一切大权菩萨智所住处。"顺治帝才勉强答应蓄发留俗。

虽然出家不成，但他却在顺治十八年（1661）正月初二，命他的亲信太监吴良辅代替他出家为僧，入悯忠寺修行，并且他还亲临悯忠寺观看吴良辅出家仪式。

令人蹊跷的是，回来后不久，年仅24岁的顺治皇帝就突然染上了"天花"，而且仅仅病了4天，就于正月初七日子时在养心殿驾崩。第二天由八岁的三子玄烨即位，是为历史上著名的康熙皇帝。由于顺治死得突然、死得奇怪，而在之前他又那么笃信佛教，甚至屡有出家的言行举动，以致后来在民间留下了许多顺治皇帝出家修行的传说。至于他的死是不是他为出家修行做的障眼法，到现在都猜测不断。

顺治帝离世，四辅臣执政

而对顺治帝福临的母亲孝庄太后来说，顺治帝的突然死亡不但让孝庄经受了丧子之痛，同时也将一个巨大且困难的问题摆到了孝庄的面前，即皇嗣的继承问题。但此时的她变得孤独，她的身边连个能帮助自己的人也没有了，所有的困难和问题，只能她自己去解决。

继顺治皇帝之后的康熙皇帝，名玄烨，是我国历史上极有作为的皇帝之一，在位 61 年，也是我国历史上在位时间最长的皇帝，清朝之所以能统治中国两个半世纪以上，康熙皇帝贡献最大。

但康熙帝玄烨能力再高，也不能幼时就管理国家大事，他即位时还不满八岁，好在顺治在《遗诏》中已作安排，委托索尼、苏克萨哈、遏必隆和鳌拜辅政。

顺治初年有摄政王多尔衮图谋篡逆，为了避免宗室结党专权现象再度出现，顺治皇帝遗诏一改幼主由宗室辅佐的传统，特命内大臣索尼、苏克萨哈、遏必隆、鳌拜等四位异性勋旧重臣为辅佐大臣，以保翊冲主，佐理政务。

索尼姓赫舍里氏，隶满洲正黄旗，为清朝开国功臣。苏克萨哈姓纳喇氏，满洲正白旗人。遏必隆姓钮祜禄氏，满洲镶黄旗人。鳌拜姓瓜尔佳氏，满洲镶黄旗人，在四辅臣中位列第四。

四辅臣中索尼、遏必隆、鳌拜等三人都属于黄旗人，在皇太极去世时，因拥立皇子继位，曾遭到多尔衮的惩罚。苏克萨哈属于正白旗人，在多尔衮死后反戈一击，检举多尔衮殡葬服色违背祖制并企图谋反的罪行，从拥护多尔衮转到支持顺治继位的立场，因此，他们都得到顺治帝的信赖。

也许是时间仓促，顺治皇帝死前觉得时日无多，他一反传统旧例，没有经过同诸王、贝勒和文武大臣商量，擅自决定让异姓四大臣辅政，孝庄太皇太后鉴于当年老相好多尔衮把持天下、自己不得不下嫁以安其心的教训，便也很拥护顺治帝的想法，支持他的四大臣辅政制度。

但是，此时距多尔衮死去未及十年，四大辅臣都曾亲睹多尔衮及其势力死后所受后的打击和清算，不由心里惴惴，告之于诸王、贝勒，诸王、贝勒们说："大行皇帝知汝四大臣之心，故委以国家重务，诏旨甚明，谁敢干预，四大臣其勿让。"索尼等人忧虑稍减，忙将诸王、贝勒拥护遗诏的态度奏知孝庄皇太后，孝庄善言以宽其心。而后，四辅臣与王以下文武大臣先后分别在顺治皇帝灵前和大光殿各立誓言：竭尽忠诚，不谋私利，不结党羽，不受贿赂，忠心仰报皇恩，全力辅佐君主。

之后直至康熙帝亲政的这一时期，被史学界称之为"四辅臣执政时期"，但与四大臣辅佐政务同时并存的还有议政王大臣会议，这是清初特设的权力机构。清初，军国大政都需交议政王大臣会议讨论决定，可见它的权力很大。

诸王大臣会议既定，虽至尊无如之何。议政王大臣会议亦称"国议"，其成员都由满洲贵族组成，半皆贵胄世爵，即多系宗室亲王贝勒。所以不论孝庄文皇后还是四辅臣的权力也都要受到议政王大臣会议的限制。但这往往只是个形式，真正执行国策和处理政务的还是四大辅臣，但此时国家的最高管理者，无疑还是孝庄太皇太后。

孝庄以子为鉴，尽心抚育玄烨

在这一时期，孝庄太皇太后对四辅臣给予充分信任，让他们尽心尽力治理国家，而自己的主要事务，则是培养孙儿玄烨。无论从哪一方面来看，康熙帝玄烨之所以能成为皇帝，并且成为历史上少有的好皇帝，都与他的奶奶孝庄太皇太后是有极大的关系的。

玄烨一生最亲最敬的，正是他的奶奶孝庄文皇后，他对奶奶的感情甚至超过了他的父母亲顺治皇帝与孝康章皇后，玄烨与祖母之间的深厚感情，在中国历代封建帝王之家的祖孙关系中，几乎是绝无仅有。

玄烨于顺治十八年（1661年）正月登基称帝，年仅9岁，其时清朝版图已经很大，但各地反清的抗争还没有停息，社会经济也亟待恢复，国库十分空虚，百姓民不聊生，清朝面临的局势仍十分严峻。刚刚建立的帝国大厦已初具规模，但统治基础尚不稳固，各种制度还不完备，需要后继者去继承发展。将这副担子放在年仅9岁的少年皇帝肩上，无疑是不现实的，所以这个时候，左右天下大政方针的，仍是幕后的孝庄文皇后。

在处理政事之余，孝庄也在努力教导玄烨，她责无旁贷地担负起抚育、保护与培养孙儿的重任。在小玄烨身上，或许寄托着他对儿子和情人的歉疚，所以她尽全力要培养出一个最好的皇帝。

如果以一位教育家的标准衡量，孝庄对于孙儿玄烨的教育，显然要

比她对儿子福临的培养更为成功。虽然儿孙都是亲骨肉，但孙子玄烨对她的依恋，她对孙子的爱，要超过她与福临之间的母子情。清代史书对此讳莫如深，但这却是事实。这可能也是孝庄执意如此，她要把从福临那里失去的，再从玄烨这里捡回来，为此，她全力地将康熙帝玄烨塑造成一个好皇帝。

还在玄烨继承皇位前，孝庄就已经对他进行用心培养了。玄烨曾对皇子们回忆说："朕自幼龄学步能言时，即奉圣祖母慈训，凡饮食、动履、言语皆有矩度，虽平居独处，亦教以罔敢越轶，少不然即加督过，赖是以克有成。"祖母的督教对他的成长乃至一生，起有至关重要作用。

玄烨成年后多次讲道："忆自弱龄，早失怙恃，趋承祖母膝下三十余年，鞠养教诲，以至有成，设无祖母太皇太后，断不能致有今日成立。罔极之恩，毕生难报。""朕自幼蒙太皇太后教育之恩，至为深厚"，"仰报难尽"。这些应该都是他的肺腑之言。

玄烨幼时曾长期避痘紫禁城外，"父母膝下，未得一日承欢"。来自祖母的爱，很大程度上填补了他幼小心灵上的感情空白，使他从懂事时起，就将祖母也视为最亲之人。这种情感无法以尺度来计量，但玄烨愈为年长，体会愈加深刻，对之愈加珍视。

康熙皇帝玄烨像

孝庄对孙儿的爱有着丰富的内涵。她不仅给了玄烨本应从其父母那里得到的关怀和爱护，更重要的，是通过严格的教育、训练，培养他的良好品质、习惯与作风。

在"独嗜图史"的孝庄影响下，玄烨从小对读书学习产生了浓厚兴趣，这一嗜好伴其终身。他"矢志读书"，"早夜诵读，无间寒暑，至忘寝食"，无论任何时候，只要一捧起书本，就几乎忘掉一切。保姆朴氏担心他年龄太小，读书过多而有伤身体，不止一次将书藏起，希望能使他休息一下。但他一经发现，便立刻索回，继续津津有味地读起来。对于孙儿的勤奋苦学，孝庄既感欣慰，又十分心疼，她曾忧喜参半，不无责备地对孙儿说："哪有像你这样的人，贵为天子，却像书生赶考一样苦读呢？"

由于祖母的教导，玄烨自幼养成一丝不苟的学习态度，读书时"间有一字未明，必加寻绎，务至明惬于心而后已"，他从小认识到"人心虚则所学进，盈则所学退"的道理，虚心好问，除去读书外，"每见高年人，必问其已往经历之事而切记于心，决不自以为知而不访于人也。"即使是太监、奴仆等"粗鄙之夫"，如果"亦有中理之言"，也"决不遗弃，必搜其源而切记之，并不以为自知自能而弃人之善也。"

孝庄培养玄烨时不仅从大处着眼，也从细处入手，幼孙身上一些尚在萌芽的习性，或生活中某些细微处，都引起她的重视，并因以施教。如玄烨儿时受保姆的影响，一度染上吸烟习惯。吸烟不仅有害于身体，还极易引发火灾，可谓有百弊而无一利。经祖母教诲，玄烨坚决戒了烟，并在即位后"时时禁止"吸烟，反复劝说有此嗜好的臣工们。

在祖母的言传身教下，玄烨自幼"不喜饮酒"，并深知酗酒的严重危害，认为"嗜酒而心志为其所乱而昏昧，或致病疾，实非有益于人之物。"他继位后，始终有意识地要求自己"能饮而不饮"，"平日膳后或过年节筵宴之日，止小杯一杯"。

孝庄对幼孙的培养是全面的，就连玄烨的言行举止，也有十分严格的要求。后来，玄烨常常以自己的切身体会训导儿孙们："朕自幼年登极以至于今日，与诸臣议论政事，或与文臣讲论书史，即与尔等家庭闲暇谈笑，率皆俨然端坐，此乃朕自幼习成，素日涵养之所致。"可见幼时养成的这些良好习惯，一直保持到他的晚年。

曾在康熙朝中期与玄烨有过较多接触的法国传教士白晋，在给法王路易十四的信中，对玄烨的仪表、风度、气质和修养大为赞赏，说他"生来就带有世界上最好的天性"，"所有他的爱好都是高尚的，也是一

个皇帝应该具备的。"等等。其描述固然有溢美之词，但也从侧面表明，玄烨的作风与言行，确实不失一位泱泱大国君主所应具有的气度和风采，而这一切，无不来自孝庄的精心教诲。从对福临失败的教育之中，孝庄太后悟到了正确的教育方法，并尽心尽力地教育孙儿康熙帝玄烨，终于培养出了一位历史上少有的极有作为的仁君。

孝庄让小玄烨在学业、品行、志趣、作风诸方面都打下坚实基础的同时，还逐步树立起继承父业，以天下为己任的远大抱负。前述顺治十六年（1659）玄烨（与福全、常宁一道）向皇父请安时所言的"我长大了愿'效法皇父'，勤勉尽力"其志向之高，想必是在福临意料之外。这样的话语竟出自一个六龄孩童之口，是否可信另当别论，但毕竟说明孝庄早已在对玄烨进行特殊培养了。

玄烨即位后，孝庄继续抓紧对他的教育，并根据需要增添了新的内容。

当时，代表朝中保守势力的辅臣为防止玄烨过早接触汉族文臣，受其影响，也走上福临"好华语，慕华制"的道路，因而对汉官们在玄烨登极不久就一再提出的建议，如为皇帝"及时举行经筵"、慎选品学皆优的满汉官员侍奉皇帝、分班进讲经史等等，概未考虑。值得注意的是，有的史料说孝庄也很抵触汉族文化，"甚厌汉语，或有儿孙习汉俗者，则以为汉俗盛而胡运衰，辄加禁抑云矣。"这一评价具有一定的片

紫禁城保和殿

面性，至少与玄烨继位后的有关情况不相符合。

玄烨曾回忆说："朕八岁登极，即知黾勉学问，彼时教我句读者，有张、林二内侍，俱系明时多读书人，其教书唯以经书为要，至于诗文，则在所后。""朕七八岁所读之经书，至今五六十年，犹不遗忘"。由此可见，玄烨在继位前后已开始学习儒家典籍，而这只能是孝庄的决定。

上述事实还表明，孝庄虽然反对福临过分推崇汉文化，"于淳朴旧制日有更张"，但她也清醒地认识到学习儒家学说，对于一位满族皇帝统治以汉人占大多数的国家所具有的特殊意义。为使爱孙胜任天子之职，她有意识地让玄烨尽早学习儒家经典，以便掌握治国安民之道，更有效地进行统治。

玄烨继位初期，有一天，当着众臣之面，孝庄问孙儿身为天下之主，有何打算，玄烨答道："臣无他欲，唯愿天下乂安，生民乐业，共享太平之福而已。"少年皇帝决意做贤明之君，富国裕民的强烈愿望，显示出孝庄多年培育的初步成效。

祖孙情深，计除鳌拜

玄烨平时的衣食住行，孝庄都记挂于心。玄烨继位后，曾住在保和殿。康熙八年（1669年）初春，孝庄因孙儿"以殿为宫"而居，"于心不安"，特交付工部修葺乾清宫、交泰殿，使"皇帝移居彼处"。玄烨立即遵旨，命工部"选择吉日，修理朴质坚固，以仰副太皇太后慈爱朕躬至意。"是年十一月，玄烨移居修造一新的乾清宫，这里成为他在紫禁

紫禁城乾清宫

城内的居所，直至其去世未曾变更，时间长达半个世纪以上。

孝庄对孙儿了解甚深，孙儿的喜怒哀乐或任何情绪波动，都逃不过她的眼睛。玄烨因为需要处理国事家事，有一段时间逐渐消瘦，孝庄极为不安，反复加以劝慰。十二月初三日夜，太和殿大火初起时，玄烨牵挂年迈的祖母，当即前往祖母宫中问安，孝庄一再劝孙儿不要过分忧虑，务必多休息数日，等身体康复后再上朝理政。但玄烨放不下国事，十二月初五日一早，又开始御门听政了。

孝庄担心孙子的身体吃不消，于是转换方式进行劝阻。十二月初五日当天，她派贴身太监刘忠向、领侍卫内大臣阿鲁哈、大学士索额图、明珠等人传谕："皇帝自入秋以来，未甚爽健。且此数年间，种种忧劳，心怀不畅。顷者抱恙，今虽痊愈，但尚未甘饮食。念南苑洁静，宜暂往彼颐养。又昨火灾，闻太子（胤礽）亦尔惊恐，可令同往。传语皇帝，勿违吾命。"阿鲁哈等遂奏闻玄烨。玄烨知道这是祖母的一番苦心，不便相违，对大臣们说："太皇太后念朕躬偶恙，屡蒙降旨。朕钦遵慈命，即幸南苑，明日当徐徐起行。"他带着 6 岁的皇太子胤礽在南苑行围十天，回宫后即以太和殿火灾颁诏天下，求言修省。此次南苑之行对玄烨身心两益，十分必要，反映出孝庄对孙儿无微不至的关怀。

玄烨继位后，索尼、遏必隆、鳌拜、苏克萨哈四辅臣直接处理军国大事，孝庄对他们深为信任，放手使用，所以辅臣权力很大，加之没有监督、约束的相应机构，从而为个别人结党营私、擅权乱政提供了可能。

由于历史的原因及某些政见不同，辅臣中两黄旗的索尼（正黄旗）、

清宫四案之谜

遏必隆、鳌拜（镶黄旗）与正白旗的苏克萨哈的关系日渐紧张。另一方面，随着时间的推移，鳌拜居功自傲，权力欲逐步滋长，他联合遏必隆扩展镶黄旗实力，擅杀朝中与自己存有积怨的满臣，专横跋扈的作风愈来愈显著。

四辅臣于辅政期间做了不少有益的事，然而对处理满汉关系，却采取保守、倒退方针，在恢复祖制、首崇满洲的旗号下，歧视汉官，使后者的积极性受到严重挫伤。当时，反清复明的战火尚未完全平息，经济凋敝，百废待兴。因满臣还缺乏治理经验，又不能与汉官密切合作，以致大大妨碍了国家机器的正常运转；而一些投机分子却逐步取得辅臣信任，为非作歹，更加重了问题的严重性。玄烨亲政前夕，已是"学校废弛而文教日衰"，"风俗僭越而礼制日废"，地方、朝中弊端丛生。

玄烨年龄还小，对此自然难以应付，但政治经验丰富的孝庄却不露声色地密切注视事态发展，在继续任用辅臣的同时，采取了一些防患于未然的措施。

康熙四年（1665年）九月初八日，禀照祖母慈谕，12岁的玄烨举行大婚典礼，索尼的儿子内大臣噶布喇之女赫舍里氏正位中宫，遏必隆之女落选，成为皇妃。

在为孙儿择立皇后时，孝庄舍去遏必隆之女，选中赫舍里氏，旨在防范鳌拜借镶黄旗之女成为皇后之机，进一步扩大实力，同时也是针对主幼臣骄的情况，对清朝元老索尼及其家族予以荣宠的笼络措施。

孝庄此举还改变了皇太极和福临时期，皇后莫不出自蒙古博尔济吉特氏的惯例。这并不意味着忽视满蒙贵族联姻政策，而是从巩固皇权、安定政局的现实需要出发，反映出这位杰出政治家的战略眼光与灵活态度。

玄烨的大婚，也标志着少年皇帝亲理政事已为期不远。换言之，孝庄是以此为孙儿早日亲政制造舆论，打下基础。

当鳌拜得知玄烨选后的结果时，因希冀落空，"心怀妒忌"，气恼万分，竟与遏必隆一起人宫"奏阻"，这里恰恰证明孝庄这步棋的巧妙：

既分化了四辅臣，使索尼同鳌拜之间出现芥蒂，又促使索尼更为效忠皇室，增加了皇室的力量。不过，从其后情况看，孝庄这时对鳌拜还未完全失去信任，仍希望他在辅臣任内善始善终，能有一好的结局。

康熙五年（1666年），发生圈换土地事件。鳌拜在索尼、遏必隆支持下，将清朝入关初期圈占土地时分配给镶黄旗与正白旗的土地强行互换，并再次圈占大量土地，致使广大农民流离失所，加剧了满汉民族矛盾。三辅臣还不顾玄烨的反对，矫诏将反对此举的大学士、管户部事务的苏纳海（正白旗）等3名大臣处死，造成一大冤案。这一事件说明，鳌拜并未领会孝庄的包容苦心，在擅权乱政路上已愈走愈远。因此，孝庄也相应采取了进一步措施。

康熙六年（1667年）七月初七日，玄烨"躬亲大政"，但辅臣们"仍行佐理"。孝庄特为孙儿收权安排一过渡阶段，以使他在实践中逐步提高；同时也让辅臣有个适应过程，将他们因交权而产生的失落感减少到最低限度，从而保证此次权力交接稳妥进行。

可是，树欲静而风不止。康熙六年六月索尼去世，鳌拜实际上成为首席辅臣，遏必隆对他亦步亦趋，苏克萨哈更加孤立。玄烨亲政后，苏克萨哈立即请求"往守先帝陵寝"，以期迫使鳌拜、遏必隆也辞去辅政。

鳌拜为清除异己，独掌辅政大权，竟罗织苏克萨哈的"罪状"，企图将他置于死地。尽管玄烨坚决反对，但鳌拜等不肯罢休，一连七日强奏，竟将苏克萨哈及子孙全部处死，并籍没家产。

苏克萨哈被除去后，鳌拜的权势进一步扩大，更为飞扬跋扈，"欺君擅权"，"文武各官尽出门下"，甚至在"御前呵斥部院大臣，拦截章奏"。玄烨去海子（南苑）狩猎时，让随行的鳌拜奏闻祖母，鳌拜"乃不遵旨，反云皇上

鳌拜像

自奏"，全然不把玄烨放在眼中。他的种种僭越行径已构成对皇权的严重威胁。至此，孝庄终于作出决断，支持并指点孙儿拟定清除鳌拜集团的全盘计划。

此前，玄烨已开始广泛求言，制造舆论，通过各种举措，纠正辅臣政治上的失误与弊端，这使朝中人心振奋，玄烨威望日增，鳌拜逐渐走向孤立。与之同时，玄烨在身边聚集起一批年轻的满族贵族成员，他们朝气勃勃，锐意向上，索额图即是其中的突出代表。索额图为索尼之子，孝庄选中他的侄女赫舍里氏做皇后，加深了索尼家族与清皇室的关系，也加强了正黄旗对皇室的向心力，并影响到镶黄旗。索额图对玄烨十分忠诚，在清除鳌拜集团的过程中，成为玄烨最得力的助手。

鳌拜集团附者甚众，盘根错节，已控制中央机构各要害部门。为最大限度地减少动荡和不必要损失，孝庄帮助玄烨制定了"擒贼先擒王"、迅速打击主要党羽、震慑其他成员、稳妥解决问题的基本策略。据此，玄烨命索额图秘密组织起一支善于扑击的少年卫队，又于行动前，有意将鳌拜的部分党羽遣往外地，以分散其力量。可以肯定，玄烨还采取了其他一些周密部署。

康熙八年（1669 年）五月十六日，鳌拜奉召进宫，康熙命他组织的年轻相扑队员们一拥而上，旋即被卫队擒拿，其主要党羽也先后被逮捕归案。考虑到鳌拜以往为清朝所作的贡献，玄烨对他予以宽大处理，免死，籍没家产，终身监禁；对其众多追随者，也只处死最主要的数人，其余一律宽免；就连遏必隆也被免罪，仅革去太师，后又给还公爵，值宿内廷，恢复对他的信任，从而团结了镶黄旗。

清除鳌拜集团，排除了威胁皇权的潜在危险，踢开清朝向前发展的绊脚石后，玄烨真正掌握了清朝大权。他在"首崇满洲"的原则下，努力改善满汉关系，崇儒重道，发挥汉族官员积极性，发展生产，恢复经济。在短短几年内，政局进一步稳定，得到汉族地主阶级更广泛的拥护，经济也有起色，为其后平定三藩之乱，打下重要基础。

铲除鳌拜集团这场惊心动魄的政治较量，是玄烨君临天下后，祖母对他的一次关键性指导与帮助。当时，玄烨年仅 16 岁，还缺乏足够的智谋与经验。若无祖母的指教、授计，他很难在亲政后第三年，便一举粉碎这一把持朝政多年、势力颇大的宗派集团，稳妥、彻底，不留后患。显然，鳌拜集团存在时间愈长，对清朝的危害愈大，势必积重难返；如果玄烨的治国方针受到阻挠，三藩之乱将更加旷日持久，康乾盛世的出现也会大大推迟了。

对鳌拜集团的斗争过程中，孝庄、玄烨祖孙相互加深了解，感情更为深厚。其间，玄烨表现出他那一年龄少有的胆略和杰出组织才能，使孝庄满意而欣慰；另一方面，玄烨也从祖母身上学到很多东西，除去缜密的思想方法，坚决、果敢的作风外，对他印象最深的，是祖母对人处事宽厚豁达的态度。正是在祖母的影响下，他处置鳌拜及其党羽时，运用宽严相济、打击面小、安抚并团结绝大多数朝臣的策略，收到人心安定、朝政稳固的效果。

孝庄的言传身教，使玄烨逐步具备了一代名君所应有的宽阔心胸与气度，这不仅在此次斗争中显示出来，在他其后的漫长统治岁月里，无论是平息党派之争、处理二废太子事件、或采取其他重要举措，这种方针、策略依然被保留下来。足见孝庄的智慧、品德与作风，已经体现在孙儿身上，由他继承并发扬光大了。

还需指出，孝庄指导玄烨宽大处理鳌拜集团，也是对当年两黄旗大臣同心合力，拥立幼主（福临）的回报，表明她为保护幼孙，并从清朝的长远统治计，而不得不清除对她效忠多年的老臣时，仍旧手下留情。作为一位政治家，孝庄的这种做法难能可贵。

康熙十二年（1673 年）底，爆发了以明朝降将吴三桂等人为首的三藩之乱。孝庄太后又成了康熙在幕后的坚定支持者，帮助康熙扫除了三藩之乱，使大清朝逐渐稳定下来。

难忘福临多尔衮，道是无情却有情

在人与人相处中，爱的作用是巨大的，并且会对相互间产生亲密无间的影响。孝庄为孙儿呕心沥血，玄烨对祖母的回报，则充分体现在他三十多年"期尽孝养，朝夕事奉"的行动中。亲眼目睹这一切的朝臣们，曾经做过如下评述："我皇上至德纯孝，奉事太皇太后三十余年，极四海九洲之养，尽一日三朝之礼，无一时不尽敬，无一事不竭诚。居则视膳于寝门，出则亲扶于雕辇。万机稍暇，则修温清之仪；千里时巡，恒驰络绎之使。此皇上事太皇太后于平日，诚自古帝王之未有也。"这些话虽是颂扬之语，但却基本属实。

受汉族文化的影响，满族人也很尊老爱幼。晚辈每日向长辈请安，是清代一般八旗官宦人家的寻常礼，清宫内极为重视。不过对玄烨来讲，向祖母请安并非例行公事，而是发自其内心的愿望。他曾无数次"亲诣慈宁（孝庄居住慈宁宫）问起居"，"承欢祗领徽音训"，"晨昏敬睹慈颜豫"。每次都是急切前往，欢快而归，"归路思维乐有余"，"不尽欢欣踊跃回"，恰是其当时心情的写照。玄烨十分珍视每日与祖母的聚首，这是他日理万机的生活中尽享亲情的时刻，对他的精神是一种不可或缺的调剂。

康熙二十三年（1684年）九月，玄烨第一次南巡，历时两月余，这是他和祖母分别时间最长的一次。在此期间，尽管玄烨与祖母保持密

《康熙南巡图》局部

切联系，并将从黄河打捞的鲜鱼及地方鲜果驰送京城，但孝庄依然思孙心切，不能自已。玄烨回銮途中，十一月十五日行至直隶省河间府秦家庄，收到祖母差人专程送来的乳品。对一位尝遍天下美味的封建皇帝来说，食物本身并不重要，而玄烨却从中深深感受到祖母的厚爱，这是任何权力、金钱所无法换取的。他当即感慨赋诗道："彩斿晚驻瀛洲道，忽报铜龙骑使来。心识慈怀同日照，口传温语逐阳回。松脂似截盘中玉，绮食初和鼎内梅。两月几虚甘旨奉，归程欲听晓钟催。"

康熙二十六年（1687年）冬天，是玄烨一生永难忘怀，感情历程中最痛苦的日子。是年十一月二十一日，75岁高龄的孝庄"旧症复发"，"疹患骤作"，病势凶猛，不同以往。从这一天起，玄烨处理完政务，便立即趋至慈宁宫侍疾。他守候在祖母的床边，"衣不解带，寝食俱废"，为祖母"遍检方书，亲调药饵"。孝庄入睡时，他"隔幔静候，席地危坐，一闻太皇太后声息，即趋至榻前，凡有所需，手奉以进。"

孝庄心疼孙儿，多次让他回宫休息一下，但玄烨执意不肯稍离。他"唯恐圣祖母有所欲用而不能备，故凡坐卧所须以及饮食肴馔，无不备具"，就连米粥也准备了三十多种，以供祖母所求。孝庄因"病势渐增，实不思食，有时故意索未备之品，不意随所欲用，一呼即至。"见孙儿如此殷切周到，正受病痛煎熬的孝庄不禁老泪纵横，她抚摸着玄烨的肩背感叹道："因我老病，汝日夜焦劳，竭尽心思，诸凡服用以及饮食之类，无所不备。我实不思食，适所欲用，不过借此支吾，安慰汝心，谁知汝皆先令备在彼，如此竭诚体贴，肫肫恳至，孝之至也。唯愿天下后世，人人法皇帝如此大孝可也。"

为挽救祖母的生命，玄烨"在宫中五日不竭诚默祷"。十一月二十七日，他下诏刑部，除十恶死罪等重犯外，其余一概减等发落，希望能以此好生之德，感动上苍，保佑祖母转危为安。然而，孝庄的病情仍在加重，"一句之内，渐觉沉笃，旦夕可虑"。万般无奈之下，玄烨不顾众臣反对，断然采取了一项前所未有的举措。

十二月初一日凌晨，寒风刺骨，玄烨率王公大臣从乾清宫出发，步行前往天坛致祭。事前他亲自撰就的祭文中说："伏恳苍天佑助，悯念笃诚，立垂昭鉴，俾沉疴迅起，遐算长延。若大数或穷，愿减臣龄，冀增太皇太后数年之寿"。读祭文时，玄烨跪在坛前，滴泪成冰，在场王公大臣无不感泣。34岁的玄烨竟然乞求上苍，以减少他本人的寿命为交换，尽可能地延长孝庄的生命，足见他对祖母感情之深，依恋之至。

可是，玄烨的赤诚并没有感动上苍，这次不同寻常的天坛之行，未能取得他期望的效果。康熙二十六年十二月二十五日，孝庄与世长辞。这位一身集合了"太后下嫁"与"顺治出家"两大清宫之谜的女人，带着她与生俱来的神秘与不同凡响的智慧永远地去了，却给天下臣民留下了一个地大物博、人民乐享盛世的大清朝。

在弥留之际，孝庄还嘱咐玄烨："太宗文皇帝（皇太极）梓宫安奉已久，卑不动尊，此时未便合葬。若别起茔域，未免劳民动众，究非合葬之义。我心恋汝父子，不忍远去，务必于遵化安厝，我心无憾矣。"这番话语，正是孝庄不安葬在皇太极陵寝，却在清东陵陪着儿孙陵墓的原因，也许她认为自己与多尔衮之关系难为皇太极接受，不敢出关与之合葬，而在关内，又有她牵挂的儿子和孙儿，于是便作了如上的安排。这其中，又有多少的心酸、愧疚、无奈，只有她自己知道了。

按清朝早期葬制，皇后无论死于皇帝前后，都要与皇帝合葬，同陵同穴。但康熙帝在孝庄归天后，只是在东陵边修建暂安奉殿。院内有享殿和暂安奉殿各一座，未建地宫。享殿为庑殿顶，因孝庄生前对所住紫禁城内慈宁宫东侧的一座小殿十分喜爱，所以康熙命人拆掉，移到陵区重建成享殿。享殿旁有东、西配殿，院门为三座门。孝庄的棺椁被葬在

昭西陵方城明楼

暂安奉殿的宝座上，以土掩埋后永闭殿门。

终康熙一朝，未能解决孝庄文皇后的陵寝问题。到雍正三年（1725年，皇太极与孝庄成亲100周年），世宗以孝庄文皇后辅政以来国家昌盛，圣祖在位历数绵长、子孙繁衍为由，认为此地颇吉，故将暂安奉殿改为昭西陵。

孝庄与康熙可谓祖孙情深，对孝庄来讲，玄烨不仅仅是亲孙子，在他身上，还倾注了自己对儿子福临的眷恋与深深的负疚之情。她事实上给了玄烨双份的爱，将她作为一位母亲对亲生儿子的爱，与作为一位祖母对亲孙子的关怀，融为一体，全部给了玄烨。在与儿子的关系问题上，孝庄有过沉痛的教训，所以她要千方百计搞好祖孙关系，同时也倍加珍惜与玄烨的祖孙亲情。

玄烨自幼失去双亲，可是却从祖母这里，得到比祖孙亲情更重、内涵更为丰富、深刻的爱。以此而言，他作为一个9岁登极的封建皇帝是幸运的，作为一个需要长辈关怀和家庭亲情的普通人是幸福的。

在玄烨心目中，孝庄不仅是自己的亲祖母，正像他本人讲的那样："朕自八龄，皇考世祖章皇帝宾天，十一岁，又遭皇妣章皇后崩逝。早

清宫四案之谜

失怙恃，未得久依膝下，于考妣音容，仅能仿佛，全赖圣祖母太皇太后抚育教训"，他对祖母"晨昏依恋三十余年"，感到"依圣祖母膝下，如亲皇考妣音容。"玄烨将孝庄视为自己的亲生父母，同时也将孙儿的亲情和孝敬，与作为儿子未能给与父母的回报，合在一起，一并给了祖母。

孝庄与玄烨又是导师与学生的关系。培育孙儿的过程中，她始终站得高，看得远，目标明确，寓爱于教。她对玄烨既疼爱备至，更要求严格；既充满祖母深情，又不失一位导师的威严。她认真总结、吸取教育儿子福临时的经验教训，不断改进方法，终于按照她心目中的模式，将玄烨培养成一位十分出色的皇帝，这对清朝的巩固与康乾盛世的出现，产生了不可估量的作用。孝庄在儿子福临身上没有能实现的目标与愿望，在孙子玄烨身上终于达到；从儿子那儿未能获得的爱与慰藉，终于从孙儿这里得到了补偿。

孝庄极为关注清皇室即清朝的前途和命运，关心朝政，"素以爱民为念"。福临去世后，她虽然成为清廷的头号人物，却很少权力欲望，甘心退居幕后，除去牢牢掌握清朝大政方针的最后决定权外，一意扶持、培养孙儿，并于孙儿成长的过程中，逐步将权力移交给他，从而完全排除了祖孙之间存在权力之争的可能。

正是由于这种远见卓识，她才能够充分发挥出自己的智慧和才能，在培养玄烨方面，收到圆满效果。

孝庄与玄烨的祖孙关系，还具有满汉两种道德、伦理观相互作用、兼容并蓄及两种文化相互融合的鲜明特点。玄烨的孝养思想，除去孙儿爱敬祖母等满族固有的朴素成分外，更多还体现出汉族封建伦常准则。玄烨曾说："朕孝治天下，思以表率臣民，垂则后裔。"他为祖母所做一切，既是出自真情，也是基于统治需要，旨在给自己的儿孙、臣民作出榜样，希望他们能像自己对待孝庄那样对待自己，忠于朝廷，从而达到巩固皇权统治，保证国泰民安的根本目的。这也是封建皇帝家天下的一个具体体现。

清宫四案之谜

【第二部分】顺治皇帝出家之谜

总之，孝庄身为祖母，因为对儿子福临教育的失败，使她很好地吸取了教训，所以在与孙儿玄烨的相处中，她时时注意应该如何教导他，可以说，是她精心培养起与孙儿的感情，精心设计了这种她所满意的祖孙关系，精心培育出一位中国封建社会为数不多的明君。

　　纵观孝庄皇太后的一生，其嫁于皇太极，辅佐夫君，生儿育女，在夫君突亡之际，她运用智谋，拉拢多尔衮，扶持自己的儿子称帝，其中虽然不乏野心，但她的这一举动很好地稳固了当时清朝的政局，可以说是最好的处理方法。之后她用自己的智慧和女人的柔情，控制着多尔衮不生称帝之心，或许她与多尔衮有着缠绵的爱情，但她始终是明智的，为防其对自己的孩子不利，她不惜降尊纡贵下嫁多尔衮，让福临对其以"皇父"称之，以安其心，可以说，她极好地处理了自己的爱情和大清的前途事业。多尔衮死后，她扶助儿子福临亲政，指点他如何治理国家，虽然福临性格较为叛逆，常与母亲抗争，但孝庄以一位母亲对孩子的博大胸怀，容忍并很好地处理了福临的叛逆行为。虽然福临的早死给孝庄带来了巨大的悲痛，但孝庄仍能以大局为重，扶持年幼的孙子玄烨登上帝位，并吸取教育儿子的教训，对孙子进行了极好的教导，终于培养出了康熙皇帝这样历史上少见的有作为的明君。所以，孝庄文皇后布木布泰，其一生虽然经历了不少艰难坎坷，但她无疑也是十分成功的，于国、于家、于人、于己，她都以自己所能做到的，并且是自己所能做得最好的去做了，即便只放眼于她在清朝之创建中的巨大功劳，对清朝三代皇帝的帮助与扶持，我们甚至可以说她是历史上最成功的女人。

雍正皇帝死亡之谜

第三部分

雍正继位，传说纷纭

雍正皇帝名爱新觉罗·胤禛，清世宗，清朝第五位皇帝，入关后第三位皇帝，清圣祖康熙第四子，母为孝恭仁皇后，即德妃乌雅氏，生于康熙十七年十月三十日（公元 1678 年 12 月 13 日），出生于北京紫禁城景仁宫，1722—1735 年在位，年号雍正，卒于雍正十三年八月二十三日（1735 年 10 月 8 日），庙号世宗，谥号"敬天昌运建中表正文武英明宽仁信毅睿圣大孝至诚宪皇帝"，葬清西陵之清泰陵。

雍正在位时期，平定了罗卜藏丹津叛乱，设置军机处加强皇权，实行"改土归流"、"火耗归公"与"打击贪腐"等一系列铁腕改革政策，对康乾盛世的连续具有关键性作用。

雍正帝胤禛于康熙三十七年（1698 年）被封为贝勒，四十八年（1709 年）晋封雍亲王。当时的太子胤礽两立两废，康熙诸皇子争夺储位的斗争愈加激烈。与其余诸子明面上的斗争不同，胤禛善于隐忍、懂得韬光养晦。他表面沉迷释教道学，自称"天下第一闲人"，与诸兄弟维持和气，暗中与年羹尧和隆科多交往，加强自己的势力集团，同时向父亲康熙表现诚孝，以赢得康熙的信任。

康熙六十一年（1722 年）十一月十三日，康熙帝在北郊畅春园病逝，他继承了皇位，次年改年号雍正。"雍正"的意思，即雍亲王得皇帝之位是正统、正当的意思。

雍正皇帝像

从雍正帝上台即位开始，对雍正继位是否合法的谈论便不绝于耳，到现在已经近三百年，这个问题始终没有解决，历来有多种不同的说法。其中最为常见的是以下几种版本：

第一，雍亲王胤禛亲手杀死了自己的父亲康熙帝，篡位成为雍正皇帝。传说康熙帝病重的时候，雍亲王胤禛给他父亲敬了一碗人参汤，把他父亲给毒死了，并就此继承大统；

第二，改诏篡位说。雍亲王胤禛串通当时任步兵统领掌管京师兵权的隆科多，指使人篡改了康熙帝的遗诏，把"传位十四子"中的"十"字改成"于"字，得以篡位；

第三，康熙帝深知太子党和八爷党党争的危害，选择了中立的雍亲王胤禛；

第四，因康熙帝很赏识雍正的儿子乾隆，故传位雍亲王胤禛，雍正帝登位名正言顺。

康熙帝一共有35个儿子，有的早死了，没起名就死了，得以长大并排兄弟顺序的是24位，到康熙47年，第一次废太子的时候，20岁以上的皇子有12位。所以对康熙帝遗位的争夺主要在这12个皇子中间进行争夺，这12个皇子迅速分成了三个集团，第一是皇太子集团，简称太子党；第二是皇八子集团，简称八阿哥党；第三是皇四子集团，简称四阿哥党。

太子党推的是皇太子胤礽，开始时康熙对这个孩子格外关爱，特别对他进行教育。胤礽两岁的时候，康熙就正式册立他为皇太子。

康熙帝执政后不久，厄鲁特蒙古准噶尔部闹起内讧，首领巴图尔珲

清宫四案之谜

台吉第六子葛尔丹击败政敌，夺得准噶尔部统治权，接着他出兵击败准噶尔诸部，势力增强后开始反叛清朝，时战时和地与清廷斗了几十年。康熙帝忍无可忍，曾三次亲征葛尔丹。第一次亲征葛尔丹的时候，康熙帝让皇太子胤礽留守京师，在其舅舅索额图的支持下，大臣们在皇太子周围就形成了一股政治势力，就是太子党。

康熙帝在位时间比较长，到废太子的时候，皇太子已经等待了33年。皇太子周围的人，包括皇太子本人，早就等不及了，他们急于抢班夺权，却被康熙帝察觉，于是他非常生气，对太子等人说："朕不卜今日被鸩，明日遇害，昼夜戒慎不宁。"盛怒之下，康熙下令把大学士索额图处死，他本想就此削弱太子党，让太子吸取必要的教训。但是，太子非但没有吸取教训，反而更加激烈地进行活动，后来在忍无可忍的情况下，康熙在木兰围场的布尔哈苏台行宫，召集诸大臣和诸皇子一起，郑重宣布废黜皇太子，说太子胤礽"不法祖德，不遵朕训，惟肆恶虐众，暴戾淫乱"。

有史书记载说康熙在当众宣布他这个谕旨的时候"且谕且泣"，就是一边宣谕，一边哭，宣谕完了之后，康熙帝扑倒在地，别人把他搀扶起来，之后连续七天七夜不思寝食，不吃不睡。由于过于伤心，康熙帝还患了中风症，右手不能写字，用左手批答奏章。

康熙不立皇储，诸子明争暗斗

废黜了皇太子之后，康熙以为诸皇子之间的矛盾可以缓和，但是恰恰相反，诸皇子争夺储位的斗争反而愈加严重。在这个时候以皇八子为核心的八阿哥党积极钻研，精心谋划，想取得皇太子的地位。

八阿哥名爱新觉罗·胤禩，清康熙帝第八子，雍正帝异母弟，生于康熙二十年二月初十日（1681年3月29日）未时，胤禩虽为康熙帝之子，但因其母出身卑微，故少时在众兄弟子侄间并不得贵重，颇受冷遇。这段经历当对他日后广有影响。其母卫氏系满州正黄旗包衣人、宫内管领阿布鼐之女。宫内管领虽为五品文官，但因她是辛者库出身，故较后宫其余人等为贱。胤禩出生后，康熙嫌卫氏出身低微，将他交由大阿哥胤禔之母、惠妃那拉氏教养，因此他与惠妃感情甚亲。

胤禩自幼聪慧，且甚晓世故，从小养成了亲切随和的待人之风，康熙帝对其甚是喜爱。清朝规定皇子六岁起入书房读书，每日以名师大儒教之以满、蒙、汉等文字，并辅以骑马射箭等功夫。据《康熙起居注》所载，康熙二十六年六月十日，康熙对几位年长阿哥的学习情况进行了一次考核，其中便有方满六岁的胤禩。皇三子、皇四子、皇七子、皇八子"以次进前，各读数篇，纯熟舒徐，声音朗朗"，想必胤禩不满六岁便已开始习读诗书了。但写字是他的弱项，康熙曾因不满他的书法，遂令当时著名的书法家何焯为其侍读，并要他每日写十幅字呈览。曾任翰林院编修、起居注官、礼部给事中、九阿哥胤禟侍读兼府内管家的秦道然在雍正朝的供词中提及此事，言胤禩于之颇不耐烦，便央人写了来欺诓康熙。

因受皇父喜爱，康熙于三十七年三月初二日第一次分封皇子时，皇八子胤禩便与皇四子、皇五子、皇七子一同受封为贝勒，此时他才17岁，为当时年龄最幼者，此后又多次受康熙指派，常与皇三子胤祉一同办理政务。

因为胤禩很能团结人，以其为中心的八阿哥党主要有大阿哥、八阿哥、九阿哥、十阿哥、十四阿哥等等，还有一些朝臣支持他。康熙一看太子党废除了之后，又出了个八阿哥党，为了避免他们争斗，接着就把胤礽又复立为皇太子，结果他们兄弟间的斗争还是很激烈。

康熙五十年，康熙帝又发觉大臣们为太子结党会饮，于是将这些大臣分别谴责、绞杀、缉捕和幽禁。康熙帝手谕："诸事皆因胤礽，胤礽不仁不孝，徒以言语发财嘱此辈贪得谄媚之人，潜通消息，尤无

寿安宫（原咸安宫）

耻之甚。"于是在康熙五十一年，康熙帝复废皇太子胤礽，禁锢在咸安宫内，所以皇太子胤礽是两立两废。

太子胤礽二度被废的时候，康熙似乎比第一次废太子轻松许多，谈笑间，便将此事快速了结。但胤礽并不甘心，借太医为其妻石氏诊病之机，用矾水写信与外界联系，又被发觉。自此，康熙帝十分戒备，凡大臣上疏立储者，或处死，或入狱。康熙六十年三月，在康熙帝庆寿之日，有的大臣上疏立皇太子之事，康熙帝对此置之不理；事过数日，又有十二人联名上疏立储，康熙帝怀疑这些人为胤礽同党，均给予处罚。

从此后，康熙便再不愿意提及预立储位之事，若有大臣不识趣妄提这事的话，往往会把康熙惹得勃然大怒，后果非常严重。康熙之所以不愿意再立太子，一来是不愿意看见这些皇子们在那里尔虞我诈、甚至公开争斗；二来怕万一立了太子，到时候又来个像胤礽那样的，威胁到自己的权力与安全。立储之事弄得康熙晚年心神郁结，愁闷不堪，很多本想办的事情都没有办成。

但是，不立储的话同样有很大的弊端，阿哥们决不会因为康熙不立太子而停止争夺，只不过因为没有明确的敌人而相互收敛一点而已。更有趣的是那些大臣们，他们很不习惯没有皇储的日子，又见康熙日渐衰老，说不定哪天说走就走了，到时候会出大乱子，所以他们在康熙五十六年（1717 年）的时候集体请愿，要求立储。康熙拗不过他们人

清宫四案之谜

【第三部分】雍正皇帝死亡之谜

多，只好借口当年太子胤礽的仪制逾规，让人重新搞了个太子仪制，弄出一幅好像要立太子的样子，但过后又没了动静。大臣们正想提醒康熙，不料出了个朱天保事件。其时为康熙五十七年（1718年）正月，康熙帝正在小汤山疗疾。是月二十日，"正红旗满洲人"、翰林院检讨朱天保自京城前往，奏请复立废太子胤礽。朱天保，字九如，满洲镶白旗人，兵部侍郎朱都纳子。康熙五十二年进士，选庶吉士，授检讨。五十六年，典山东乡试。时胤礽废已久，储位未定，贝勒胤禩觊觎得立，揆叙、王鸿绪等左右之，欲阴害胤礽。朱天保忧之，便在奏折中说："二阿哥虽以疾废，然其过失良由习于骄抗，左右小人诱导之故。若遣硕儒名臣为之羽翼，左右佞幸尽皆罢斥，则潜德日彰，犹可复问侍膳之欢。储位重大，未可移置如棋，恐有藩臣傍为觊觎，则天家骨肉之祸，有不可胜言者。"朱天保本是好意，想让康熙帝立太子以安天下人之心，不想康熙帝却阅折震怒，亲自审理，命将朱天保斩首，并重惩有涉人员，惹事的朱天保等人被砍脑袋的砍脑袋、流放的流放，弄得大臣们连大气都不敢出，于是立储的事情也就被拖了下来。

兄弟鹬蚌相争，胤禛不争而胜

皇太子党与皇八子党斗争的结果是两败俱伤，而皇四子党和他们不同，其核心就是雍亲王胤禛，就是后来的雍正。胤禛没有参加太子党，也没有参加八阿哥党，他的弟弟十四阿哥参加了皇八子党，他对他弟弟既不支持也不干预，他对皇八子党既不依附也不反对。胤禛韬晦自己，不露声色，把自己想谋取储位的内心的想法掩盖起来。胤禛有一个幕友叫戴铎，给他出了个主意说，做英明的父亲的儿子难，因为"过露其长，恐其见疑；不露其长，恐其见弃"。于是胤禛根据兄弟之间争夺皇位斗争的教训，也根据幕僚们的意见，总结出了四条争位之策，如下：

第一，诚孝皇父。将来胤禛是不是继承皇位，他可以不可以做皇太子，关键还在于他父亲的意见，所以胤禛得用心讨好他父亲，怎么讨好父亲？说白了最重要的就两个字：诚和孝。即对父亲要忠诚，要孝顺。这一招果然很灵，因为胤禛一直实行诚孝皇父这个策略，深得他父亲康熙的喜欢。

第二，友爱兄弟。胤禛的兄弟很多，得罪了哪一个，兄弟到他父皇那儿给他奏一本，他也吃不消。他的原则就是友爱兄弟，讨好各个兄弟，所以在即位之前，基本上谁也没有得罪。

第三，勤慎敬业。他认为做事第一要勤，要认真来做；第二要慎，谨慎来做。皇父康熙交给他很多事情要办，他珍惜每一件事情，都立争做好，让他父亲满意。

第四，戒急用忍。胤禛这个人脾气暴躁，喜怒无常，康熙帝曾为此多次批评他，胤禛就想法来陶冶自己的性格，约束自己的这个脾气。所以他把他父亲教导他的话作为自己的座右铭，约束自己。

古代先贤老子曾说："不争，则天下莫能与之争！"胤禛奉行的便是这一道理，他对父皇讲诚孝，对兄弟讲友爱，对工作讲勤慎，对自己要戒急用忍，对于皇位皇权，他却表现得没有一点贪欲，但实际他的意图是不声不响、一步一步地夺取皇位。

到了康熙晚年，皇储之位未定，康熙当然知道不立储的危害，万一哪天自己突然倒下的话，国不可一日无君，到时闹腾起来可不是小事情。所以康熙虽然不动声色，实际却是为之煞费苦心，但还没等他作出决定，康熙六十一年（1722年）十一月十三日晚，一代英主康熙大帝终于走完了他六十九年的岁月里程，在畅春园溘然长逝，他死得很突然，数日后雍亲王胤禛上位做了皇帝，就是雍正皇帝。那么既然康熙死

前未立皇储，雍亲王为什么就能继承皇位呢？这便是历史上有名的雍正继位疑案。

那么康熙帝是怎么死的呢？解决了这个问题，便知道了雍正继位是否是康熙的意思。大多数史学家认为康熙帝是病死的，因为他的晚年一直为病痛所折磨，但倔强的他从不肯认输。《清圣祖实录》上说，康熙六十一年（1722年）十月二十一日，康熙一行人前往南苑行猎。因为身体不舒服，康熙于十一月初七回到了畅春园。《永宪录》则记载说，康熙在十一月初七从南苑回到畅春园，次日有病，康熙还传旨说："偶感风寒。本日即透汗。自初十至十五日静养斋戒，一应奏章，不必启奏。"

由此看来，康熙是在十一月初七回到畅春园的。但初七到十三日，还不到一周的时间，康熙便突然驾崩了，那么康熙究竟得的什么病，又是怎么得的呢？

首先从发病的时间来看，康熙应该是在行猎途中染病的。考虑到当时北方的十月底已经是初冬，正好是季节变换、容易突发感冒（这里假定是感冒）的时候，估计康熙帝当时也是在风里行走受了凉，在行猎过程中就已经感到不舒服，这才会从南苑急忙赶回畅春园。这和康熙自己说的"偶感风寒"，可以对应得上。

等回到畅春园后，康熙帝病情开始加重，他在谕旨中说"本日即透汗"，这说明他当时的感冒已经比较严重了，似有头疼发烧出汗的症状。由于康熙晚年的身体并不好，但又喜欢强撑，所以他的真实病况可能比他描述的要严重，弄不好还有其他的并发症，只不过康熙自己不知道或者不想说而已。

另外，从"本日即透汗"的"即"字看来，康熙自己对这次生病不甚重视。不过，康熙似乎又意识到这次发病来势汹汹，所以又说："自初十至十五日静养斋戒，一应奏章，不必启奏"。从这话看来，说明当时康熙的身体已经很虚弱，所以他才会决定休息几天，不看奏折。

在随后的几天里，康熙虽然不看奏折，但还有些事情要交代处理。比如在初九那天，康熙因为自己已经卧病不起，他便让四阿哥胤禛代他

畅春园景色

前往南郊天坛进行冬至的祭天大礼。祭祀的日子是十一月十五日，康熙很看重祭天大礼这件事情，这次实在是因为自己起不来了，所以才让胤禛代替自己。之所以让胤禛去，也许是因为胤禛在这方面有经验（他上一年还曾去过盛京祭奠祖陵），也许是因为康熙重视胤禛，觉得他代替自己去行礼最合适。为此，康熙还特意叮嘱胤禛先去斋所斋戒，以表示对上天的诚意。

　　估计胤禛当时也看出老父亲这次和以往大不一样，所以他去斋所后，从初十到十二，他每天都派太监和护卫去畅春园问安，估计也是担心康熙在中间会出什么意外。但是，康熙对每次问安的答复都是"朕体稍愈"，用白话来说就是："我今天好点了。"

　　以康熙的性格，这句话恐怕未必是这个含义。一个凡事爱逞强的人，如果不到情况危急的时候，绝对不会说自己病情恶化，因此，"朕体稍愈"这句话，或许应该理解成康熙的病情并没有好转，只不过没有恶化而已。

　　果然，到了十三日的凌晨，康熙的病情急转直下，他感觉到自己这次的确是不行了，所以他在十三日丑时（大约凌晨1点到3点的样子），命人急召当时在斋所的胤禛前来畅春园（提前让胤禛前来，一来可能是胤禛在城外，路途稍远，但也有很大可能是因为要传储位于胤禛的缘故）。

在胤禛还没有到来之前，康熙又在寅时（凌晨3点到5点的样子）将在京城里的阿哥们全部召来，还有大臣隆科多，那些阿哥们到齐之后，康熙交代了一些事，交代完后康熙就让他们回去了。四阿哥胤禛大概是在巳时（上午9点到11点的样子）赶到畅春园，到后便急入寝宫问安，康熙跟胤禛说了什么，不得而知，但就在十三日的白天，胤禛总共进去过三次。当晚戌时（晚上7点到9点）的时候，康熙便告驾崩。

关于康熙死亡的具体时间，《清圣祖实录》、《永宪录》还有《皇清通志纲要》里的记载都是"十三日戌时"，雍正本人钦定的《大义觉迷录》也是如此陈述，时间节点应该没什么问题，十三日康熙病情急剧恶化也是事实。争议最多的，恐怕还是胤禛在十三日白天曾进康熙的寝宫请安，其间到底做了什么、说了什么，因为没有记载，这在后面也导致了很多的传闻。

不管怎么说，反正康熙已经撒手人寰，走完了他最后一段路程。至于后面发生什么事情，已经不是他所能掌控的了。回顾康熙的不平凡一生，八岁登基，九岁丧母，在祖母孝庄太后的扶持下，才稳固了皇位，打败了鳌拜，平定了三藩，统一了台湾，廓清了漠北，国泰民安，种种功绩，足以青史留名，彪炳千古。康熙一生治国勤勉，完全称得上是数百年难得一见的一代英主。

胤禛（后称雍正）即位后，大臣们给康熙上谥号曰"合天弘运文武睿哲恭俭宽裕孝敬诚信功德大成仁皇帝"，拟庙号为"圣祖"。雍正为表孝心，刺破自己的中指，用血圈出"圣祖"二字。由此，康熙大帝即成清圣祖。

雍正继位争论多，合法与否待评说

对于围绕雍正继位的种种争论，著名的清史学家阎崇年一一做了分析。他指出，在前面提到的四个猜测中，雍正杀父一说是难以成立的。经过众多学者对于历史资料的研究表明，康熙帝深通医道，对医学和药学很有研究。康熙帝曾经明确说过，人参对北方人不是很相宜，所以他平常也很少吃人参。胤禛向他父亲敬一碗人参汤，本来他父亲不喜欢吃人参，他怎么能用人参汤来表示孝心？另外，清朝时无论是谁，要向皇帝敬一碗人参汤，也不是那么容易就敬得上的，康熙服用前还有人试药，所以胤禛用有毒的人参汤把他父亲毒死，这种说法不太靠谱。

再就是谕旨继位说，也就是遵照康熙遗诏，其中说雍正继位，这就是合法继位。主张这一学说的第一个理由就是，雍亲王胤禛在皇位党争中选择中立，表现比较好，深得康熙帝的信赖。

康熙帝病重的时候，曾派胤禛代他到天坛祭天。国之大事在祀与戎，祀就是祭祀。康熙把这么大的事情派雍正亲自代他去祭天，意即将来可能让他继位。第二个理由，就是康熙临死这一天，康熙六十一年十一月十三日早上寅时，大约四点钟左右，康熙把他七个儿子和尚书隆科多召到畅春园御榻前面，康熙向他们交代了后事，其中有一条应该就是让雍亲王胤禛继位。

天坛——古代皇帝祭天的地方

　　根据这几点理由，所以有人雍正是根据康熙的遗诏继位是合法的，但也有人不同意这种说法。因为康熙帝宣读这口谕的时候，雍亲王胤禛没在场，因为他在天坛斋戒所祭天，但是也是在这一天，胤禛又三次奉召到畅春园去见他父亲，上午八点钟左右，第一次见到他父亲。《清圣祖实录》有记载，康熙对胤禛说，"朕病势日臻"，就是说我的病的情况逐渐见好，那这说明康熙这时候还不糊涂，还能说话，但是为什么没有告诉胤禛让他来继位呢？有人说康熙帝是为了保密，但他跟七个儿子和尚书隆科多说了，怎么会跟继承人保密？所以有些学者认为康熙的这个谕旨是雍正即位后伪造的。

　　还有一说是遗诏继位说，此说认为康熙帝死前留了一个遗诏，遗诏很长，最后关键的话和刚才说的一样。这份康熙遗诏是在康熙五十四年的时候写的，这个诏书很长，最后说"此谕已备十年，若有遗诏，无非此言"，末尾加了一句话，就是我们刚才说那句话："皇四子胤禛，人品贵重，深肖朕躬，必能克承大统，着继朕登极，即皇帝位。"

　　这个康熙遗诏应该是康熙死之前就写好了，可是康熙死的时候没有宣布，死后三日才拿出来，那这中间雍正是不是做了手脚？没人知道，但有学者认为康熙的这个遗诏漏洞百出，怀疑前头那些文字是康熙的，后头的这句话是雍正加上去的。若是这样的话，那么雍正继位又属于改诏篡位了。

此说之外还有一种改诏篡位说，此说认为康熙晚年的遗诏就是传位十四皇子，雍正把"十"字改成"于"字了，这等于篡了他弟弟的位。对于此说，阎崇年曾笑言这个故事虽好，却经不住推敲。第一，当时这个"于"字是繁体，与我们今天写简体字笔画完全不同，于是要将"十"字改成"于"操作起来就不太容易了；第二，清朝当时的行文的习惯，它称作皇十四子、皇四子，前头有个皇字，如果改的话，那就变成"传位于皇于四子"，这样就说不通了；第三，当时传位的诏书是满文和汉文两种语言，即使汉文可以修改，但满文是由字母拼成，无从修改。基于以上三点理由，说康熙传位十四子，被胤禛改为传位于四子之说是不成立的。

此外雍正继位还有很多疑点，如雍正说他知道自己继承皇位不是因为他看到诏书，也不是因为他亲耳听到他父亲的口谕，而是舅舅隆科多口传给他的。在帝制时代，谁继承皇位是第一等大事，这么大的事情，隆科多没有当着诸大臣的面，也没有当着诸皇子的面，宣布康熙的遗诏，单独跟雍正一个人说，没有旁证，不好证明。但此说倒是照应了前面提到的康熙说传位遗言时胤禛不在场的情况。

又如，康熙帝死了之后，北京城九门戒严，亲王和皇子没有雍亲王胤禛的谕旨，任何人不许进入皇宫，就是康熙的儿子到皇宫里吊唁自己父亲的资格都受到了限制，雍正这样做，也说明或许有非正常情况发生。

还有就是皇十四子、抚远大将军胤禵在西北征战时得到他父亲故去消息之后，急忙到北京奔丧，快到北京的时候，就向已登基的胤禛奏报，说我应该先贺新君登极，还是先吊唁皇父？但新登基的雍正帝却不让他进城，让他到河北遵化景陵去守着，后来又把他从景陵弄到景山的寿皇殿囚禁起来。这不禁让人们怀疑，胤禵要正大光明地继承皇位，用

不着这样子，他父亲有正式遗诏，哪个兄弟可抗拒？

再就是雍正葬地之疑，雍正死了之后没有埋在清东陵，而是埋在西陵。为什么雍正帝不敢埋在清东陵呢？有人说就是他怕死了之后，他的灵魂不敢见他的祖父顺治和他的父亲康熙。

另外，雍正继位后曾于雍正七年发表《大义觉迷录》用于辟谣，书中说自己如何成为皇帝。当时民间已有流传，说雍正得位不正，不过那也只是民间的一些谣传，人们茶余饭后的闲谈，本无真凭实据。然而雍正此举无疑于此地无银三百两，越描越黑，后来直到乾隆时期，乾隆才下令销毁民间流传的这本书。

但也有不少清史学家称雍正合法继位，因为如果没有实在的证据证明其他皇子为康熙所属意，雍正的即位是有理由的。

雍正打击诸兄弟，治国安邦功绩伟

胤禛虽然即了帝位，但以皇八子胤禩为首的当年争夺储位的劲敌并不甘心自己的失败，他们散布流言，制造事端，以发泄愤懑之情，动摇刚刚易主的皇权。雍正帝着手巩固皇位：他严厉打击朋党、政敌。雍正有兄弟多人，雍正重用康熙十三子胤祥，对其余部分兄弟予以坚决打击。雍正二年七月，雍正帝印制《朋党论》，发给诸王和要员。文中强调臣子要与君王同好恶，指出朋党的危害。雍正作罢舆论后就立即处置他们：康熙皇八子胤禩先是被安抚封为亲王，后被削宗籍和圈禁，并被改名为"阿其那"，意为待宰的鱼。康熙的皇九子胤禟发往西宁，后被削宗籍和圈禁，并被改名为"塞思黑"，意为讨厌的人。皇十子胤䄉被圈禁，康熙的皇十四子胤禵先是派去守陵，再后来受圈禁。康熙皇十二子胤祹被降爵，之后康熙的皇三子胤祉也被革爵圈禁。

排除兄弟方面的威胁后，雍正帝又对倚功自傲且倚亲自矜、结党营私、企图争夺九鼎的年羹尧、隆科多开刀。年羹尧历任川、陕巡抚、总督，有平定罗卜藏丹津叛乱的功劳。但他骄纵揽权，用人自专，企图夺权。雍正三年（1725年），雍正调他任杭州将军，十二月就以92大罪令其自尽。隆科多是皇亲贵戚：其姑是康熙的生母孝康章皇后，其姊是雍正养母孝懿皇后。康熙在世时用为一等侍卫，临终时被任为唯一的传诏大臣。雍正登基后，隆科多被任命为总理事务大臣、吏部尚书。他恃亲自矜，招权纳贿，笼络党羽。隆科多于雍正五年以41大罪被雍正圈禁，六年死于禁所。

雍正帝在打击异己的同时，也在祖先基础上继续加强皇权，他从两方面入手：

第一、强化密折制度，扩大密折的范围和内容。密折起于康熙二十年。密折有助于皇帝更好地了解下情，掌握动态，有针对性地制定措施，有效地实施统治。为充分发挥密折作用，雍正帝把递密折的范围扩大到布政使、按察使、学政等，内容则扩大到生计、风俗等方面。

第二、设军机处。军机处的设立是清代中枢机构的重大变革，标志着清代君主集权发展到了顶点。雍正七年，因用兵西北，以内阁在太和门外，恐漏泻机密，始于隆宗门内设置军机房，选内阁中谨密者入值缮写，以为处理紧急军务之用，辅佐皇帝处理政务。雍正十年，改称"办理军机处"，简称"军机处"。军机处的大臣由皇帝挑选，由内阁大臣兼任，他们直接听命于皇帝，跪受笔录，他们的活动都是在皇帝的监督下进行的，旨意完全是按皇帝的话记录的。可见，军机处本为办理军机事务而设，但因它便于发挥君主专制独裁，所以一旦出现之后，便被皇帝抓住不放，不但常设不废，而且其职权愈来愈扩大。

与康熙帝一样，雍正帝非常勤于政事。后人收集他13年中朱批过

的折子就有 360 卷。雍正在位期间，勤于政事，"以勤先天下"、"朝乾夕惕"。雍正初年，年羹尧和隆科多被重用。年羹尧先后被任命为川陕总督、抚远大将军，赴青海征讨厄鲁特罗卜藏丹津叛乱，成功后封为一等公，成为实际的西北王。隆科多为吏部尚书、步军统领、兼理藩院，赐太子太保衔，被雍正尊称为"舅舅"。两人都显赫异常，但未过几年，即被雍正整肃。年羹尧被令自裁，隆科多被禁死，同时雍正兴起文字狱打击两人势力（汪景祺案和钱名世案）。

雍正一朝宠信四位臣工：李卫（江苏人）、田文镜（福建人）、张廷玉（安徽人）、鄂尔泰；其中李卫和张廷玉为汉人，田文镜为汉军旗人，足见雍正确实了解并重用汉人。

鉴于康熙帝在预立太子问题上的失败，雍正帝于元年八月宣布密建储位法——将他的继承人的名字写好，雍正御笔《夏日泛舟诗》轴放匣中，置于乾清宫"正大光明"匾后，驾崩后从匣中取出宣读。又以密旨藏于内府，以备核对。这个方法，避免了皇子争权而引起的激烈斗争。后世几代都效法他。改善秘密选储制度，即皇帝在位时不公开宣布继承人，而将写有继承人名单的一式两份诏书分别置于乾清宫"正大光明"匾额后和皇帝身边，待皇帝去世后，宣诏大臣共同拆启传位诏书，确立新君。这样使皇位继承办法制度化，也在很大一定程度上避免了康熙帝晚年诸皇子互相倾轧的局面。

雍正帝重视吏治，他赏识执法严、作风雷厉风行、有开拓气魄的官员。如田文镜、李卫在河南、浙江清查钱粮做得好，被誉为"模范督抚"，康熙末年财政亏空严重，雍正即位后雷厉风行地进行了一场钱粮大清查。他组织了一个得力的领导班子，由康熙十三子怡亲王胤祥总理事务，皇舅隆科多、大学士白潢、尚书朱轼会同办理。清查亏空首先在中央进行，地方上的清查也普遍进行，清查不力的官员，则予以调查处理。

军事方面，雍正帝继续执行满洲的扩张政策。康熙帝三征噶尔丹，噶尔丹之侄策妄阿拉布坦于雍正元年支持青海和硕特部首领罗卜藏丹津纠集 20 万人进攻西宁反清，雍正命年羹尧、岳钟琪率兵讨伐，大胜，加强了清政府对该地的管理。

雍正五年派遣策凌为首席代表与俄国签订《布连斯奇条约》，第二年又签订了《恰克图条约》，划定了清俄中段边界，稳定了清俄边界局势，促进了清俄边界地区的经济发展和贸易。

经济方面，雍正年间实行了"摊丁入亩"、"耗羡归公"、"官绅一体当差纳粮"和鼓励开荒等政策。

但是，雍正帝过分重农抑商，又实行海禁和禁止贸易，对国家发展是极为不利的，当时西方国家正进行着工业化的开端，雍正却反其道而行之，实在是大大的倒退。

雍正帝实施的政策大部分都是很好的，但由于他急于求成，手段过严，也出了不少劳而无功、甚至倒退的事情，如河南垦荒、四川清丈、陕西挖井、直隶营田，本意为利民，却劳而无功，反成民间之累。

雍正帝的性情偏急，喜怒无常，手段过于严酷，造成了许多冤假错案。他死后，乾隆继位，一反雍正苛严之治，实行"宽严相济"的方针，昭雪死者，释放囚犯，缓和了矛盾。故后人评："纯皇帝（乾隆）即位，承宪皇帝（雍正）严肃之治，皆以宽大为政，万民欢悦，颂声如雷。"

对于雍正帝历史功绩的评价，应该还是褒扬居多。雍正帝非常勤于政事，平日除却睡觉，其余大部分时间都在批阅奏折，睡眠时间不到四个小时。

美国历史学者史景迁认为：雍正的父亲康熙帝为政宽松，执政末期受储立之争所扰且出现典型长寿帝王的统治能力退化现象，雍正即位之初的满清实已浮现官僚组织膨大腐

雍正皇帝小像

清宫四案之谜

【第三部分】雍正皇帝死亡之谜

败、农民生活水准恶化的危机；由于雍正即位时正处于政治历练、精神与人格上的成熟阶段（45 岁），因此得以精准地分析问题并以铁腕魄力作出应对；他的改革同时包含力行整顿与和现实的妥协（如火耗归公与养廉银），满清得以建立起一套继续运行百年以上仍大致有效的统治体制，而未沦为"立国百年而亡"的异族王朝，此当归功于雍正一朝的改革。

雍正暴毙，死因不明

雍正执政时期，为清朝政权的巩固与改革作出了巨大贡献。公元 1735 年 10 月 8 日，雍正十三年八月二十三日夜里，清廷皇家行宫——圆明园离宫中传出哀音，即位十三年、时年 58 岁的雍正帝胤禛夜里暴死，他的时代走到了尽头，数日后爱新觉罗·弘历即位，年号乾隆，乾隆帝的时代开始了。

雍正死亡的准确时间为雍正十三年（1735 年）阴历八月二十三日凌晨，从官方资料上看，从雍正告病至死亡仅有三天，而且是从抱病理政而至突然死亡。以最原始的历史记录——《起居注册》来看，大致情形是这样：

八月二十一日，雍正帝发病，但属小病，仍能坚持听政办事，二十二日，病情加剧，召皇子和亲王弘昼、宝亲王弘历随侍。当晚戌时（7 至 9 时）病情告急，召诸王、内大臣及大学士等至寝宫，安排后事，宣布遗诏。二十三日子时（11—1 时），雍正死亡。

雍正帝二十一日尚能照常办事，刚到二十三日便驾崩，可以说他这一天并无什么病症，所谓"上不豫"，或许是官方为了给人一种错觉而故意写的。而二十二日，连续召诸皇子、诸王及亲信大臣，显然是突然病重。这一段时间，实际上是从二十二日晚至二十三日凌晨之间，这样，从发病到死亡基本上都在二十二日这一天之中，其发病至驾崩时间如此之短，可以肯定，雍正是暴死无疑。

官方记载能看出如此疑点，则野史传言更是无风不起浪了。然而还不仅仅如此，其他资料中也不时透露出某些疑点，如当时著名文人袁枚为雍正临终之顾命大臣鄂尔泰写的行状，更令人生疑。根据袁枚记录，八月二十三日，雍正临终，顾命大臣仅有鄂尔泰一人，鄂尔泰为雍正最倚信的大臣之一，常常奉令夜宿禁中，随时听令。雍正皇帝突然病危时，只有他一人在身边。随后，他携带雍正遗诏从圆明园奔赴内廷，深夜中仓促间找不到马，骑上一头运煤的骡子奔回，拥弘历即位。又留于宫中帮助新皇帝处理政务，七天以后才出宫。人们惊异地发现，鄂尔泰裤子上一片血迹，细看方知是当时骑骡子受的伤，而他当时竟不知道。

鄂尔泰，清满洲镶蓝旗人，西林觉罗氏，字毅庵。1677年生，六岁入学，攻读四书五经，八岁开始作文，练习书法，十六岁应童子试，次年中秀才，十九岁补廪膳生，二十岁中举，即进入仕途。二十一岁袭佐领世职，充任侍卫。此后官场蹭蹬，到康熙五十五年（1716年）三十七岁时，才出任内务府员外郎，此后仕途不顺，一度非常懊恼，在雍正帝继位之时，他的转机来到了。

雍正元年（1723年）正月，他被任命为云南乡试副主考，五月，被越级提升为江苏布政使，成为地方大员。雍正三年又晋升为广西巡抚。在赴任途中，雍正帝觉得他仍可大用，改封为云南巡抚，管理云贵总督事，而名义上的云贵总督杨名时却只管理云南巡抚事。所以，鄂尔泰在西南开始官职虽为巡抚，但实际上行使着总督的职权。雍正四年十月，鄂尔泰获得总督实职，加兵部尚书衔，六年改任云贵广西三省总督，次年得少保加衔。雍正十年被召至京，任保和殿大学士，居内阁

首辅地位，后又以改土归流之功晋封伯爵。同年，因清政府在西北两路用兵，他出任三边经略，赴陕甘前线督师，数月后回京复命。雍正十三年，贵州改土归流地区土民叛乱，雍正帝以其对此经理不善，削伯爵，但对他仍信任如前。雍正帝死后，鄂尔泰出任总理事务大臣。乾隆元年被钦点为会试大总裁，除大学士职务以外，他又兼任军机大臣、领侍卫内大臣、议政大臣、经筵讲官，管翰林院掌院事，加衔太傅，任国史馆、三礼馆、玉牒馆总裁，赐号襄勤伯，乾隆十年（1745年）病逝，享年66岁。死时乾隆帝亲临丧所致祭，谥文端，配享太庙，入祀京师贤良祠。

鄂尔泰是一位政治家，也是雍正的知心大臣，常与雍正谈论用人之道，强调去庸重才，宁用有才而不肖，不用贤而无才之人，可谓深得雍正信任，所以雍正帝常将让他留守宫中，以便随时商量政事。

袁枚与鄂尔泰相交，应该是在乾隆年间的事，袁枚字子才，号简斋，晚年自号仓山居士、随园主人、随园老人，钱塘（今浙江杭州）人，清代著名诗人、文学评论家；乾隆四年进士，历任溧水、江宁等县知县，有政绩，后曾为翰林院庶吉士，四十岁即告归。他在江宁小仓山下筑随园，吟咏其中，终成乾嘉时期代表诗人之一，与赵翼、蒋士铨合称"乾隆三大家"。在这里他广收诗弟子，女弟子尤众。

鄂尔泰像

作为当时的文学名人，又与当朝重臣相交，袁枚所写的雍正死亡之事又涉及当时宫廷隐讳，应该不是传闻，但他所记与官方文献有很大不同。以他的记录，雍正暴卒时连召见诸子及群臣都来不及，只有住在园中的鄂尔泰一人聆听临终之语。雍正朝实行秘密建储制度，早已秘密选定了继承人，如无特殊情况，鄂尔泰根本用不着亲自骑骡狂奔回宫，只须令侍卫拥立皇子接受遗诏即可，而他却慌忙还宫，大腿受伤出血都不知道，可以想见其中必有隐情。而且，他的记录表明当时皇子并不在园中，这与官方记载又有差异。乾隆登基后，借雍正遗诏的名义令鄂尔泰将来配享太庙，给予最高荣誉，从此种情形来看，袁枚的说法又似有一定真实性。

此外，即使是极受雍正信任的张廷玉所记也不无可疑之处。张廷玉在自撰《年谱》中写道：八月二十日，圣躬违和（指雍正小疾），但听政办事如常，廷玉每天进见，未有间断。二十二日，漏将二鼓，张廷玉刚睡下，忽然宣诏甚急，疾起穿衣直奔圆明园，到达后由太监引至寝宫方知皇上病危，张廷玉不由"惊骇欲绝"，不久后诸王及亲信大臣先后到达，一齐入寝宫请安，然后退出等候，之后御医进药无效，二十三日子时，雍正皇帝驾崩。

以张廷玉的说法，之前他是天天见到皇帝，二十二日白天还见到了雍正皇帝，说他并无大病，这与官方记载说二十二日召皇子侍疾一说又有较大差别。以他的说法，雍正是在二十二日夜间发病，几个时辰后便宣告死亡。张廷玉一入圆明园就惊骇欲绝，除了惊讶雍正病情变化之快以外，是否还另有隐情呢？今人不得而知。

还有更奇怪的，就是乾隆帝弘历在距雍正之死仅仅两天的时候，在有许多紧急事务要办的情况下，却发布了一道奇怪的上谕：他命令宫廷太监们，国家大事不许妄行外传，外间消息也不准传入内廷，犯者正法。这时乾隆的正式登基仪式尚未举行，到底是什么事不许外传呢？什么消息不许传入宫内呢？此事又让人猜疑不断。

雍正大兴文字狱，吕氏后人报仇怨

雍正帝暴死之因，官书记载语焉不详，包括他最信任的大臣都说不清原因，于是关于雍正之死的各种传说开始广泛流传。但各种说法不一，比较有影响的主要有三种推测：一是为剑客侠士所杀，多认为是吕四娘所杀；二是他死于疾病；三是认为雍正死于丹药中毒。

先说其被刺杀而死的传说，这是关于雍正之死的各种传说中流传最广、影响最大的，刺客多认为是吕四娘，事情的起因首先要从雍正朝的一起文字狱案件说起，这起文字狱就是"吕留良案"。

雍正六年（1728 年）时，胤禛对威胁皇位的诸兄弟进行了严厉惩处，在朝政方面，则对政治、经济各方面进行了大刀阔斧的整顿。雍正帝每天勤勤恳恳地处理日常政务，同时也享受着权力给他带来的各种快乐，他可以说是心满意足，对自己地位的稳固也充满信心。然而，也就是在这一年，发生了一件令雍正十分恼怒的事。

位于江南地区的湖南省有个叫曾静的读书人，此人反对清朝统治，就让他的学生张熙给当时的川陕总督、清军名将岳钟琪送了一封信，信中充满了反清的民族主义思想，曾静在信中还说岳钟琪是著名民族英雄岳飞的后裔，而清朝则是"金人"的后代，劝岳钟琪起兵反清，恢复汉族王朝。信中还列举了雍正皇帝的种种"罪行"，说雍正"弑父篡位"、"杀兄屠弟"。结果，已专心事清的岳钟琪向雍正告发了曾静、张熙。

雍正知道后大怒，下令将二人逮捕至京，追查幕后主使及消息来源。据曾静交代，他的反清思想是读了吕留良的著作后产生的，"弑父篡位"等消息是从雍正的八弟胤禩、九弟胤禟的手下人那里听来的。这个口供使雍正感到事情很严重，如不认真对待，将会对自己的统治不利。于是他把打击的矛头指向吕留良的子孙、门徒以及胤禩等人的余党。

吕留良是明末清初杰出的学者、思想家、诗人和时文评论家、出版家。又名光轮，一作光纶，字庄生，一字用晦，号晚村，别号耻翁、南阳布衣、吕医山人等，暮年为僧，名耐可，字不昧，号何求老人。浙江崇德县（今浙江省桐乡市崇福镇）人。生于 1629 年，卒于 1683 年，出身封建仕宦家庭，祖上在明朝世代为官。其父吕元学曾任繁昌知县，主要功绩是将繁昌县的三台山修筑完成，后因病辞官，回归故里，为人乐善好施。吕留良幼时即"颖悟绝人，读书三遍辄不忘"，八岁能文，十岁时，三兄愿良建澄社于崇德，东南士子千余人，往来聚会，征选诗文，评议朝政，留良深受影响。崇祯十四年（1641 年），孙子度建征书社于崇福禅院。时留良十三岁，以诗文入社，大得子度赞赏，并被视为畏友。吕留良博学多艺，有二十四绝技，"凡天文、谶纬、乐律、兵法、星卜、算术、灵兰、青乌、丹经、梵志之书，无不洞晓。工书法，逼颜尚书、米海岳，晚更结密变化。少时能弯五石弧，射辄命中。余至握槊投壶、弹琴拨阮、摹印研砚，技艺之事皆精绝。然别有神会，人卒不见其功苦习学也。"

明亡后，三兄吕愿良随史可法镇守扬州，吕留良与侄儿吕宣忠（长留良四岁）于顺治二年（1645 年）散家财招募义勇，与入浙清军抗争。宣忠曾署总兵都督佥事，当时，在其友人董时雨的操持之下，四处联络，苦心经营。监国鲁王加封宣忠为扶义将军，给与敕印，令其还至太湖，率部抗清。后大战清兵于澜溪（太湖下游，乌镇附近），兵败。宣忠遣散所部，入山为僧，后因探父病回家被捕遇害，就义之日留良曾为其送行。国仇家恨使留良痛心疾首，乃至"幼素有咯血疾，方亮工

（吕宣忠）之亡，一呕数升，几绝。"后来他把这一时期的诗作结集称为《万感集》。由于在抗清战斗中左股中箭，吕留良留下终身创伤。

清顺治十年，吕留良改名光轮，应试得诸生，但一直与坚持抗清的张煌言等保持联系。后来雍正因此在《大义觉迷录》中指责他"于顺治年间应试，得为诸生，嗣经岁科屡试，以其浮薄之才，每居高等，盗窃虚名，夸荣乡里……按其岁月，吕留良身为本朝诸生十余年之久矣，乃始幡然易虑，忽号为明之遗民。千古悖逆反复之人……"对于这段应考经历，吕留良在其后的诗文中多次表示了深深的反悔与自责，他一直以"失脚"来比喻这次出试："谁教失脚下渔矶，心迹年年处处违。雅集图中衣帽改，党人碑里姓名非。苟全始信谈何易，饿死今知事最微。醒便行吟埋亦可，无惭尺布裹头归。"

顺治十一年，陆文霖约请吕留良一起评选八股文时，吕留良欣然应允。于是，他们两人在吴门集市租了一间房子，从事评点工作。因为他们评选的是从清朝入主中原后顺治三年开始八股取士到顺治十一年共五科的文章，故名《五科程墨》。留良借评选时文以宣扬"华夷之分大于君臣之伦"，其民族气节对士人学子影响极大。

顺治十六年以后，吕留良结识浙东余姚著名学者黄宗羲、黄宗炎兄弟，又和高斗魁、吴之振、吴自牧、高旦中等相聚于园内水生草堂，诗文唱和，又与之振、自牧共选编《宋诗钞》九十四卷，留良为所选八十余位宋代诗人撰写小传。

康熙五年（1665年），浙江学使至嘉兴考核生员，留良拒不应试，被革除诸生。此举震惊社会，而留良怡然自得。从此归隐崇德城郊南阳村东庄（在今桐乡县留良乡），自开天盖楼刻局，继续选刻时文出售，并提囊行医，以自隐晦。其时诗朋文友大半散去，独与张履祥、何商隐、张佩葱，专攻程朱理学，创立南阳讲学堂，设馆授徒，身益隐而名益高。康熙八年（1668年）迎理学大儒张履祥至东庄讲学，"共力发明洛闽之学"。另一方面他又编辑刻印程朱遗书，"以嘉惠学者"。此时他继续从事时文评选工作。他开"天盖楼"刻局，自选自刻，自己经营发行，一时之间"天盖楼"选本风行全国。吕留良通过评选八股文，宣传他严"夷夏之防"和恢复"井田"、"封建"制的政治主张。这也就是《行略》中所说的"其议论无所发泄，一寄之于时文评语，大声疾呼，不顾世所讳忌。"此时吕留良曾频频出游，写了相当数量的记游诗。他约友人同游南北湖，即景赋诗，许多诗篇都富有强烈的反清意识。这三十多首纪游诗，成集时题为《真腊凝寒集》。另外吕留良还结交了黄虞稷、周在浚等一批新友，写了许多唱和诗，全都收在《零星稿》中。

吕留良像

　　吕留良晚年，正值清政府对文人进行软硬并施、加强专制统治的时期。康熙十七年，清廷开博学鸿词科，企图笼络当时的一批名士。浙江当事首荐吕留良，留良固辞乃始得免，而与他同时代的汉人汤斌则欣然应试，由于缺乏竞争，后得中高官。康熙十九年，清廷为了进一步拉拢和软化明遗民，征聘天下山林隐逸，嘉兴郡守复荐留良。吕留良在被逼无奈之下，只好削发为僧，取法名耐可，字不昧，号何求老人，去吴兴埭溪之妙山，筑风雨庵，隐居讲学，门人弟子亦甚众。康熙二十一年秋，吕留良与门人、子侄三游南北湖，按出游日程写了一组纪游诗，编成诗集名为《东将诗》。这时大清江山日益稳固，吕留良时刻惦记的抗清复明基本上已成泡影，这愈发增加了他的愤世嫉俗之感。

　　吕留良早衰，年四十余须发灰白、齿落过半，且幼有咯血疾，遇有怫郁即发。康熙二十二年（1683年），留良重游杭州，所写诗篇收入

《欸气集》中。是年八月，因病与世长辞，终年五十五岁。

吕留良去世后，其弟子及曾静等人崇奉留良其说，为其广播。曾静策动川陕总督岳锺琪反叛后，被告发下狱，此时吕留良已死去四十多年了，但他的学生很多，门生故旧也不少，子孙也尚在，而且他的著作也很有影响。吕留良著作中反清思想强烈，并用传统的"华夷之辨"来论证满族统治的不合理，认为满族是夷狄，非我族类，因而搞清华夷区别比君臣之义更为重要。雍正觉得这种思想的传播对清廷的统治极为不利，他多次发布上谕，对这种思想进行训斥，同时也对自己"篡位"的种种说法进行"辟谣"，后来又将这些上谕合刊印制成书，称为《大义觉迷录》，其中有训骂吕留良之言说："夫普天之下，莫非王土；率土之滨，莫非王臣。吕留良于我朝食德服畴，以有其身家，育其子孙者数十年，乃不知大一统之义！"

在此案审理过程中，吕留良被雍正皇帝钦定为"大逆"罪名，惨遭开棺戮尸、枭示之刑，其子孙、亲戚、弟子广受株连，无一幸免，铸成清代震惊全国的文字冤狱。吕氏的民族节慨与反清复明思想，多见于其著作《吕晚村先生文集》、《东庄吟稿》等，其所著诗词文章多有"谤议及于皇考"言论。这一时期，可以看出持异端的知识分子还是有一定生存"自由度"的。雍正七年（1729 年）的"曾静案"，使吕留良获罪的原因主要是他的著作、日记和书信。他在日记中多有"谤议及于皇考"的言论，被定为"思想罪"。辛亥革命后，吕留良被尊为反清志士，始得昭雪翻案，崇德地方官绅民众筹资为其建亭立碑。近有论者以为：清初屡兴文字狱，而通盘由武力镇压转向思想统制，则是从雍正开始。这一"思想统制"的结果，是终于转移了有清一代的士风、大大加强了读书人的奴性。

吕四娘入宫行刺，雍正帝死于非命

对于吕留良一案，雍正十年（1732 年）判决：吕留良及其子葆中已身故，俱戮尸枭示；次子毅中改斩立决，诸孙发遣宁古塔给披甲人为奴。

因吕案受牵连的还有吕留良的学生严鸿逵，他在日记中记载："索伦地方，正月初三日地裂，横一五里，纵三千里，飞起石块，后出火，居三千内居人全迁避"，又有："热河水大发，淹死满人两万余"。朝廷给他定的罪是"拾吕留良之唾余，而尤加幻妄，岂非凶逆性成？万死有余之逆贼呼？"吕案中还有一个受牵连的人是严鸿逵的学生，叫沈在宽。他在一首诗中有"更无地著避秦人"，还有一首诗说："陆沈不必由洪水，谁为神州理旧疆"，不过都是些说有意无意均可的诗词罢了。此外，因为该案受牵连的人还有车鼎丰、车鼎贲、孙用克、周敬与、房明畴、金子尚、张圣范、朱羽彩、朱霞山、朱芷年等。

雍正十二年十二月，经刑部会审，判严鸿逵与吕留良党恶共济，诬编妖言，应凌迟处死，但因为已经死亡，固枭尸示众，他的祖父、父亲、子孙兄弟及伯叔父兄弟之子男十六以上者皆斩立决，男十五以下者及严鸿逵之母女、妻妾、姐妹俱给功臣之家为奴。沈在宽传吕留良、严鸿逵之邪说，猖狂悖乱，尤宜速正典刑，凌迟处死，其嫡属均照律治罪。黄甫奄自称私淑门人，所作诗词荒唐狂悖，判斩立决，妻妾子女给

功臣家为奴，父母兄弟流放两千里。车鼎丰、车鼎贲刊刻逆书，孙用克阴相援结，周敬与甘心附逆，私藏禁书，判斩监候。被惑门徒房明畴、金子奇、革去生员，杖一百，流放三千里；陈祖陶、沈允怀、沈成之、董吕音、李天维、费定员、王立夫、施由、沈斗山、沈惠侯、沈林友、革去教谕、举人、监生、生员，杖一百，判三年徒刑。

雍正十二年，吕留良家族后人 60 余口，长途跋涉，历尽艰难，从江南水乡发遣到北疆的宁古塔。宁古塔为古地名，清代时宁古塔是中国统治东北边疆地区的重镇，是清代宁古塔将军治所和驻地，治所在今黑龙江省，辖区范围大概是图们江以北，乌苏里江以东，东到今日本海，旧属吉林管辖。满语数之六为宁古，个为塔，所以宁古塔的意思是"六个"。相传是清太祖努尔哈赤曾祖父福满所生的六个儿子（努尔哈赤的六个伯叔公）曾居此地，故称其地为宁古塔贝勒，简称宁古塔。清人称其"南瞻长白，北绕龙江，允边城之雄区，壮金汤之帝里。"

宁古塔有新旧两城，相距 25 千米。旧城位于哈尔滨左岸支流海浪河南岸，今为黑龙江省海林市长汀镇旧古塔村。康熙五年（1666 年）迁建新城于今黑龙江省宁安市城地。其地原为渤海故壤、上京龙泉府故址，距今县城 35 千米（今宁安东京城）。顺治十年（1653 年）设昂邦章京（意为总管）镇守，成为廷清统治东北边疆地区的重镇。每年六月，宁古塔派出官员至黑龙江下游普禄乡，收受库页岛（今萨哈林岛）居民贡貂。17 世纪中叶，俄国哥萨克侵扰黑龙江流域，清朝多次由此地派兵征讨。康熙元年，更昂邦章京为镇守宁古塔等处将军。十五年，将军移驻吉林乌拉（今吉林）城，以副都统镇守此地。1860 年签订的不平等的《中俄北京条约》中规定清政府须将此地大部分割予沙俄，今归俄罗斯滨海边疆区所管。俄罗斯远东的重要太平洋港口海参崴及纳霍德卡均处古代宁古塔辖区。

从顺治年间开始，宁古塔成了清廷流放人员的接收地，这些流放人员有郑成功之父郑芝龙，大文豪金圣叹的家属，思想家吕留良的家属，安徽方拱乾、方孝标家族人员，浙江扬越、杨宾父子，著名诗人吴兆骞，佛学家函可，文人张缙彦等等。他们的到来，传播了中原文化，使南北两方人民的文化交流得以沟通。康熙二十年（1681 年）经明珠、徐干学、徐元文等朝廷重臣相救，纳资赎归，前后历经 23 年。张缙彦称，"流徙来者，多吴、越、闽、广、齐、楚、梁、秦、燕、赵之人。"流民的涌入改变了当地以渔猎为生的原始生活方式，他们教当地人种植稷、麦、粟、烟叶，采集人参和蜂蜜，使农业耕作得到发展。

清廷为什么选择宁古塔作为囚犯流放之地呢？因为这里常年冰封，寒苦异常。王家祯《研堂见闻杂录》称"宁古塔，在辽东极北，去京七、八千里。其地重冰积雪，非复（人间）世界，中原人亦无至其地者。"吴兆骞在给其母的信中说："宁古寒苦天下所无，自春初到四月中旬，大风如雷鸣电激咫尺皆迷，五月至七月阴雨接连，八月中旬即下大雪，九月初河水尽冻。雪才到地即成坚冰，一望千里皆茫茫白雪。"方拱乾曾说："人说黄泉路，若到了宁古塔，便有十个黄泉也不怕了！"杨宾在《宁古塔杂诗》上说："石矶围平野，河流抱浅沙。土城惟半壁，茅屋有千家。泣月天边雁，悲风塞上笳。老亲忠信在，不减住中华。"

当时清朝朝廷的大案，案犯往往以它作为句点，因此"宁古塔"三个再平静不过的字成了全国官员和文士心底最不吉祥的符咒。任何人都有可能一夜之间与这里产生终身性的联结，而到了这里，财产、功名、荣誉、学识，乃至整个身家性命都会堕入漆黑的深渊，几乎不大可能再回来。金銮殿离这里很远又很近，因此这三个字常常能把人吓出一身冷汗。据《研堂见闻杂记》写道，当时的宁古塔，几乎不是人间的世界，流放者去了，往往半道上被虎狼恶兽吃掉，甚至被饿昏了的当地人分而食之，能活下来的不多。

吕留良后人到宁古塔后，拨给宁古塔将军都赉部下驻防旗人为奴。按着清代法律，对于"谋反大逆"为奴的人身控制，远比一般奴仆严密。即使已经过了好几代，仍然不许改变身份，不许"出户为民"。吕留良系"大逆重犯"，所以世代被置于"奴籍"的深渊之下，饱受人间的屈辱。

乾隆元年九月甲辰，上谕有曰："着各该将军等查明现在为奴人犯内，有曾为职官及举、贡、生、监出身者，一概免其为奴，即于戍所，另编入该旗、该营，令其出户当差。"

吕氏子孙诸人系反叛的重犯，本不属免放之例。但由于清政府户部官员办理错误，按轻罪有职人员处理，吕留良后人得以免除奴籍开户。原经发遣宁古塔的吕姓共 12 户，男妇大小及家人仆妇等 111 名，俱分编入旗。吕留良孙辈吕懿兼、曾孙吕念先等于乾隆二年得旨随旗当差以后，遂各自谋生。吕懿兼学医，吕念先做医药生意，后开春雨堂药铺，兼经营米盐。吕敷先早年读书，稍长则在永泰号学习生意，后据有其铺，兑换赫哲弗雅哈等处貂狐皮张，又在宁古塔旗人中间放高利贷；后又在东京城开烧锅一座。吕衡先学习面铺生意，兼做官参牙行，换赫哲弗雅哈貂皮，及向领票刨参之人放高利贷。大约是经营得法，吕氏后人也一度小康。据后来吉林将军衙门移咨，查抄吕氏后人家财：吕懿兼房 13 间；吕敷先房 165 间、地 414 垧、烧锅一处；吕衡先房 35 间、地 50 垧、盐两万五千斤；吕念先草房 28 间、银 300 两、药铺一座；其余银两、牲畜、家具亦不少。

吕懿兼曾任宁古塔医官，后因旗人不准，被副都统增海革职，愤懑不平，为从奴籍的重压下彻底解脱出来，于乾隆三十八年四月捐纳监生。吕敷先见吕懿兼已经捐监，亦欲告假上京捐纳监生，该管官以吕敷先属于谪戍之人，不准出境。后来吕敷先由宁古塔私逃到奉天控告该管官，并说出他的堂叔吕懿兼已经捐监，并有户部国子监执照，因此，吕懿兼、吕敷先被拘提严审。清廷终以违例捐监之罪，复将吕氏第三子、第七子、第九子后人重发齐齐哈尔隶水营为兵，其余后人交当地管官严加管束，并永远禁止考试纳捐。

吕氏后人遣戍齐齐哈尔后，各书记载多语焉不详，唯章太炎云："……民国元年，余至齐齐哈尔，释奠于用晦影堂。后裔多以塾师、医药、商贩为业，土人称之曰老吕家。虽为台隶，求师者必于吕氏，诸犯官遣戍者，必履其庭，故土人不敢轻，其后裔亦未尝自屈也。除开原铁岭以外，皆故胡地，无读书识字者，宁古塔知书，由方孝标后裔诸戍者开之。齐齐哈尔知书，由吕用晦后裔谪戍者开之，至于今用夏变夷之功亦著矣。"

该案虽牵连众多，但该案的肇事者曾静却未被严究。因为雍正认为曾静、张熙是误信邪说，认罪态度很好，特予释放，这也是为了体现自己的宽仁（后来二人均为乾隆帝逮杀）。

曾静、吕留良之案是雍正朝一桩著名大案，影响极大。后来，雍正帝暴死，其中有不少使人感到蹊跷的地方，不久，社会上便有了雍正是被吕留良孙女吕四娘刺死的传说。据说，雍正以曾静、张熙之狱，戮及已死多年的吕留良及其一家，而且株连太多，于是汉人义愤大起。当年，诛杀吕氏家族时，吕留良的一个孙女在仆人的帮助下漏网逃生，之后学得一身武艺，有人说她的师父是当时有名的侠客甘凤池，此女后来成为当时有名的女侠，人称吕四娘。她决心为吕家报仇，清廷虽然竭力搜捕，仍然无法抓到他们。也有传说吕四娘的师傅原是一名僧人，为雍正手下一名剑客，后来因看不惯雍正为人，愤而离去，培养了这位女徒。

有小说家这样写道：吕四娘短期内便练成一身绝技，而且剑法惊人，僧人认为她的功夫已到了炉火纯青的地步，可以下山完成夙愿了，于是将一把珍藏多年的宝剑交给她，让她见机行事。

吕四娘束装北上京都，来到北京转了一大圈，皇宫禁卫森严，一时无从下手，便入一古庵住下，等待着行刺的机会。

雍正十三年八月，正是秋风气爽的季节，雍正皇帝入住在圆明园内。吕四娘听说后，她白天呆在古庵中休息，夜阑人静后潜入圆明园中，只见园内树木森森，远处的一所楼馆内灯火辉煌，人影来往如穿梭，不用说皇帝是住在那里了。她悄悄接近那所楼馆，外面有大内高手密密地围守了几圈，根本难以溜进去，她便换上宫女装束，进了雍正皇帝的寝宫，雍正皇帝以为是侍寝之宫女，早已等得心焦，上来欲抱，还说道："美人，快来吧！"

郎世宁绘《雍正圆明园行乐图》局部

吕四娘始见仇人，分外眼红，刷地从腰间拔出宝剑，抵住了雍正的咽喉，低声喝道："我乃吕留良之孙吕四娘，今夜特来取你人头，以祭我全家老小在天之灵！"

雍正皇帝大惊之下，只吓得身子像筛糠一样抖个不停，来不及叫喊，吕四娘的宝剑已刺入了他的喉咙，然后吕四娘又高举起宝剑，一剑砍下了雍正皇帝的头颅，将其裹在布中，夜半时趁守卫犯困，悄悄走脱。

还有一种说法，说吕四娘入宫行刺，尚有一名叫鱼姨的女子协助下手。又有说吕四娘曾混入宫中，以宫女身份侍寝，乘机行刺。这些传说越传越奇，情节也愈来愈曲折，见诸于稗官野史，后来甚至被拍成了电影、电视剧，渲染得有声有色。

刺杀之说，因由何在

1981年时，有考古工作者曾发掘泰陵雍正地宫，后被政府方面叫停，未能打开。但不久社会上即传言雍正棺材已打开，棺内只有尸身而无头颅。这实际上是旧有传说的一种延续，当年传说中就有说雍正头颅为吕四娘取走，清廷只好用金子造了一个假头入棺安葬的说法。

雍正死于吕四娘之手虽为野史传闻，但也有一些学者相信此事。如1937年，许霁英写了一篇《雍正被刺传说》，认为这个传说之所以在社会上流传，"亦非无因"。在雍正帝朱批谕旨中，雍正曾在其亲信大臣李卫折中批道："近闻有吕氏孤儿之说，此事与卿关系非浅，尚需严为密查。"以此看来，吕氏孤儿漏网之说在雍正在世时即已传入宫中，雍正寥寥数语，即是叫李卫深入调查此事的命令，同时似乎也透露出深深的忧惧，很可能是他已经听说了吕氏孤儿将对其不利。

然而迄今为止，并无充分的证据证明此说成立，再从雍正死后清廷的举动来看，若是雍正被刺杀，那么清廷势必大动干戈杀人治罪，甚至有可能对汉人大开杀戮，但乾隆帝却是未有动怒，相反却是努力按下此事，除非有不可告人之事或本就无事发生，否则乾隆帝不可能如此淡定，所以由清廷的举动来看雍正被刺杀之说，是不符合常理的。史学界对此说比较普遍的观点则是：吕四娘刺杀雍正是子虚乌有的传闻之辞，历史上应当并无其事。

那么既然不可能有吕四娘刺杀雍正之事，为什么这种传说又在民间甚嚣尘上且数百年不衰呢？这其实是有多种原因的。

第一，民间对皇家故事存有极大的好奇心，稍有消息则添油加醋口口相传，以至于远离真相，如同清史上的许多疑案一样，雍正暴死当然也会被人猜测。

第二，康熙四十七年（1708年），抗清义士一念和尚被清廷捕获，吕留良长子吕葆中因故被牵连其中，幸而摆脱，却忧惧而死。这使人们将吕氏与江湖上抗清义士联系起来。雍正七年（1729年），张云起事抗清被捕，供词中提到甘凤池、周璕、陆同庵等人。其中，甘凤池是一念和尚同伙，陆同庵是吕留良私塾弟子。而当时民间传说中有江南八侠，其中就有甘凤池、周璕、吕四娘，这样便很容易把吕四娘与吕留良扯到一起了。而且，当时社会上又有"吕氏孤儿漏网"之说。所以，民间传说中就将吕氏孤儿变成武艺精湛的江南女侠吕四娘了。

第三，雍正的孙子——嘉庆帝曾在圆明园回宫途中遭遇刺客，后来民间将此事想象到雍正身上，雍正遇刺理由也就更充分了。

第四，清廷以满人统治，始终难以泯灭汉人的反抗之心，所以对满洲皇室的传说，不免掺杂某些民族情绪。由于雍正篡位和残害诸兄弟的传说曾在社会上广泛流传，又引起人们对他的恶感，所以人们希望他不得善终。

第五，雍正在争夺皇位的斗争中，树敌甚多，这些人或其余党在社会上活动量甚大，广布谣言，也使有关雍正的传言更加纷杂。

第六，官方历史资料中，有关雍正之死的记载非常简单，完全未记载病情，而且从病至死只有三天，联系社会上关于雍正的种种传说，不免使人产生雍正遇刺而死的怀疑。

还有一说，说雍正是被湖南卢氏妇人刺死的。相传卢某谋反被雍正所杀，其妻谙于剑术，为夫报仇，想办法进入圆明园后，伺机刺杀了雍正，而后卢氏妇人自刎。这个说法与吕四娘传说有相似之处。

另外还有一说，说有雍正的仇家之女为报仇雪恨，想办法入宫做了

清宫四案之谜

嫔妃，在圆明园中趁侍寝的机会将雍正刺死。据说清代后宫制度中，从雍正以后开始，但凡宫妃宫女给皇帝侍寝都需要裸着身子裹上被子，由两个太监抱着到皇帝寝宫，目的便是防止再发生此类事件。此说分析起来，倒是比吕四娘闯入宫中执剑行刺得手更能让人信服，但也有人说此女便是吕四娘，这样说来，此说倒不能完全否定了。

雍正帝迷信丹药，投机者投其所好

相对于被刺杀之说，雍正服丹药而死的说法更有说服力。

因为清朝的雍正皇帝可算是中国古代史上最后一位宠信道士、迷恋丹药的皇帝了，他确实喜欢炼丹和服用丹药。从雍正皇帝召请道士炼丹、向内外大臣赏丹以及他自己说吃丹等情况看，雍正皇帝服丹致死的可能性的确很大。他常年服食丹药，有毒成分在体内长期积累，最终发作导致暴亡，这是极有可能的。

最早提到雍正之死与修炼丹药有关的，是金梁的《清帝外纪》所写的"惟世宗之崩，相传修炼饵丹所致，或出有因"云云。这里，作者也不过是将此作为一种传闻记录下来，聊备一说罢了。近若干年来，经过认真比较、考证，不少学者倾向于这种观点，并有人作过详细论证。

中国道教中流派众多，其中有人喜欢研究炼丹术，至清代，相信丹药能强身健体的人仍然很多。雍正很早就对道家丹药感兴趣，即位以前就与道士们有来往，那时炼丹的主要目的是做给他父皇看，说明自己不谋求皇位，只一心炼丹。登基后，雍正帝在宫中蓄养了一批道士。雍正钦选的禅宗语录中，却收入了一些道士语录，他自己还自号"圆明居士"，排列在道教大师之后。

雍正常常与道士们讨论教义等，并希望把这些灌输给亲信大臣们。而且，雍正对道家修炼之功特别感兴趣，甚至还写过不少关于丹药和神仙的诗，例如："铅砂和丹药，松柏绕云坛。炉内阴阳火，功兼内外丹。光芒冲斗耀，灵异卫龙蟠。自觉仙胎熟，天符降紫鸾。"这首诗实为炼丹的真实写照。可是胤禛成了雍正皇帝后，炼丹爱好更加浓烈。这时的雍正皇帝痴迷上了炼丹。迷到什么程度呢？清史学家纪连海说："这炼丹炉一点上火，就此没有熄过。"

与其他皇帝一样，雍正也想着长生不老，开始服用丹药，他平时常服"既济丹"，认为"此方实佳"，不仅自己服用，还常常赐给亲信大臣服用。"既济丹"的丹药实际上是道士在这个丹药里除了添加通常的铅砂、硫磺、水银等天然矿物材料外，还加了春药。这是炼丹人故意加的，目的是要让皇帝服了长生不老药之后，不光有延年益寿的意思，更要有提高精气神的感觉。雍正皇帝感觉到了，所以他觉得这个药不错，还赏赐了一点儿给他的三位宠臣——田文镜、鄂尔泰和李卫。雍正四年（1726年），雍正皇帝赐鄂尔泰既济丹，君臣间还讨论服食方法等。雍正送田文镜丹药时，还是在田文镜七十大寿时当寿礼送过去的，并特别关照说："田老爱卿，虽然你年近七十，朕还是希望你能够老年得子。丹药这个东西特别好，朕都吃过了你怕什么。"这种情况表明，雍正的确是常常服用道家丹药的。

雍正的身体状况一直比较好，登基后的他勤于政务，身体状况尚好；但自雍正六年（1728年）以后，皇位稳固，政局稳定，他有所放松，私生活不免放纵，加上他这时年龄已过五十，身体状况渐渐不佳起来。

雍正七年（1729年）起，他生病渐多，于是更加依赖道家丹药，这年雍正皇帝得了一场大病，一病就是半年，差点归了天。当时有一名外国来华使节说，雍正沉溺女色，病入膏肓，腰以下不能运动。另外从一些档案资料中也可看出，他自七年冬开始发病，八年三四月稍重，五月一度好转，至六月却又病势危急，甚至已对后事作了安排，幸而闯过了此关，渐渐痊愈。

病好之后的雍正帝又得了心病，他惧怕生病，惧怕因此而死去，于是下令遍访天下名医，搜寻知名道士，求长生不老之药。他命令内外百官大规模访求名医和精于修炼的术士。雍正还亲手写给各省总督、巡抚谕令，每份内容完全一样。为了治病，他令岳钟琪查访名为狗皮仙的道人，岳报告说那人是个疯子，又无德行，他只好作罢。雍正八年（1730年）二月，他甚至颁发谕旨，令各地方官访求名医以及精通炼丹术的人。四川巡抚查访到成都仁寿县一位"龚仙人"，据说极善保养，九十多岁还像年轻人一样，八十多岁时还有生育能力。后来得知，这位"龚仙人"已于雍正六年（1728年）死了，雍正极为惋惜。不过，各地还是送来大批道士，雍正帝将其都养在宫中。

时任浙江总督的李卫接到求医谕旨后立即向雍正皇帝秘密奏报，说民间传闻河南道士贾士芳有神仙之称，特推荐此人进京为皇上治病。

贾士芳原来是北京白云观的一个道士，因不守规矩而被开除。在京城待不下去了，后来流落到了河南，变成了河南道士。正好遇上皇帝要寻找术士，被李卫发现后就推荐给了雍正皇帝。

贾士芳进宫之后干得非常漂亮，不超过一个月的工夫就让皇上感觉到舒服、满意，效果特别好。雍正皇帝还给人家写信说：贾士芳这个人特别棒，能让我每天都精神愉快。

可是过了一个月贾士芳就死了。在清宫档案中，有一件经雍正皇帝亲笔修改过的上谕。在这道谕旨中，雍正很直白地说，贾士芳的"按摩之术"、"秘咒之法"，起初确实是"见效奏功"。可是，"一月以来，朕躬虽已大愈，然起居寝食之间，伊（指贾士芳）欲令安则安，伊欲令不安则果觉不适"。"其调治朕躬也，安与不安，伊竟欲手操其柄，若不能出其范围者。"

这段谕旨说到了贾士芳获罪的真相，原来这个道士利用"按摩"、

"秘咒"等方术，逐渐控制了雍正皇帝的健康，让他舒适便舒适，让他难受便果然难受。雍正帝贵为天子，怎能受他人摆布？他一旦察觉到自己的健康被贾道士操纵，顿感问题严重，遂刻不容缓地处理此事，立即下令将贾道士处斩，罪名是：贾士芳在朕的面前使用妖术。

圆明园中炼金丹，服用中毒终毙命

雍正皇帝虽然砍了贾士芳的头，但并没有因此失去对道士的信任，相反由于贾士芳的方法确实有效，雍正更加相信了。据清宫档案记载，从1730年生病到五年之后死去，雍正皇帝参与道教活动一直十分频繁。在皇宫，除了专门进行道教活动的钦安殿外，雍正还请道士们在太和殿、乾清宫等主要宫殿安放道神符板，在他的寝宫养心殿安设斗坛，以求道神的保护。据说有一次雍正帝为做法事，还在苏州定做道士们穿的丝缎法衣，一次就是60件，北京故宫博物院中仍保存着雍正皇帝当年身穿道教服装的画像。

雍正皇帝甚至让人在御花园建了几间房子专门给道士娄近垣等人住，以便随时请这些道士祈祷修炼。以往在皇宫内虽设有多处供奉佛道的场所，但除以太监身份充当的僧人、道士外，未经净身的山野僧道是不准进入的。现在雍正谕令在御花园玉翠亭东侧建房"给法官（道士）住"，实在是破天荒的举动。

皇帝炼丹，当然是绝密事件，在官书正史上不可能有记载。可是，在清宫秘档中仍透露出一些蛛丝马迹。记载皇宫日用物品的内务府账本

清宫四案之谜

《活计档》，就披露了雍正皇帝炼丹的一些情况。最早的有关记载是在 1730 年冬天的《活计档》四则。这四则档案向人们透露，1730 年末，在圆明园东南角的秀清村，在内务府总管海望和太医院院使刘胜芳的主持操办下，先后运入 4

清代绘画中的圆明园秀清村

千余斤木柴煤炭，利用矿银等物开始为雍正皇帝炼丹。

雍正皇帝丹炉一开，烧炼之火直至其去世都没有灭过。根据清宫内务府造办处档案记载，自 1730 年冬至 1735 年秋的五年间，雍正下旨向圆明园运送炼丹所需物品 157 次，平均每个月有两三次。累计算来，共有黑煤 192 吨，木炭 42 吨，此外还有大量的铁、铜、铅制器皿，以及矿银、红铜、黑铅、硫磺等矿产品，并有大量的衫木架黄纸牌位、糊黄绢木盘、黄布（绢）桌围等物件。所有这些物品，都是炼丹活动所必不可少的。

可见，在雍正皇帝的旨意下，成百吨的煤炭被运进皇家宫苑，在长达几年的时间里，炉火不灭，炼丹不止，把个山清水秀的圆明园搞得乌烟瘴气，一炉又一炉的所谓"金丹良药"由此炼成。

这期间，与雍正皇帝打得火热的道士中间，后来者居上的便是张太虚、王定乾。根据雍正帝服用丹药中毒死亡的说法，可以说直接导致雍正皇帝死亡的凶手就是主持炼丹的张太虚和王定乾等人。

在雍正突然死亡的前几天，清宫档案《雍正朝起居注册》中有这样的记录，说是在 1735 年 10 月 3 日（农历八月十八日），时年 58 岁的雍正皇帝在圆明园与大臣议事；10 月 5 日（农历八月二十日）召见

宁古塔的几位地方官员；又过了一天仍照常办公；10月7日（农历八月二十二日），雍正皇帝突然得病，当天晚上朝中重臣被匆忙召入寝宫，已是奄奄一息的雍正皇帝宣布传位给乾隆；10月8日（农历八月二十三日），雍正皇帝在圆明园咽下了最后一口气。

皇宫档案只是如此简要地记下了雍正皇帝的突然死亡，而没有说明任何原因。这就引起人们的猜测，雍正皇帝未得好死的种种说法便产生了。

雍正死后仅隔一日，即八月二十五日，乾隆谕令将宫中炼丹道士全部驱逐，令其各归本籍，对宫中及先帝的一言一行，不准在外谈起，如有违反，绝不宽贷。作为新天子，百务待理，此举大有文章，可能就是因雍正帝死于丹药，乾隆迁怒于道士们，但又不能动杀机，因为那样不免有揭父过错之嫌，只好将其驱逐。接着，他又告诫太监、宫女们，不准将宫中消息传出，外间闲话也不许传入内廷，违者不贷。如果雍正皇帝的确是因服丹药而死，那么乾隆帝的这一举动倒也合情合理了。

综合上述种种情况，不少学者认为雍正实系死于丹药中毒之症，如果雍正皇帝是死于丹药，那么主持炼丹的张太虚、王定乾等人就是直接导致雍正皇帝死亡的凶手了。然而这也仅仅是依据历史资料进行的一种推测，但可能性是很大的。

宫女缢死雍正帝，张冠李戴不足信

如上两说之外，还有其他不少说法，有一种被宫女缢死的说法，这种说法最早出现于清末民初的稗官野史《梵天庐丛录》一书，作者是柴萼。书中记载，传说雍正九年（1731年），宫女伙同太监吴首义、霍成，伺雍正皇帝睡熟，用绳缢杀。

与这个故事类似的是一个发生在明朝世宗嘉靖皇帝朱厚熜的真实故事，故事说的是1542年"壬寅宫变"的事情，当时的嘉靖帝希求长生，命方士炼丹，身边聚集了不少道士为他炼丹药，这些丹药中有不少属于春药，当时的春药配方很奇怪，其中一味名叫"天葵"，即少女处女初潮经血，此物可提炼出一种名为"红铅"的粉剂。嘉靖帝为此大量征召十三、四岁宫女，后宫"饲养"了不少这种产"药"的少女，方士利用她们的处女月信来制丹药，为了大量采集她们的经血，御医、道士们又强迫她们吃药，使她们经血过频过量，以供皇帝"炼丹"。另外，为保持宫女的洁净，宫女们不得进食，而只能吃桑、饮露水。宫女们都不甚苦痛，为此很可能还祸害死了许多少女性命，宫女杨金英等人觉得反正是死，不如先弄死这魔头皇帝再说。

明朝皇帝的寝宫是紫禁城内的乾清宫。除了皇帝和皇后，其余人都不可以在此居住，妃嫔们也只是按次序进御，除非皇帝允许久住，否则当夜就要离开。嘉靖年间的乾清宫，暖阁设在后面，共九间。每间分上下两层，各有楼梯相通。每间设床三张，或在上，或在下，共有27个床位，皇上可以从中任选一张居住。因而，皇上睡在哪里，谁也不能知道。这种设置使皇上的安全大大加强了。然而，谁又能防备那些守在他身边的宫女呢？就是杨金英、杨玉香、邢翠莲、姚淑皋、王槐香、苏川药、关梅秀、王秀兰、刘妙莲、陈菊花、徐秋花、张春景、邓金香等十余位宫女，制造了震惊天下的"壬寅宫变"。

当时史料曾有如下记载：嘉靖二十一年十月二十一日凌晨，十几个宫女决定趁嘉靖帝朱厚熜熟睡时把他勒死。动手时，先是杨玉香把一条粗绳递给苏川药，这条粗绳是用从仪仗上取下来的丝花绳搓成的，川药又将拴绳套递给杨金英，邢翠莲把黄绫抹布递给姚淑皋，姚淑皋蒙住朱厚熜的脸，紧紧地掐住他的脖子。邢翠莲按住他的前胸，王槐香按住他

的上身，苏川药和关梅秀分把左右手。刘妙莲、陈菊花分别按着两腿。待杨金英拴上绳套，姚淑皋和关梅秀两人便用力去拉绳套。眼看她们就要得手，绳套却被杨金英拴成了死结，最终才没有将这位万岁爷送上绝路。

宫女张金莲见皇帝不死，以为杀不死，她见势不好，连忙跑出去报告方皇后。前来解救的方皇后也被姚淑皋打了一拳。徐秋花、郑金香把灯扑灭，却被总牌陈芙蓉点上了，王秀兰叫陈菊花吹灭灯，这帮宫女想跑，但没有跑掉，这时管事的太监被陈芙蓉叫来了，这些宫女才被捉住。

嘉靖帝被数个宫女这么一勒，当时处于休克状态，方皇后唤来数位御医，没一个人敢用药，都怕担责任被诛九族。最后，太医院使许绅颤巍巍调了一副"峻药"（猛烈的药物），给已成死人的皇帝灌下，数个小时后，嘉靖帝有了动静，他吐淤血数升，缓过命来，静养多日，才能视朝。

事后，司礼监对她们进行了多次的严刑拷打，对她们逼供，但供招均与杨金英相同。最终司礼监得出："杨金英等同谋弑逆。张金莲、徐秋花等将灯扑灭，都参与其中，一并处罚。"这其间，方皇后可能又自作主张认定宁嫔王氏和端妃曹氏二人率宫女作逆，从司礼监的题本中可知，朱厚熜后来下了道圣旨："这群逆婢，并曹氏、王氏合谋弑于卧所，凶恶悖乱，罪及当死，你们既已打问明白，不分首从，都依律凌迟处死。其族属，如参与其中，逐一查出，着锦衣卫拿送法司，依律处决，没收其财产，收入国库。陈芙蓉虽系逆婢，阻拦免究。钦此钦遵。"刑部等衙门领了皇命，就赶紧去执行了。

后来有个回奏，记录了当时的案件回执情况："臣等奉了圣旨，随即会同锦衣卫掌卫事、左都督陈寅等，捆绑案犯赴市曹，依律将其一一凌迟处死，尸枭首示众，并将黄花绳、黄绫抹布封收官库。然后继续捉拿各犯亲属，到时均依法处决。"

圣旨中提到了曹氏、王氏，正是宁嫔王氏和端妃曹氏，因此，有人根据这道圣旨得出结论，是曹氏、王氏指使发动了这场宫廷政变。但如果主谋是曹氏和王氏，那么史料上应该记载宁嫔王氏和端妃曹氏的情况，况且二人既为妃子，不必像宫女一样受苦，是没有弑杀皇帝夫君的理由的，因此主谋是谁尚不能断定。而圣旨上之所以说上宁嫔王氏和端妃曹氏，或许是方皇后因嫉妒而向皇帝诬告二人，是其打击异己的行为。

嘉靖帝朱厚熜像

　　嘉靖帝病好后，可能又听闻此事与王、曹二妃无关，又开始心疼美貌的二妃被片片割肉而死，心中对方皇后产生极大怨恨。五年后，皇宫内发生火灾，宦官们请示皇帝要去救方皇后，嘉靖帝不吱声，任由方皇后被烧死在里面。

　　此事自发生后一直为世人传诵，都称赞宫女的勇敢义举。到了雍正皇帝暴毙后，因为雍正与明朝的嘉靖皇帝的庙号都是"世宗"，两人又都好炼丹之术，所以来了个张冠李戴，有关清世宗雍正皇帝被宫女缢杀的故事，完全是明世宗嘉靖皇帝被宫女勒缢故事的翻版。所以，宫女勒死雍正之说，实属移花接木。

　　另外，雍正是在当了十三年皇帝之后于1735年去世的，不是在他才当九年皇帝之后的1731年死亡的。显然，这个故事中的漏洞实在是太多了。

"林黛玉"毒杀雍正，曹雪芹撰写名著

　　还有关于雍正之死的一说，是研究"红学"的人士贡献的，即雍正是被曹雪芹和竺香玉合谋毒死之说，这种说法来自霍国玲、霍纪平姐弟二人在 1989 年出版的《红楼解梦》一书。这姐弟二人是从喜欢读《红楼梦》、抄录俞平伯的《脂砚斋红楼梦辑评》开始的。据说当他们把一部 500 多页的"脂批"，全部抄录到《红楼梦》一书中相应位置上的时候，不由豁然开朗。从"脂批"的暗示中，他们读出了小说背后隐藏着的历史，确切地说《红楼梦》就是一部清宫秘史！

　　他们从书中解析出：林黛玉的真名叫竺香玉，而金陵十二钗其实全部是竺香玉的分身，换言之，竺香玉一人就是全部的十二钗；竺香玉本来是曹雪芹的恋人，原名叫竺红玉，是曹家买来的小戏子，曹家显赫时府中养有小戏班子，平时为女眷解闷，皇帝南巡时用以接驾。伶人都是六、七岁的小女孩。竺红玉入曹家时年仅六岁，因人聪明，长得又美丽，八岁时作了年龄相仿的曹雪芹的伴读丫头，与她一起伴读的还有一个小丫头名叫柳蕙兰，长雪芹一岁，三人在一起，渐生情愫。此外，还有一个和他们一起读书的女子是曹雪芹祖母的侄孙女，名李香玉，她与竺红玉同岁。

　　雍正元年，太后驾崩后，朝廷传旨：凡贵族家养的优伶，俱着蠲免发还。竺香玉自幼父母双亡，无家可归，就留在曹府做丫环。

雍正六年，曹雪芹十四岁，元宵节前夕，曹家因犯案被抄，之后竺、柳、李三人随曹家由金陵来到北京。曹雪芹与竺香玉青梅竹马，耳鬓斯磨，早已两心相许。雍正七年，李香玉作为曹家小姐，必须去官部报到，以备第二年清宫选秀女，并选才女。但李香玉不愿参选，曹雪芹的婶娘曹王氏为了夺回她那已经失去的天堂，便怂恿曹家将香玉认作义女，然后入册达部。曹家妄图以此邀宠于雍正，以便得到东山再起之机。曹家人同意，曹雪芹的婶娘就收竺红玉为女儿，强迫竺红玉顶名备选，并改名香玉。这时曹雪芹已与竺红玉相恋，欲阻止却未成。而竺香玉以为选作秀女，三年后可放归家，所得月银能帮补家用。因此遵照曹家意图，进宫应选。雍正八年遴选秀女，被选中"才女"，是年竺红玉十五岁，进宫后做了公主和郡主们的侍读，当了"御用小尼"。当时虽长得美，只是"身量尚未长成"，"未能引人注意"。

　　雍正九年，雍正帝的嫡配皇后薨逝。雍正十年，竺香玉在一次偶然机会被皇帝发现，便下旨命她还俗，将其霸占，后纳为嫔妃，复立为皇后。而曹雪芹因听说雍正帝霸占了竺香玉，大怒，发誓要复仇。当时雍正帝对竺香玉一片诚挚，百依百顺，言听计从，并不时予以恩赏。

　　曹雪芹见与竺香玉结婚无望，于是听从家里安排与李香玉结婚，柳蕙兰则成为雪芹的侍妾。但曹雪芹仍对竺红玉念念不忘，为了能再次交好情人竺香玉，并为举家遭抄复仇，曹雪芹听说雍正帝喜欢吃丹药，并征召道士为自己炼丹后，就来到宫禁，通过关系谋得宫中"管理御用和尚道士"一职，后设法与竺香玉取得联系，二人相见，感慨良多。雍正十三年仲秋时节，竺香玉与曹雪芹二人密谋用丹砂毒死了雍正皇帝，二人因计划周密，巧妙逃过了罪责。

　　雍正死后，其四子弘历即位为乾隆帝。竺香玉以悼念先皇为理由申请出宫，得乾隆帝允许，于是再次出家做了尼姑，到香山一带皇家寺庙中带发修行。曹雪芹知道后，也辗转来到香山一带住下，并经常以兄长的身份去庙中看望竺香玉，两人品茶、论诗，愉快地度过了大约九年的时间。这一时期曹雪芹开始写《红楼梦》，其中有关清宫内的秘事均由

清宫四案之谜

曹雪芹雕像

竺香玉提供。

乾隆十六年，竺香玉和曹雪芹的关系被曹雪芹的正室夫人李香玉发觉，她便也往见竺香玉，并蛊惑她与曹雪芹相好，后竺香玉为曹雪芹生下一子后悬梁自尽，事发后竺香玉是婢女的身份被揭发，曹家第二次被抄，有关她的全部资料被销毁或篡改。曹雪芹逃命他乡，事态平息后，他又隐居香山，将李香玉休掉，把妾侍柳蕙兰扶正，并在柳蕙兰的协助下，修订百十回本《红楼梦》。

此故事曲折离奇，事件让人为之惊诧莫名，非小说家天马行空之想象力难成剧情。要驳此说倒也简单，只看雍正后宫中有没有姓竺之后妃便可知晓。

根据《清史稿》记载，在雍正皇帝生前，他的皇后只有一位：孝敬宪皇后。孝敬宪皇后姓乌喇那拉氏，是内大臣费扬古的女儿，早在雍正皇帝为皇子的时候，康熙皇帝册封她为嫡福晋。此外，乾隆皇帝的生母钮祜禄氏，档案记载是四品典仪凌柱的女儿，她的身份是熹贵妃；雍正皇帝还有一位敦肃皇贵妃，姓年，是年羹尧的妹妹；除此之外，他还有一位活了95岁的妃子姓耿；至于其他妃嫔，齐妃姓李、谦妃姓刘、懋嫔姓宋，这其中没有一个是姓竺的，所以此说是缺乏史料和证据支持的。

清宫四案之谜

雍正病死说，病因却难知

除比较靠谱的中毒死亡说之外，也有很多历史学者认为雍正皇帝是患病而死的。在清朝的官方记录《雍正朝起居注册》里这样记载："雍正十三年（1735年）八月二十一日，上不豫，仍办事如常。二十二日，上不豫，子宝亲王、和亲王朝夕侍侧。戌时，上疾大渐，召诸王、内大臣及大学士至寝宫，授受遗诏。二十三日子时龙驭上宾。大学士宣读朱笔谕旨，宝亲王（即乾隆）即位。二十三日晨奉大行皇帝黄舆返大内，申刻大殓。"

由这一记载来看，雍正无疑是得急病死的，至于患什么病死的，对此有两种说法。

一种说法认为雍正皇帝是患中风而死的。最早提出这一说法的是郑天挺先生，他在他的著作《清史简述》中曾提到雍正是中风而死，这属于急病。其实不但是中风，心脑血管类病症常会在短时间内致人死亡，雍正也有可能是因之而死，但是郑天挺先生针对雍正帝中风之死并没有详述得出这一结论的依据。因此，这个论断还需用史料来作进一步证明。

另一种说法认为雍正皇帝是因生活糜烂而死的。有很多研究者发现，雍正皇帝患有慢性病，这病是长期积累下来的。当时朝鲜有一本书，叫《承政院日记》，书里记载雍正皇帝的生活作风极为糜烂，说他沉淫女色，病入膏肓。"自腰以下，不能运动者久矣"。这句话的意思就是说雍正皇帝不能行动已经很长时间了。但此说法却并不可信，雍正死亡的两三天前，身体状况还不错，与常人无异，没有史料说雍正"自腰以下，不能运动者久矣"，这种说法等于说雍正瘫痪了很久，这是与史实相悖的，因此此说并不可信。

"冰冻三尺，非一日之寒"，雍正皇帝平时不注意节制生活，放荡过度，淘空了身体，再加上常年服用丹药，且丹药中大多都含毒，长时间服用会造成慢性中毒，于是身体每况愈下，失去了正常的抵抗力，一旦生病，便有要命的危险，而雍正又迷信于丹药，觉得生病了更应该多吃丹药，这样只能加重病情。一种很可能是真实的情况，便是雍正帝生了病，因已年届六十，身体抵抗力差，病拖了两天不见好，便想吃丹药快速治愈，结果吃了后反而病情加重，这样雍正帝短时间内死亡也是符合常理的，但雍正帝到底是死于何病，却至今不为人知。

"过劳死"累死雍正，终换来康乾盛世

还有一种说法，就是雍正皇帝过于勤劳，他的死因有可能是"过劳死"。雍正帝勤于政务，生活俭朴。他刚一登基，即罢鹰犬之贡，表示自己不事游猎，这和康熙动不动就出巡或围猎几乎是判若两人。雍正当上皇帝后，不巡幸，不游猎，日理政事，从早到晚，寒暑不断，终年不息，年年如此。他除了去过河北遵化东陵数次外，十三年里就没太出

过北京城。最开始的时候雍正是怕允禩等政敌发动变乱，后来政局稳定后，他也没有出游，主要原因还是政务繁忙，根本没时间出去享受。

而从历史资料看，雍正现存仅亲笔手写朱批奏折就达三万五千多件，满文奏折也有六千多件，多是雍正在夜间亲笔批写，从不假手于人。这样平均下来他每天都要处理上百件奏折，每件都要认真阅读，思考如何解决，然后手批处理结果。雍正朝现存汉文奏折三万五千多件，朱批短的两三字，长的有上千字，累积起来，雍正在不到十三年的时间里，光朱批就写了有三四百万字。这无疑是非常劳累的事情。但是，过于忙碌是对身体无益的，近些年频发的过劳死事件就说明工作是非常需要劳逸结合的。但雍正皇帝显然对此做得不好，他的死亡，或许也有"过劳死"的因素在里面。

所谓"过劳死"，指的是"在非生理的劳动过程中，劳动者的正常工作规律和生活规律遭到破坏，体内疲劳淤积并向过劳状态转移，使血压升高、动脉硬化加剧，进而出现致命的状态。"目前，美国疾病控制中心已正式将此病症命名为"慢性疲劳综合征"。"过老死"的前五位直接死因是冠心病、主动脉瘤、心瓣膜病、心肌病和脑出血，但却又没有明显的病症。近些年来，数学家陈景润、作家路遥等英年早逝，可能都是因"过劳而死"。

雍正"过劳而死"的可能性是非常大的。雍正帝不像他的父亲康熙那样懂得如何休息和放松，他也没有什么娱乐活动或者特别的爱好，每天就是接见大臣们并和奏折打交道，这都是需要极大的体力和智力的。由于他过于勤于政务，这个工作又没人能够替代，他几乎没有休息的时间，每天都是从早忙到晚，有时候深夜都在阅批奏折，而第二天很早就要去上朝。长年如此，身体怎么吃得消？况且雍正帝当时已年届六十，如此劳作，即便是年轻人也吃不消的。

雍正一生中最大的挥霍就是扩建圆明园，这也主要是因为他怕热，夏天的时候可以去园林里避暑并办理公务。据记载，雍正在即位后的五六年里身体还算可以，但在雍正七年（1729 年）的时候，他得了一

雍正帝阅书图

场大病，一病就是一年多，几乎一命呜呼。手下的官员上请安折让他多休息，雍正偏要逞强，只要他能动得了，什么事情都要躬身亲为。如此一来，即使不忙死，也会累死。就说雍正去世前的几天，他也没有得到任何的休息，反而一直在抱病工作。直到最后那天挺不住了，他才让两个儿子前来侍候，但病情未见好转反而加重，他只好交代后事了，作出安排后，溘然而逝。

不管怎样，雍正帝的勤政，终也取得了极好的收获。清朝的康雍乾盛世，是中国两千多年封建社会中少有的辉煌时期。其间，雍正皇帝励精图治的 13 年，却是承前启后的关键 13 年，可以说是"盛世"的枢纽。正如学者杨启樵所说："康熙宽大，乾隆疏阔，要不是雍正的整饬，清朝恐早衰亡。"

雍正夹在康熙、乾隆之间，和他的父亲玄烨在位 61 年、儿子弘历在位 60 年相比，胤禛在位仅仅 13 年，显得十分短暂。但是，他的政绩很可观，严禁朋党，整顿吏治，强调务实，在很多方面实为超过父亲。雍正很重视用人和整顿官吏，把田文镜、鄂尔泰等封疆大吏树立为官僚的楷模，以澄清吏治。对历年的赋税亏空与积欠这个老大难问题，他雷厉风行地追查到底，查出从康熙五十一年（1712 年）至雍正四年（1726 年）积欠税收一千多万两白银。由于用人和理财有方，雍正时期进入了清朝最富庶的阶段，国库存银达到六千万两之多。

康熙帝用宽政，养出了不少贪官污吏，所以他的时代虽然天下平静富庶，但给雍正帝留下的却是一个吏治腐败的摊子，而雍正给乾隆留下的，却是充裕的物质基础、廉洁的干部队伍和清明的吏治环境。没有雍正的历史贡献，就没有乾隆时代的历史辉煌。雍正帝以其不惜辛劳的勤政、不惜累坏身体的用心治国，为乾隆帝创建清朝全盛时代奠定了坚实的基础，从这点上说，他也不失为一位好皇帝。

【第三部分】雍正皇帝死亡之谜

乾隆皇帝身世之谜

第四部分

乾隆功绩赫赫，身世却未明了

雍正死后，清廷顾命大臣和总管太监取下正大光明牌匾后面的匣子，这是雍正帝事先让人放上去的立谁为皇储的遗诏，臣工们打开里面的遗诏，看到上面写着"皇四子弘历为皇太子，继朕即皇帝位。"于是便扶持爱新觉罗·弘历为皇帝，年号乾隆，弘历就是乾隆皇帝。

乾隆帝是清朝历史上最没有继位争议的皇帝之一，因为先前其爷爷康熙帝对他的喜爱，甚至有人认为雍正帝之所以能即位，是父因子贵，沾了弘历的光。后来雍正立储之时，因为对弘历的多方爱戴，臣工们也都知道正大光明匾额后面匣子中的秘密一定是属于弘历的，雍正帝于即位的雍正元年手书立储密旨，藏于锦匣之中，置于乾清宫"正大光明"匾后。由雍正元年的时间便知，雍正帝是一上台就将弘历作为储君培养的。

乾隆帝（爱新觉罗·弘历）是清朝第六位皇帝，定都北京后第四位皇帝，他是雍正帝第四子，生于康熙五十年（1711 年），卒于嘉庆四年（1799 年）。他 25 岁登基，在位六十年，退位后当了三年太上皇，实际掌握最高权力长达六十三年零四个月，是中国历史上执政时间最长、年寿最高的皇帝。乾隆之年号寓意"乾坤昌隆"。

乾隆虽然执政时间很长，且功绩赫赫，但关于他的出生，却给世人留下了一个千古之谜。正史说他是满人，但也有很多人说他是汉人，还有不少人说他是海宁陈家人的后代，可谓众说纷纭，争论至今。

清宫四案之谜

【第四部分】乾隆皇帝身世之谜

乾隆皇帝弘历像

弘历自幼聪明，五岁就学，过目成诵。据说康熙六十年的一天，康熙帝在雍亲王府（今北京雍和宫）第一次见到了孙子弘历，当时弘历十岁，一下子就为其祖父康熙帝所喜爱，预言他"有英雄气象，必封为太子"，便令养育宫中，自己亲授书课。

雍正十一年，弘历被封为和硕宝亲王，开始参与军国要务，便显露出过人的才干。

弘历继位后，执政之举给人耳目一新之感。在政治上，他矫正了祖父和父亲过宽与过严之弊，实行"宽严相济"之策，缓和了雍正在位时期造成的政治紧张气氛。之后又整顿吏治，厘定各项典章制度；优待士人，安抚雍正朝受打击之宗室；经济上奖励垦荒，兴修水利，蠲免钱粮，促进了经济的繁荣；军事上他统一西域、多次平定西部少数民族贵族的叛乱、反击廓尔喀对西藏的入侵，加强了对边疆地区的管辖，进一步巩固了封建的统一多民族国家；文化上在编修《四库全书》的同时，大量焚毁文物古籍，加深了对汉人的思想统治；外交上乾隆时清朝帝国继续以"天朝上国"自居，和周边属国友好往来，而对西方则坚持"闭关锁国"。他六下江南，大修宫殿、园林；大兴文字狱加强对汉人的思想统治。乾隆执政后期宠信大贪官和珅，加之乾隆帝年事已高，吏治败坏，弊政丛出，激化了社会矛盾。

乾隆帝在位期间，~巩固了多民族国家的发展，六次下江南，文治武功兼修。并且当时文化、经济、手工业都是极盛时代，他在发展清朝康乾盛世局面作出了重要贡献，确为一代有为之君。死后庙号清高宗，谥号法天隆运至诚先觉体元立极敷文奋武钦明孝慈神圣纯皇帝，葬于清东陵内裕陵。

《清史稿》评价乾隆帝说："高宗运际至隆，励精图治，开疆拓宇，四征不庭，揆文奋武，于斯为盛。享祚之久，同符圣祖，而寿考则逾之。自三代以后，未尝有也。惟耄期倦勤，蔽于权幸，上累日月之明，为之叹息焉。"

有历史学者认为乾隆是世界上运气最好的君王之一。其一，他一生身体健康，没有遇到大灾大病。其二，他在25岁的盛年继位，获得最高权力的过程非常顺利，毫无波折。其三，他在一个恰到好处的历史节点登上帝位。在此之前，三位皇帝——顺治、康熙和雍正91年（1644年至1735年）的统治，已经给他打下了良好的统治基础。

乾隆年间的满清帝国，政治安定，满人旗人的特权地位较为稳固；经济繁荣，人口大幅度增长。他远征回疆，一举拓土两万余里，帝国的疆域由此巩固。此时的清朝帝国气派恢宏，威震遐迩，环顾四周，悉为属国，"通译四方，举踵来王"。甚至以前从来和清朝没有交往的国家也纷纷遣使来朝，"以亘古不通中国之地，悉为我大清臣仆，稽之以牒，实为未有之盛事"。

除了统治的成功之外，他在许多方面也都很成功。他是一个极为孝顺的儿子。戴逸先生在《乾隆帝及其时代》中说："乾隆对他的母亲，感情深挚，发自天性。故礼敬有加，始终不渝。"他平时3天问安，5天侍膳，对母亲的生活起居，关心备至。皇太后逝世后一年之内，本来几乎每天都要写诗的他诗兴大减，作品寥寥。

还有一个身份也很有意思：他还是世界上产量最多的诗人，虽然诗作的质量不敢恭维。据统计，他一生作诗41863首，而《全唐诗》作者2200多位，一共才48000余首。他寿命89岁，折合成天是32000多天，除去童年，能用来写诗的不到30000天，平均每天写诗超过一首。

但除了这些光辉的正面外，这个人的另一面也让人过目不忘：比

【第四部分】乾隆皇帝身世之谜

如，他是中国历史上最大的专制者。他积六十余年努力，完成了中国历史上最缜密、最完善、最牢固的专制统治，把皇权推到了顶点。他的乾纲独断，严重压抑了民众甚至官僚阶层的主动性和创造性，强化的同时也僵化了专制体制，给以后的发展制造了巨大障碍。他蛮不讲理地利用专制权力，对社会进行了前所未有的严密控制，使所有人都不敢乱说乱动，消灭了任何不稳定的萌芽。乾隆推行"臣奉君，子遵父，妻从夫，不可倒置也"的机构制度，强调不得"越级上访"，对于群众的聚众抗议、维护自己的权利，他总是视如大敌，一再强调要"严加处置"，甚至"不分首从，即行正法"；因此，普通民众无论被贪官污吏如何压榨剥削，走投无路，也只能听天由命，不得"越级上访"。而对受百姓反对的官员，加以保护，"于官员应得处分，不即汲汲究治。独虑匪徒因此长奸，不可不防其渐也"。

对中华民族的发展更具负面意义的是，乾隆帝过于固步自封，正是因为他的专制统治，中国错过了了解西方世界的最佳机会。乾隆时期，一方面是清朝入关后的发展顶峰，另一方面，也是清朝被世界甩下距离的时期。欧洲这时开始了工业革命，创造出工业化生产的各种机器，并建造了许多新式战舰，用火炮轰开了许多国家的大门；西方国家在各个领域都迅猛发展和变革之时，却正是乾隆皇帝自高自大地自我陶醉之

鸦片战争场景

清宫四案之谜

际，于是中国在这一时期被西方迅速超越。乾隆死后仅四十年，英国就对大清国发动了鸦片战争，用坚船利炮轰开了大清国的大门。

但不管怎样，乾隆皇帝都是中国封建社会后期一位赫赫有名的皇帝，而作为一位皇帝，他一生最大的谜，莫过于他的身世。直到今天，关于乾隆的身世、身份和他的出生地都说法不一，争论不休。

热河李姓丑女，草棚诞下乾隆

在乾隆皇帝还在位的时候，就有人对他的出生地有不同议论。争议最大的有三种，即承德热河行宫、雍和宫、陈阁老府上。

承德热河行宫即现在的承德避暑山庄在清代曾是皇帝的夏宫，是皇帝避暑和处理政务的场所，距离北京 200 公里，由皇帝宫室、皇家园林和宏伟壮观的寺庙群所组成。避暑山庄始建于 1703 年，位于承德市中心区以北、武烈河西岸一带狭长的谷地上，历经清康熙、雍正、乾隆三朝，耗时 89 年建成。避暑山庄占地 564 万平方米，环绕山庄婉蜒起伏的宫墙长达万米，是中国现存最大的古典皇家园林。它相当于颐和园的两倍，有八个北海公园那么大。与北京紫禁城相比，避暑山庄以朴素淡雅的山村野趣为格调，取自然山水之本色，吸收江南塞北之风光，成为中国现存占地最大的古代帝王宫苑，与全国重点文物保护单位颐和园、拙政园、留园并称为中国四大名园。

承德避暑山庄的建筑布局大体可分为宫殿区和苑景区两大部分。苑景区又可分成湖区、平原区和山区三部分，内有康熙、乾隆钦定的 72

景，拥有殿、堂、楼、馆、亭、榭、阁、轩、斋、寺等建筑一百余处，是中国三大古建筑群之一，它的最大特色是山中有园、园中有山。避暑山庄兴建后，清帝每年都有大量时间在此处理军政要事，接见外国使节和边疆少数民族政教首领。这里发生的一系列重要事件、重要遗迹和重要文物，成为中国多民族统一国家最后形成的历史见证。1994 年 12 月，避暑山庄及周围寺庙（热河行宫）被列入世界文化遗产名录。2007 年 5 月 8 日，承德避暑山庄及周围寺庙景区经国家旅游局正式批准为国家 5A 级旅游景区。

清朝的康熙、乾隆皇帝时期，每年大约有半年时间要在承德度过，清前期重要的政治、军事、民族和外交等国家大事，都在这里处理。雍正皇帝也常来这里，特别是在康熙执政时期，雍正作为皇子，常常随父来这里避暑、打猎，游玩等。但就承德热河行宫而言，有关乾隆生母的传说中就至少有三种，而且始终围绕着丫环或宫女展开。

清末历史学者王闿运的《湘绮楼文集》中的《列女传》部分讲道：乾隆的母亲是热河民间女子，家道平常，没有仆人。她十三四岁时到北京入选了秀女，到雍王府做丫环。雍正有一段时间生了重病，她对雍正悉心照料，于是日久生情，雍正将其临幸，后女子怀孕，产下男孩，取名弘历，就是后来的乾隆皇帝。

承德避暑山庄

热河都统幕僚冒鹤亭、作家周黎庵、台湾学者庄练（苏同炳）、台湾小说家高阳等人则认为：乾隆的母亲是热河行宫的一个李姓宫女，名叫李金桂。雍正还是皇子时，随父皇至避暑山庄，与山庄内一位丑陋的李姓宫女相恋。第二年，康熙父子又来到山庄，听说这个李姓宫女已怀上了"龙种"。康熙大为震怒，问道："种玉者何人？"经追问，雍正承认是自己干的好事。此时这位宫女就要临产，康熙怕家丑外扬，让人将她带入草棚马厩，在草房里生下了乾隆。

也有说是雍正还是雍亲王时，一年秋天在热河打猎，射倒一只梅花鹿，雍正当即让人把鹿宰杀，大口喝起鹿血。鹿血有很强的壮阳功能，雍正喝后难以自持，就随便拉住山庄内一位很丑的李姓汉族宫女发泄一番，不想该女子就此怀了孕。第二年夏秋之际，康熙带其子数人又来到山庄，听说李姓女子怀上龙种，康熙震怒。这时那位宫女就要临产了，康熙怕坏了皇家名声，忙派人把她带到草棚，丑女在草房里生下的就是乾隆。1944年，有人据晚清遗老冒鹤亭的口述，在《古今文史》上对乾隆诞生在草棚的说法进行评说。后来，小说家高阳在《清朝的皇帝》一书中又大书特书。

民国时的国务院总理熊希龄在与清宫中的仆役闲谈中得知：乾隆的母亲是江南女子"傻大姐"，她来到热河后做了雍正的丫环。雍正还是皇子时，随父皇至避暑山庄，与"傻大姐"发生男女关系。第二年，康熙父子又来到山庄，听说这个"傻大姐"已怀上了"龙种"。康熙大为震怒，问道："种玉者何人？"经追问，雍正承认是自己干的好事。此时"傻大姐"就要临产，康熙怕家丑外扬，让人将她带入草棚马厩，在草棚里生下了乾隆。

这个传说流传很广，是因为熊希龄把这个传闻告诉了大学问家胡适，胡适又把这件趣闻记在日记里，通过《胡适之日记》公开，这个传说又经过口口相传，被添加了许多想象的内容，与李氏的传说混淆在一起，从而变得街知巷闻了。再加上王闿运、冒鹤亭、熊希龄、胡适等人都是中国近代的著名人物，因而他们所说的话较寻常传言更为人所深信。

草棚何处寻，热河狮子园

那么降生乾隆帝的草棚又位于哪里呢？有一种流传甚广的说法认为乾隆皇帝出生在热河行宫狮子园的草棚里。

狮子园位于河北省承德市清朝热河行宫即避暑山庄外西北部，它和避暑山庄园庭、南北两路行宫并列为内务府管理的热河行宫三部分之一。狮子园的前身是狮子沟花园，因为背靠一座形如狮子的山峰而得名"狮子沟"，这一园林和热河行宫同时兴建，康熙五十年（1711年），热河行宫更名避暑山庄，狮子沟花园更名狮子园。第二年，狮子园便被康熙赐给了皇四子胤禛，作为他随父皇来热河时的居住之所。据记载，狮子园成为雍正王府以后，康熙皇帝曾七次进园游览。

狮子园规模很大，有东西宫门，四华里宫墙，内有主殿五间、前殿五间、后殿五间，还有十余处殿、堂、亭、馆、书院、佛寺等。雍亲王得到赐园以后，在主殿东北面建了三间草房，以示"尚朴"之意。可这三间草房盖好后，民间却有了乾隆皇帝生于这三间"草宫"的传说。

乾隆皇帝少年时曾住在狮子园。乾隆皇帝继位后，把狮子园赐给了他六弟果亲王弘曕。据说乾隆皇帝经常在自己生日的前几天陪母亲游狮子园。

从嘉庆十一年（1806年）始，狮子园开始衰落，逐渐撤减了园中的管理人员，削减了维修经费。嘉庆二十一年（1816年），园中的56

只鹿全部送进山庄放养。

狮子园最终毁于洪水。当初选址时，显然是选错了地方，将狮子园建在了狮子沟旱河滩地及北侧山坡上。道光三年（1823年），狮子沟旱河暴发洪水，冲垮围墙，冲塌殿房56间。光绪年间连续三场大洪水，卷走河滩上所有建筑，只余少量围墙，地形大体保存原状。据老年人讲，那时从南山根到北山根全是大水，卧牛石在水中翻滚，两侧山体不断滑坡，十分骇人。到新中国成立时，狮子园已剩下三间"草宫"，不久后"草宫"也不见了，只剩些石头和台基。

那么若抛开上面的传说，乾隆皇帝有没有可能会生于行宫狮子园呢？也是有的！应该说这点和康熙帝的生活习惯有关系。原来康熙帝天生怕热，每年夏季，京城热得受不了，康熙帝就携诸皇子到热河行宫避暑，雍亲王胤禛当然也在其中。狮子园便是雍亲王（后来的雍正皇帝）一家当时在热河的住处，胤禛来这里的时候，极有可能也带着自己的妻妾，若有怀孕的妻妾一同来到这里，那么在这里生孩子也是很自然的事情。

乾隆皇帝生在狮子园这件事最早是谁说的呢，史上未见记载，但乾隆朝有个官员叫管世铭，他的一首诗中讲到了这件事。管世铭，字缄若，号韫山，江苏阳湖人，乾隆四十三年（1778年）进士，授户部主事，累迁郎中，充军机章京。此人深通律令，凡谳牍多世铭主奏，他经常随乾隆去承德避暑山庄参加木兰秋狝典礼等活动，他曾写下《扈跸秋狝纪事三十四首》，其中第四首涉及到乾隆皇帝的出生地，诗是这样写的："庆善祥开华渚虹，降生犹忆旧时宫。年年讳日行香去，狮子园边感圣衷。"该诗后面附有管世铭的原注："狮子园为皇上降生之地，常于宪庙忌辰临驻。"这个注脚的意思是：乾隆皇帝出生在狮子园，所以他常在先帝雍正的忌日到这里住上几日，以示纪念。

管世铭虽然说到这件事，但他应该不是最早说的，因为嘉庆皇帝从小就认为父皇是生在热河行宫狮子园的。如果认为管世铭的诗作只是阐明乾隆出生在避暑山庄的旁证，那么嘉庆的两首诗就可作为直接

证据了。

乾隆退位后的嘉庆元年（1796年）八月十三日，嘉庆皇帝跟随已成了太上皇的乾隆帝到避暑山庄庆贺他的86岁寿辰，并写下一首《万寿节率王公大臣等行庆贺礼恭记》。诗中有这样两句："肇建山庄辛卯年，寿同无量庆因缘。"诗后还附有嘉庆帝的原注："康熙辛卯肇建山庄，皇父以是年诞生都福之庭。"一年之后，又逢乾隆寿辰，嘉庆再写《万寿节率王公大臣等行庆贺礼恭记》诗祝寿："敬惟皇父以辛卯岁，诞生于山庄都福之庭。"

那么，乾隆帝是否出生在避暑山庄呢？非也！嘉庆十二年（1807年），嘉庆帝为父亲纂修《实录》和《圣训》时，发现两部典籍中父皇乾隆帝的出生地皆为雍和宫。嘉庆命文华殿大学士刘凤诰仔细调查，刘凤诰考证了乾隆的《御制诗集》，这些诗作和注脚中，乾隆凡是讲到自己出生地点的几处，都清楚地表明是雍和宫。

乾隆诗作表生地，雍和宫中东厢房

这样一来，清宫官方档案便就乾隆的出生地产生了歧异，让人莫衷一是。而在民间，相关传说就更多了。其实还在乾隆在位时期，民间就已经对他的出生地众说纷纭，但乾隆帝认为自己出生在雍和宫，乾隆帝的话，当然有辟谣之嫌。

雍和宫位于北京市东城区内城的东北角，即雍和宫大街路东，是北京市内最大的藏传佛教寺院。该寺院主要由三座精致的牌坊和五进宏伟的大殿组成。从飞檐斗拱的东西牌坊到古色古香东、西顺山楼共占地面积六万六千多平方米，有殿宇千余间。

雍和宫的历史最早可以追溯到遥远的十五世纪，原为明代内官监官房，清朝定鼎北京后将这里划为内务府官用房，康熙年间成为皇四子胤禛的府邸。《清宗人府事例》中有这样的记载："康熙三十七年（1698年）十二月谕宗人府：皇四子胤禛、皇五子允祺、皇七子允祐、皇十子允䄉……俱已分别册封分府，唯胤禛、允祐二人是贝勒，而所封府邸是亲王府邸，规模违制，着由官房租库，将前明内宫监房拨给胤禛……"胤禛这时是贝勒身份，按照贝勒府府邸的规制，他的父亲康熙皇帝将明朝时期太监们居住过的官房分给了他。康熙三十三年，胤禛搬进府邸，取名"贝勒府"。

康熙四十八年，胤禛晋升为"和硕雍亲王"，"禛贝勒府"也随之升为"雍亲王府"。这时的雍和宫从规模、建制到人员配备都与从前相比不可同日而语。然而，这座昔日的"贝勒府"真正发生历史性改变则是到了康熙皇帝驾崩之后，四子胤禛继承皇位，改年号雍正，是为雍正皇帝。他随即迁入宫中，但对曾经居住过三十余年的府邸已有了很深的感情，于是将这里改为自己的行宫，正式赐名"雍和宫"。雍和宫作为帝王行宫和"龙潜禁地"的历史便由此开始。雍正十三年（1735年），雍正驾崩，曾于此停放灵柩，因此雍和宫主要殿堂原绿色琉璃瓦改为黄色琉璃瓦。乾隆九年（1744年），雍和宫改为喇嘛庙，特派总理事务王大臣管理本宫事务，无定员，雍和宫由此成为是全国规格最高的一座佛教寺院。1983年，这里被国务院确定为汉族地区全国重点佛教寺院。

乾隆曾多次以诗表明自己生在雍和宫。他登基后，把父亲雍正的画像供奉在雍和宫的神御殿，派喇嘛每天念经，他在每年正月初七都要到雍和宫祭拜。一次他到雍和宫瞻仰祭拜后，作诗说："来瞻值人日，吾亦念初生。""人日"是古人对正月初七的叫法。乾隆诗的意思是，在正月初七那天到雍和宫祭拜，我总是念念不忘当初就是生在这里。

大概乾隆对自己出生地的流言有所耳闻，他在72岁那年正月到雍

和宫拜佛后写诗作注说：我确实是在康熙辛卯年生在这雍和宫的。乾隆79岁那年正月，到雍和宫拜完佛，又写下一首七律《雍和宫瞻礼》，在注释中他再次重申，他的确是在康熙五十年生于雍和宫，而且在那里生活了12年。

乾隆四十四年（1779年）新春，乾隆作《新正雍和宫瞻礼》诗中有一句："斋阁东厢胥熟路，忆亲唯念我初生。""斋阁东厢"指的是雍和宫的东厢房，即今雍和宫东书院如意室、平安居、太和斋一带。由此诗可见，乾隆本人不仅承认自己诞生于雍和宫，而且还暗示了自己出生在雍和宫的具体位置。

但是关于其父出生地的这些事，早先嘉庆皇帝竟然不知道，不知怎么他以为皇父是出生于承德避暑山庄，或许是听信了出生于热河行宫的传言，直到他登基十二年后，才放弃了乾隆生于承德热河行宫这一看法。

嘉庆十二年，嘉庆皇帝命令臣工编修乾隆帝的《实录》和《圣训》。清朝每位皇帝登基后，都要为其皇父撰修《实录》和《圣训》。《实录》是专门记载每位皇帝在位时的主要活动以及重大事件的编年体史书；《圣训》则是每位皇帝所颁的诏令和谕旨的集锦。他审阅时发现，这两

北京雍和宫建筑

部文献典籍中，把乾隆的出生地都写成了雍和宫。他当即命令编修大臣认真核查。官员把乾隆当年的诗找出来送给嘉庆审阅，嘉庆感到问题的严重性，于是只好放弃承德避暑山庄狮子园说法。

可是，乾隆出生地问题并没有因此画上句号。嘉庆二十五年七月，嘉庆

清宫四案之谜

皇帝到塞外打猎，突然死去。在军机大臣以嘉庆名义撰写的遗诏中说，皇父乾隆当年就生在避暑山庄，今天我死在这里，也没什么遗憾了。

起草的大臣应该是不知道嘉庆帝已改变了对皇父出生地的看法，所以才那样写。但新继位的道光皇帝显然知道这是错误的，他发现这一情况后，立即命令差官以每天六百里加急，将已发往琉球、越南、缅甸等藩属国的嘉庆遗诏从路上追回来。改写后的遗诏，把原来说乾隆生在避暑山庄，很牵强地说成乾隆的画像挂在避暑山庄。

道光帝为把爷爷乾隆生在雍和宫的说法作为结论确定下来，不得不把嘉庆当年说乾隆生在山庄的诗作都改过来。由于嘉庆的诗早已公开流行天下，这样大张旗鼓地修改，结果却是越抹越黑，使得天下人对乾隆皇帝的出生地问题愈加莫衷一是，议论纷纷。

后来，不仅乾隆帝的出生地闹不清楚，甚至连他母亲是谁，人们也产生了怀疑。那么乾隆的生母究竟是谁，只要看一看清宫《玉牒》和乾隆时期的《实录》及《圣训》，问题就一清二楚了，因为在《玉牒》和生卒记录底稿上都清楚地写着：康熙五十年辛卯八月十三日，孝圣宪皇后钮祜禄氏诞弘历于雍和宫。在《实录》和《圣训》中也有同样记载。

海宁陈家之子，雍正以女易男

史料虽这样记载，但也不代表人们肯这样去相信，况且如果乾隆帝真的是民间女子生于热河行宫草棚，在康熙不允的情况下，也有可能是雍正让某位嫔妃认作己子而养育，再骗他说生于雍和宫，也是有可能的，但这些更是猜测之外的猜测了。

围着乾隆身世问题，后来又冒出另一个说法：说乾隆是浙江海宁大盐商陈阁老的儿子。陈阁老名叫陈世倌，因曾官居大学士，民间俗称其为陈阁老，此人在康熙年间入朝为官，与雍亲王一家常有往来。今天的陈阁老旧宅，还保存一块九龙匾，据说是雍正亲笔书写的。

相传雍亲王和陈阁老两家夫人同年、同月、同日分别生了孩子，雍亲王让陈家把孩子抱入王府看看。可是，等孩子再送出来时，陈家老小个个目瞪口呆，自家的胖小子竟变成了小丫头，陈阁老本打算去换回来，但转念一想，孩子岂会轻易抱错，况且是性别不同的两个孩子。陈阁老觉得其中必有深意，便不再声张。那换入皇宫的胖小子，就是后来的乾隆皇帝。而陈世倌用儿子换来的雍正之女，也便是公主了，陈世倌家养着一个公主，不敢大意，将这个女孩带回海宁，专盖一楼养之，此女长大后嫁给了当朝重臣、大学士蒋廷锡之子蒋溥。蒋溥也甚得皇上恩宠，官至大学士。当地人遂将该女少时所居之楼称为"公主楼"。

陈阁老宅爱日堂内景

据说海宁陈家还有乾隆亲笔题写的两块堂匾，一块是"爱日堂"，一块是"春晖堂"。"爱日"也好，"春晖"也罢，用的都是唐朝孟郊诗"谁言寸草心，报得三春晖"这一典故。乾隆若不是陈家之子，何必用形容父母深恩的词语来题匾呢？所以若照

清宫四案之谜

此说来，乾隆便是雍正朝臣陈世倌的儿子，这样他竟完全成了一个汉人皇帝了！于是有人说还是汉人拿回了大清江山，果真如此，则清朝自乾隆以后的皇室，就成了汉满混血血统了。

这里不妨先来看一下海宁陈氏家族的历史。浙江海宁陈氏的先世为北方渤海高氏，宋太尉高琼之后。南宋著名诗人高翥乃是高琼六世孙高世英之孙，其父为高选。萧山东瓜沥谱中记载了高琼到高世英的世系关系，高翥有二子高道隆、高道安，高翥与其长子高道隆居于岩门，九世孙高谅入赘海宁城东皇冈陈明谊家为婿，其子荣遂承外家之姓为陈氏，而以父之高氏郡望为郡望，故称渤海陈氏，以别于外家原宗之颍川陈氏。

自明代中叶起，海宁陈氏始举科甲。但陈家的真正发达在明代万历年间，明代陈与郊、陈祖苞和清代陈之遴（清顺治朝宏文院大学士）、陈诜、陈元龙（清雍正朝文渊阁大学士）、陈奕禧、陈邦彦、陈世倌（清乾隆朝文渊阁大学士）等均为其族人。其中，陈元成这一支与传闻中的"海宁陈家"关系最大。陈元成之孙陈诜官至刑部尚书，陈诜之子陈世倌在雍正当朝时已历任巡抚，至乾隆六年以工部尚书授文渊阁大学士。他就是金庸在小说中所写的乾隆生父，陈世倌的侄子陈用敷也官至巡抚。

海宁陈氏是近代江浙四大家族之首，家族历史最长久，发迹最早，从政人数最多，家族势力最显赫。特别是有清一代，海宁陈氏为海内第一望族，科名最盛，名相迭出，宠荣无比。有"一门三阁老，六部五尚书"之誉。据传，当年陈崇礼科举及第之后蒙道光帝召对，得知他是陈世倌的后人，道光帝微微一笑说："汝固海宁陈家也。"不久，陈崇礼即被擢升为盐运使。若无雍正、乾隆和海宁陈家的这层关系，陈崇礼怎会受到如此眷顾？

所谓树大招风，清朝前期，海宁陈家尤受皇家厚待，康熙皇帝曾赐大学士陈元龙传世十六字：永世克孝，敬明其德，宜尔子孙，以匡王国。乾隆皇帝六巡江南，四来陈家，当然会被人认为陈家与皇家关系密切。最早提出乾隆帝是一个被偷换的汉家男婴这种说法的是晚清人天嘏

【第四部分】乾隆皇帝身世之谜

所著的《清代外史》，书中一个醒目标题便是"弘历非满洲种"，这本书还说，乾隆知道自己不是满族人，因此在宫中常常穿汉服，还问身边的宠臣自己是否像个汉人。应该说，这本书是没有什么根据的。在为反清排满大造舆论的晚清时期，极力诋毁清朝皇帝，大力渲染清宫秘闻是常事，这在当时的历史背景下带有浓厚的政治气味。但这些带有感情色彩的发泄决不等于就是事实。就在反清排满者制造清宫秘闻、硬说乾隆是以凤换龙的汉家男孩时，又有小说家出来凑热闹。

首先登场的是名噪一时的鸳鸯蝴蝶派大家之一的许啸天。1925 年在上海出版的许啸天名著《清宫十三朝演义》，从爱新觉罗始祖布库里雍顺，一直写到宣统大婚。关于乾隆家世，书中说：乾隆原是陈阁老的儿子，被雍正妻子用调包计换了来，乾隆长大后，从乳母嘴里得知隐情，便借南巡之名，去海宁探望亲生父母，但这时陈阁老夫妇早已去世，乾隆只得到墓前，用黄幔遮着，行了做儿子的大礼。许啸天编写的虽是百年前的乾隆故事，却融入了上海滩十里洋场的韵味，再加上文笔如行云流水般的自然生动，因而十分投合市井小民的胃口。随着《清宫十三朝演义》的风靡一时，乾隆是海宁陈阁老之子的说法更是不胫而走，广为人知。

还有传说讲到陈阁老死时，乾隆曾亲赐祭葬文。但祭葬文宣读之后，却没有依照惯例镌刻成墓碣，而是当场被焚烧于墓前。这一异常的举动曾引起人们的推测，有人认为或许祭文中有难言之隐，不便公开于世罢了。正因为种种传言，以致陈阁老及其故居成了后人们议论乾隆身世的焦点。

书剑恩仇兄弟情，"爱日""春晖"父母恩

　　近些年来，有关乾隆是海宁陈家之子的传闻仍然接连不断地被写入文艺作品，其中影响最大的便是武侠小说大家金庸的《书剑恩仇录》。该小说是金庸的首部长篇武侠小说，著于 1955 年。小说便是围绕着乾隆帝的身世之谜展开的，主要描写清朝乾隆年间，江南武林帮会红花会为反清复明，与清廷浴血奋战的故事，也是这本小说把研究乾隆是否汉人一事，推到了高峰。作为金庸的开山之作，作者一出手就不同凡响，显示出大家风度。在香港《大公报》上连载之时，引起了极大的轰动。小说将历史与传奇融为一体、虚实相间，史笔与诗情相结合，绘出了一幅波澜壮阔的历史画卷。

　　金庸出生在浙江海宁，从小听的就是有关乾隆身世的种种传说，在金庸的笔下，书中主角陈家洛被写成是乾隆帝的一母同胞，陈家洛是陈世倌的三公子、乾隆的亲弟弟，又从小跟着高人习武，文武双全，他的民族主义意识极强，立志要夺取满人江山，他的一生似乎都是围绕此事而运转的。为了完成这个使命，他"牺牲小我，完成大我"的思想极其浓厚。

　　小说开始时，乾隆帝并不知自己是海宁陈家的儿子。当时江湖最大的帮会——红花会的总舵主于万亭秘密入宫，将乾隆生母陈世倌夫人的一封信交给乾隆，信中详述当年经过，又说他左腿有一块朱记。待于

万亭走后，乾隆便把幼时喂奶的乳母廖氏传来，秘密询问，得悉了自己的家世真情：当年，陈世倌的小孩被抱进雍亲王府，哪知抱进去的是儿子，抱出来的却是女儿。陈世倌知是四皇子掉了包，大骇之下，一句都不敢泄漏出去。

陈家洛继于万亭之后成为红花会会主，在并不知情的时候，与乾隆在钱塘江边畅谈，但二人却是对头。书中有段说道："乾隆道：'你们红花会的行径已迹近叛逆。过往一切，我可不咎，以后可万不能再干这些无法无天之事。'陈家洛道：'我们为国为民，所作所为，但求心之所安。'乾隆叹道：'可惜，可惜！'隔了一会儿，说道：'凭着今晚相交一场，将来剿灭红花会时，我可以免你一死。'陈家洛道：'既然如此，要是你落入红花会手中，我们也不伤害于你。'乾隆哈哈大笑，说道：'在皇帝面前，你也不肯吃半点亏。好吧，大丈夫一言既出，驷马难追。咱俩击掌为誓，日后彼此不得伤害。'两人伸手互拍三下。"

陈家洛在知道乾隆是其哥哥后，于是期望激发哥哥乾隆帝的汉族意识，共同成就恢复汉家天下的宏伟大业，但却被其所骗。

小说中还有一位叫香香公主的女子，是金庸笔下所有小说中最美的女子。她"明艳绝伦，秀美之极，如明珠，似美玉，明艳不可逼视"，倾国倾城；本名喀斯丽，乃回疆公主，因身有异香而得名。香香不光美丽，而且她天真烂漫，毫无心机，却又勇敢善良，与陈家洛一见钟情。后陈家洛为光复明朝将其献给了哥哥乾隆，乾隆却想将红花会一网打尽，最后香香公主则牺牲了自己的爱情，在服侍乾隆时欲杀之，欲助自己恋人陈家洛一臂之力，不幸事败自刎，葬于"香冢"，化蝶而去。

金庸的这部小说精彩纷呈，使乾隆是海宁陈家之子的说法传得更广了。此外也有一些小说写到类似的故事。既然有这么多传说和传闻，那么乾隆究竟是不是海宁盐商陈阁老的儿子呢？要解开这个谜，首先让我们看看陈世倌其人。

陈世倌，字秉之，号莲宇，海宁盐官人，陈诜之子，1680生人，1758故去，康熙四十二年进士，改庶吉士。自编修累迁侍读学士，督顺天学政。

雍正二年，来到朝廷任内阁学士，又出为山东巡抚。时山东境内发生了旱灾和蝗灾，大运河粮运也受阻，世倌单车周历，密察灾情轻重、官吏办事效率，酌情治理，等到捕蝗略尽，并疏治运河航道，雍正帝曾以书扇相赐。陈世倌上疏言："社仓通有无、济丰歉，古今可行。宜令各乡劝富民输谷，不限多寡，量予奖劝。举公正乡约三人司其出入，官为稽覈。贫民春贷秋偿，石纳息二斗，歉则减之，十年后纳息一斗。请饬诸行省先就数州县行之。俟有成效，然后推广。"下所司议行。又疏请禁回教，上以回教其来已久，限于种人，非蔓延难量。无故欲禁革，徒纷扰，非治理，罢其议。又疏上沿海防卫五事，报可。四年，母忧归。命治江南水利，坐迟误夺职，并命赴曲阜督修孔子庙。

乾隆即位之前，陈氏为相者多已谢世，陈世倌尚存，却并未得到乾隆皇帝的格外关照。史载乾隆即位，陈世倌起左副都御史。乾隆二年，授仓场侍郎，再迁工部尚书。六年，授文渊阁大学士。

而据清宫档案的有关记载，陈世倌在乾隆六年（1741年）升任内阁大学士不久，就因为起草谕旨出错被革职，不仅如此，乾隆皇帝还当面斥责他"无参赞之能，多卑琐之节，纶扉重地，实不称职"。如此一点情面不留，别说是生父，就是普通的前朝老臣也很少受到这样的呵斥

陈世倌故居

奚落，乾隆为人极孝，是不可能如此对待亲生父亲的。

还有更重要的一点是，根据清朝皇室的家谱《玉牒》记载，乾隆降生前，雍正的妻妾已生过四个儿子，分别是：

1. 爱新觉罗·弘晖，雍正帝长子，幼殇。生母为孝敬宪皇后，康熙三十六年三月生，康熙四十三年殇，年八岁，乾隆帝即位后追封为端亲王。

2. 爱新觉罗·弘盼，未齿序，幼殇。生母为齐妃李氏。康熙三十六年六月生，康熙三十八年二月殇，年三岁。

3. 爱新觉罗·弘昀，雍正帝次子，幼殇。生母为齐妃李氏。康熙三十九年八月生，康熙四十九年殇，年十一。

4. 爱新觉罗·弘时，雍正帝第三子，称三阿哥。削宗籍。生母为齐妃李氏。康熙四十三年二月生。雍正五年八月六日卒，年二十四。

雍正帝的弘晖、弘盼、弘昀三个儿子虽然已幼年早死，但三阿哥弘时已经八岁，另一个王妃过了三个月又生下了一个儿子。而且，这时的雍正才三十四岁，正当壮年，他怎会在已经有了一个八岁的儿子、另一个王妃又即将临产的情况下，急急忙忙、偷偷摸摸地用自己的女儿去换陈家的儿子呢？这于情于理都是说不通的。再退一步讲，那时的雍正连自己都不知道能不能登上未来的皇位，又怎么知道陈家的儿子就是个有大福的人呢？

那么把乾隆是海宁陈家之子的故事写得天下皆知的金庸先生针对乾隆身世这件事是怎么说的呢？他曾这样告诉读者们：《书剑恩仇录》中所谓的乾隆的弟弟"陈家洛这人物是我的杜撰"。并且声明："历史学家孟森作过考据，认为乾隆是海宁陈家后人的传说靠不住。"还说："历史学家当然不喜欢传说，但写小说的人喜欢。"

金庸说的是大实话，他是小说家，写小说当然是情节越传奇越有吸引力，但历史学家孟森在乾隆身世方面有着详实的考证，他认为乾隆是"以女易男"的说法根本靠不住，所谓的陈家公主应为陈家之亲女，"公主楼"根本就不存在。陈家"公主"所嫁的蒋溥，字质甫，号恒轩，江苏常熟人，善画花卉，得家传。蒋溥之父名廷锡，被康熙帝赐进士，授编修，为内阁学士，官户部尚书、兵部尚书，拜文华殿大学士。雍正八年科考，蒋溥为二甲第一名进士，后改庶吉士，入南书房，受封为一等轻车都尉，后先后担任翰林院编修、侍讲、左春坊庶子和侍讲学士等职。乾隆四年（1739年），蒋溥担任会试同考官，还没有结束，就出任内阁学士，不久又升为吏部侍郎兼刑部侍郎。乾隆七年（1742年），蒋溥担任经筵讲官，不久署理湖南巡抚。

史书上记载了蒋溥在湖南的很多政绩，说其在任湖南巡抚时，提倡蚕丝业，促进了当地经济的发展。当时，湖南省民间私自铸钱的现象非常严重，蒋溥注意到当地辰州、永州的山谷里盛产铜矿，让人去采样，发现可以炼铜。于是他上奏朝廷批准，设炉开局，铸造铜钱，止住了民间私自铸钱的风气。

乾隆九年，蒋溥入朝为吏部侍郎，军机处行走。乾隆十三年，他充当会试总裁，进户部尚书，加太子少保。乾隆十八年七月，淮扬发生水灾，皇帝下诏截留江苏漕米四十万石，加上本年秋拨银两用来赈济。蒋溥考虑到秋拨册档到部的时间比较晚，于是请求将春拨留下的银两用来帮助邻省的款项先尽本省用，保证了赈务没有出差错。不久蒋溥兼署礼部尚书、协办大学士，掌翰林事。乾隆二十四年正月，蒋溥晋升东阁大学士兼户部尚书，次年又担任会试总裁。当时他已抱病在身，并日渐加剧，乾隆皇帝十分关心他的健康状况，曾经多次亲临探视。乾隆二十六年四月，病逝于任上。

蒋溥性情宽厚而警敏，任职后，精心奉职，勤于政事，是乾隆时期的重臣，亦是蒋派花鸟画艺术的重要代表。他的花鸟画得其家传，随意布置，多饶生趣。树石小帧，墨气清逸，灵秀之致，毕集毫端。雍正皇帝曾经在蒋溥的画作上题诗"师承家法闲图出，右相丹青有后生"。

关于蒋溥的妻室，考证说蒋溥有王姓妻子，也是一名画家，且小有名气，也许蒋溥有陈氏妻子，但并不出名。

蒋溥去世前，乾隆曾两次亲往视疾；蒋溥去世后，乾隆皇帝又亲

陈世倌母亲查氏得封一品夫人的碑文

临祭奠，十分哀恸，悲感万分，加赠蒋溥太子太保，入祀贤良祠并礼乡贤祠，谥曰"文恪"。

待到乾隆皇帝南巡时，又追念蒋溥，多次派人到其墓地祭奠。有学者以此作为蒋溥之妻为"公主"的证据。但孟森先生认为，蒋溥久居相位，得了重病，皇帝去探望，死后亲自去祭奠，这只是常例，此证据不足为信。但也有学者认为蒋溥虽是大学士，但乾隆朝大学士尤多，有二十余位，蒋溥并不十分出色，乾隆皇帝对蒋溥的连番举动十分出格，因此认为其中必有缘故。

至于人们所说的海宁陈家的房舍中有"爱日堂"、"春晖堂"两块皇帝御书的匾额一事，虽然确有其事，但孟森考证的结果是两块匾额都是康熙御书赏赐的，分别是康熙三十九年（1700年）和五十二年（1713年）根据陈家在朝中做官的侍读学士陈元龙、陈邦彦的奏请，题写后赏赐其父母的，而不是乾隆写的。

20世纪初期时，一些满族人对街谈巷议中关于乾隆是汉人的说法就十分反感。当时有个叫富察敦崇的旗人，专门写了一本《皇室见闻录》，他在书中质问："以雍正之英明，岂能任后宫以女易男？"书中谈到，皇孙诞生，按例王府要立即差派太监，先到内奏事处口头上报，再由宗人府专门写折子奏报皇上，以备命名，岂能拖了几天甚至几个月还没有申报的？若是雍亲王府已按时申报生的是女孩，又怎能过了几天又改为是男孩？由此一点，即可证明传说的谬误。

乾隆四访陈氏园，安澜园名现真意

那么乾隆帝为什么六下江南，有四次到海宁，而且每次都住在陈家私园呢？史载乾隆驻跸的陈家私园名叫"隅园"，是一座著名的古代江南私家园林，位于海宁县城的西北角，有着上千年历史。这个宅子最早本是著名学者王国维的先祖、宋朝的王沆所建，据清道光年间所修《海宁安化王氏宗谱》记载，王沆为太子晋（王子乔）第五十五世孙，本山东青州人，其祖父王禀与父亲王荀均为抗金志士，为国死难。北宋靖康末，王沆避兵祸至江南，在盐官长平乡（今海宁市伊桥）结草为庐，建园以居，才开始有了这个园子，当时称为"王氏园"，后越建越大，开始有"浙西园林之冠"的美誉。

明朝时，此园为太守陈与郊所有，开始起名"隅园"。陈与郊原姓高，字广野，号禹阳、玉阳仙史，亦署高漫卿、任诞轩，海宁盐官人。明万历二年（1574年）进士，累官至太常寺少卿。二十四年，上疏乞归乡里，隐居盐官隅园，埋头著述。明朝晚期时，陈元龙的曾祖陈与相得此园，至陈元龙拜相后，将它改建扩大，集山水于一景，融庭园于一体，有楼台亭阁三十余座，并把大门改为竹扉，又增建了双清草堂，还移建了筠香馆，有皇宫内院之气派，初名"遂初园"，占地有数百亩之广，入门水阔云宽，风景宜人，园内有百年古梅，是南宋时期的老树，古干虬枝，颇有气势，百亩池塘间泉石深邃，卉木古茂，时称江南四大

【第四部分】乾隆皇帝身世之谜

清宫四案之谜

名园之一。当时著名诗人袁枚咏该园诗有："百亩池塘十亩花，擎天老树绿槎枒。调羹梅也如松古，想见三朝宰相家。"清代陈卿在《安澜园记》中也记载："庭广数亩，宽平如坻，栏俯清流，縠纹渺远，望隔湖山色，在烟光杳霭之中。夏日荷翠翻风，花红绚日，虽西湖三十里，无以过之。"可见此园盛况。

再说下此园子的主人陈元龙，其字广陵，号乾斋，浙江海宁人，生于1652年，康熙二十四年一甲二名进士，授编修，直南书房。康熙二十五年五月，陈元龙迁任翰林院侍读，充日讲起居注官。康熙二十七年，任会试同考官，同年因牵连高士奇等"植党营私，表里为奸，招授纳贿"案，被休致回籍。不久，改任詹事府右春坊右庶子。康熙三十八年，陈元龙出任陕西乡试主考官，擢侍读学士。康熙四十二年，充任詹事、日讲起居注官、户部主事。康熙四十三年五月，陈元龙请假省亲，没多少日子，擢为詹事。

陈元龙为詹事时，乞假养亲。这一年，先是朝廷开了赋汇馆，陈元龙任总裁；接着又命陈元龙携带《历朝赋汇》返还家去，进行校刊。康熙四十九年四月，陈元龙为翰林院掌院学士，兼礼部右侍郎，充日讲起居注官、经筵讲官、教习庶吉士。康熙五十年二月，陈元龙改任吏部右侍郎，仍管翰林院事，转左侍郎，授广西巡抚；在广西七年，尽心尽职，抚慰百姓，属吏官僚敬畏他，士子民众对他也感怀。康熙五十四年，他提倡所建兴安陡河石堤及三十六陡门完成，全面恢复汉代马援、唐朝李渤的名胜古迹；并且在省城扩大救济院，兴立义学，创办育婴堂，构建仓廒储粮。在职期间，他重视修治灵渠，捐俸禄作为修治费用。仅在桂林，陈元龙就建仓库百余间，贮谷备灾；建设养济院收容孤寡老人；兴办义学数十处使庶民子弟得以就学；在桂林七星岩前自建书院，时常为诸生讲学授课；他还不断巡视农田状况，规劝、鼓励农民耕种。康熙五十七年九月，陈元龙授工部尚书，改礼部尚书，第二年再任兵部尚书。

雍正元年，江苏巡抚吴存礼因事革职，查明吴存礼曾行贿多人。陈元龙当时任礼部尚书，也曾受贿。雍正三年，陈元龙任广西巡抚。广西自康熙五十三年开捐监生、贡生，陈元龙肥己十一万两。因曾捐助军需，故在陈元龙甘愿退赔情况下，准其照数扣除。陈元龙的儿子陈拜直、侄子陈邦彦也因钱名世的刺恶诗被革职，发回原籍，成为钱名世罪案的一对受害者。

雍正五年，陈元龙又任礼部尚书。雍正七年，因年近八旬，精力尚健，定为"优眷老臣"，授为额外大学士。后实授陈元龙为文渊阁大学士，文华殿大学士，兼礼部尚书。雍正十一年，陈元龙上疏请求退休。雍正帝下令加太子太傅衔，以原官退休，并让他的儿子翰林院编修陈拜直随父归里，侍养晚年。起程时，皇帝赏赐酒、食、果品，六部堂都出来饯送，沿途官弁尽礼迎送。雍正十二年，御赐《上谕》一卷、《悦心集》、《宝镜堂》各一部。

乾隆元年，陈元龙去世，年85岁，以太子太傅、大学士致仕，祭如制，谥文简。

陈元龙曾经在己未科应会试，由于岳父任总裁，规定得回避，不能参加考试。此事被康熙知道了，说："翁婿何回避之有，可取令入试。"

此时已到中午，康熙派人奉旨特送陈元龙入场，考后陈元龙得第二名，此事成为科场佳话，从此以避嫌不得入试之说被摒弃。

陈元龙擅长书法，人若得到，皆作为装潢。入值南书房时，圣祖对他说"朕素知尔工楷法，作大书一幅"，康熙帝让他就在御前书写，书成，皇帝嘉奖了他，并且以御书阙里碑文展示出来。

不但在京城，就是在海宁一带，陈家也一直有好名声在外。据传，陈元龙的父亲受过封赠，为人仁爱孝顺。一个炎热的晚上，他父亲鞭挞奴婢，让她驱赶蚊子。太夫人早晨起床询问缘故，陈元龙的父亲答道："蚊帐漏进一个蚊子，睡卧不能安生。"太夫人发怒说："你有纱帐和湘妃竹做的席子，足以度过炎热的晚上，区区一蚊，就能使你受苦，这对于奴婢又有何过错？你打人扑蚊的声音，竟然惊醒了我的睡梦。我们海宁县城乡的贫困草屋里，此时缺乏蚊帐的人很多，那么多蚊子叮咬，彻夜不能合眼，不知他们这些家是否有奴婢供鞭打。"他父亲听完，惊惶谢罪，连说："是，是。"立即命令管理当铺的在门口张贴告示："凡有用蚊帐作抵押，从半铢到三铢钱的，全免本钱，归还蚊帐。"他父亲将此回报太夫人知道，太夫人听后大喜。待到寒冽的雪天，他父亲又叫管理当铺的拿出絮布衾袄之类，像归还蚊帐一样，还给物主。他父亲又把此事回禀太夫人，太夫人更是高兴，说："你能这样做，那么，乡里乡亲的也能沾点光，足可以抵消你鞭挞奴婢的过失了！"

可见，无论是清廷中央还是海宁地方，以陈元龙为代表的海宁陈氏家族都是名声在外，其家族名人历任康、雍、乾三朝宰辅，其私家园林面积广大而又美丽，在海宁这一带，实在是找不到另外一个比这"三朝宰相家"的私家园林更为体面的地方来迎接乾隆皇帝了。而且这个园林不但面积很大，景色可人，而且离海塘也很近，据说在园中就可以听到海潮的声音。难怪乾隆皇帝六下江南，要四度驻跸此园了。

乾隆自己也说十分喜爱此园，说其驻跸陈氏隅园是"喜其结构至佳"，在他初幸隅园之后，便赐其名为"安澜园"，以志此行在使海水永安其波澜。当他再度幸陈园时，见到新制御书"安澜园"匾额已挂在正门之上了。乾隆帝还赋诗曰："安澜易旧名，重驻跸之清。御苑近传迹，海疆遥系情。来观自亲切，指示泊分明。行水缅神禹，惟云尽我诚。"

乾隆74岁时，最后一次来到陈园，带了十五子永琰（后改名为颙琰，乾隆帝退位后他即位为嘉庆皇帝）、十一子永瑆和十七子永璘同行，到海宁陈园观赏游览。在后人所作的《陈园图》中，可以看到"太子宫"的一组建筑，即为皇子的居住处。乾隆四驻陈园，每一次均写有五言诗六首，总共二十四首。其最后一首是："一溪春水柔，溪阁向曾修。月镜悬檐角，古芸披穿头。去来三案驻，新旧五言留。六度南巡止，他年梦寐游。"乾隆此时年事已高，知道再来不易，便说以后只好在梦里来这里游玩了，表达了对这里的依依不舍之情。

乾隆帝回京之后，在圆明园也仿造了一个安澜园。该园位于福海西北，因修葺四宜书屋之便，故按陈氏隅园的布局全部仿建，巧妙的结构颇得乾隆皇帝喜爱，建成之后因其"左右前后，略经位置，即与陈园曲折如一无二"，亦将这园中之园题名为"安澜园"。安澜园之正宇五楹为四宜书屋，东南为薛经馆，又南为采芳洲，其后为飞睇亭，东北为绿帷舫。四宜书屋西南为无边风月之阁，又西南为涵秋堂，北为烟月清真楼，楼西稍南为远秀山房，楼北度曲桥为染霞楼。对于这些建筑，乾隆一一题咏，称《安澜园十咏》。

对于此园，晚清诗人王闿运有诗云："谁道江南风景佳？移天缩地在君怀"，说的正是乾隆喜江南园林，南巡时携画工将风景尤佳者绘图以归，在御园或行宫中仿建，以便随时游观。乾隆还写了一篇《安澜园记》，说自己筹建海塘，是愿其澜之安也，不仅如此，凡长江、黄河，以及南北济、运、清、黄交汇之处，"何一非予宵旰切切关心者"，亦都愿其澜之安也。这样，由陈氏隅园而海宁安澜园，由海宁安澜园而圆明园中的安澜园；由海宁隅园赐名"安澜"、愿东海之澜安，而御园中仿建安澜园、更愿四海之内江河之澜皆安，乾隆由此曲折地表达了他时时不忘民生疾苦的这样一个意思。

由乾隆所题的"安澜园"之名的意思也可知道，乾隆真正关心的还

古图绘圆明园安澜园

是钱塘江海塘修筑工程。据历史档案记载，乾隆四次南巡到海宁，也主要是视察耗资巨大的钱塘江海塘工程。钱塘江海塘又名浙江海塘，是浙江省古代伟大的水利工程之一，为钱塘江河口防洪、防潮江堤的习称，它与长城、大运河被称为我国古代三大最著名的建筑工程。其全长300多公里，高6—7米，其中北岸从杭州至平湖金丝娘桥，长160公里，南岸从萧山至上虞夏盖山，长157公里。钱塘江海塘始筑于秦，唐开元元年（713年）盐官一带重筑，称捍海塘，原为土塘，后历代都有修筑。北岸海塘多用条石砌成，塘身横断面呈梯形，条石间用铁锔和铁锭固定，背面用土壅固加厚。海宁盐官镇一带古海塘现保存完好。

当年，康熙也曾六次南巡，但只是到杭州，重点也是视察钱塘江海塘工程。雍正初年，动用正项钱粮之举逐步增多，在海塘经费问题上，雍正帝屡屡提醒浙省官员，"务要工程坚固，一劳永逸，不可吝惜钱粮"。到乾隆时，海潮北趋，海宁一带潮患告急，而海宁大堤一旦冲破，苏州、杭州、嘉兴、湖州这一带全国最富庶的地区势必被淹，到那时将会严重影响国家的税收和漕粮的征收。乾隆从"海塘为越中第一保障"的认识出发，四次亲临海宁，检查海塘工程，终于建起海潮屏障鱼鳞石塘，其中有的地段至今完好，仍然起着挡潮防患的作用。而在当年乾隆巡视时，在偏僻的小县海宁，实在找不出比陈家私园更体面的接驾的地方。乾隆在陈氏家园住过四次，但对陈家子孙却一次也没有召见过，更谈不上传说中"升堂垂询家世"的事了。

乾隆生母熹妃，满汉身份未知

关于乾隆帝身世，近些年来又出现的一说，是研究《红楼梦》的红说人士得出来的，说乾隆帝乃林黛玉和曹雪芹的私生子，此说承接了上篇雍正之死中其被曹雪芹和林黛玉化身毒死之说，但由于此说完全是凭空臆测，毫无历史根据，多被人当作笑料，这里不再赘述。

综合以上所讲，结合所有的正史、野史与传闻，可以得出有关乾隆的身世有如下几种说法：

1. 乾隆生于雍和宫，母亲是熹妃钮钴禄氏，父亲是雍正皇帝。

2. 乾隆生于雍和宫。母亲是热河民间女子，父亲是雍正皇帝。

3. 乾隆生于避暑山庄。母亲是热河行宫宫女李佳氏，父亲是雍正皇帝。

4. 乾隆生于避暑山庄。母亲是江南女子"傻大姐"，父亲是雍正皇帝。

5. 乾隆生于海宁陈家。母亲是陈夫人，父亲是陈世倌。

6. 乾隆生于雍和宫。母亲是林黛玉，父亲是曹雪芹。

这几种说法中，既有正史记载，也有传说传闻，还有搞笑的评说。但事实上只第一条是比较靠谱的正史，其他皆是传闻或笑话式的猜测。为什么会这样呢？因为乾隆的身世之谜的传播历时已久，它是清朝最有趣、传闻最多的历史疑案。朝野上下、京城内外、官方文献、御制诗文

均被搬出来考证，而在清末民初排满情绪的推波助澜下，野史笔记、民间评说、戏曲小说也都在尽情地演绎这段故事，因此即便是假话，也有很多人开始相信了。

由上论述可知，在传闻和野史都被证明是伪说之后，穿过层层的历史迷雾，只需要找到乾隆帝的生母便可以了。那么绕过热河女子、李佳氏、傻大姐、陈夫人等各形各色的女人，只着重于第一条，便知唯一的真相只能锁定在乾隆生于雍和宫、母亲是熹妃钮钴禄氏。于是，乾隆真正的母亲终于和世人见面了，她就是熹妃，钮钴禄氏，崇庆皇太后，属满洲贵族血统。

说到这里，好像所有有关乾隆身世的诸多传闻都被考证推翻了，真相被正史揭开了。但其实不然，因为我们还不知熹妃为何人，必须再翻开有关于这位熹妃的档案，才能知道乾隆真正的身世之谜。

成书于乾隆十七年、署名萧奭的《永宪录》卷二有这样的记载：（雍正元年）冬十有二月丁卯。午刻上御太和殿。遣使册立中宫那拉氏为皇后。诏告天下，恩赦有差。封年氏为贵妃，李氏为齐妃，钱氏为熹妃，宋氏为裕嫔，耿氏为懋嫔。

清宫档案《雍正朝汉文谕旨汇编》雍正元年（1723年）记载：雍正元年二月十四日奉上谕：尊太后圣母谕旨：侧福晋年氏封为贵妃，侧福晋李氏封为齐妃，格格钱氏封为熹妃，格格宋氏封为裕嫔，格格耿氏封为懋嫔。

《清世宗宪皇帝实录》雍正元年（1723年）二月甲子（十四日）记载：谕礼部：奉皇太后圣母懿旨：侧妃年氏，封为贵妃；侧妃李氏，封为齐妃；格格钮祜禄氏，封为熹妃；格格宋氏，封为懋嫔；格格耿氏，封为裕嫔。尔部察例具奏。

上面的记载中，前两条档案是完全吻合的："封……钱氏为熹妃"、"钱氏封为熹妃"。而第三条档案则显示："格格钮祜禄氏，封为熹妃"。三条历史档案中存在着矛盾，但可以肯定的是："熹妃钱氏"和"熹妃钮祜禄氏"在同一天奉皇太后的懿旨受封，她们必然是同一个人。因为按照清宫的规制，册封皇妃不能有重名，不仅同一天不会有，整个清王朝都不可能有两个熹妃。萧奭的《永宪录》与清宫档案《雍正朝汉文谕旨汇编》互为证据，不可能同时出错，更不可能错误相同。这两条档案都是最有力的证据，它所提供的信息比任何传闻都更具颠覆性，因为它昭示出的是如下事实：乾隆的母亲姓钱。

钱姓熹妃非满人，因子改姓钮祜禄

既然乾隆的母亲姓钱，那么就让人怀疑她是不是满族人了。这就必须对钱氏的家族姓氏做一番解读。

钱姓起源于中国南方，早在西周就已获姓得氏，由彭姓演变而来，但最早是源于姬姓，出自周朝颛帝裔孙彭孚的官名，属于以官职为氏，改姓彭。《通志氏族略》上面记载说："颛顼帝曾孙陆终生彭祖，彭祖裔孙孚，周钱府上士，因官命氏。"周代的钱府上士，是一种官名，专管朝廷的钱币，结果颛顼帝的一位叫做孚的后代当了这个官后，就干脆拿官名当作自己的姓。这就是钱姓由来的一种说法。

另一种说法是源于地名。相传黄帝之孙颛顼在祖父去世后继为天子，他执政期间，中原各部落氏族势力不断发展壮大，人口迅猛增长，土地日趋紧张，部族间的矛盾也越来越尖锐。面对此种情况，颛顼决定重新分封天下，他将自己的八个后人分别分封到彭、己、董、秃、坛、曹、斟、芈等地，让他们各自建立方国独立发展。这些方国名称后来陆续演变为相应的姓氏，成为中国南方早期八个主要姓氏的来源。其中彭

国传至颛顼曾孙吴回时，帝喾委托吴回接替其兄长重黎的火正之职（掌管火种的官），史称火正祝融。这些别子以后就成为这些别宗的始祖，他们的土地和名位也由各嫡长子继承，成为别宗的宗子。这些别宗的宗子，对于"大宗"而言，他们是小宗，而在自己的宗族内，则为族长，就是"大宗"，史称"别子为相，继别为宗"。因此，彭祖的各支庶子孙多改换姓氏以有别于嫡系，其中有一支把"籛"字去"竹"头简化为"钱"，于是便形成了后来的钱姓。清朝人王相所著《百家姓考略》记载："钱，征音。彭城郡。系出铿氏。彭祖姓籛名铿，支子去竹而为钱氏。"

钱氏一姓在发展的最初阶段却是寂寥无闻、没有作为，整个先秦时期见诸于史籍记载的仅仅有隐士钱丹一人，且语焉不详、事迹不清。而钱姓族人这时的活动范围仍只局限于其肇基之地的彭城及其周围地区，至于关中钱姓则是湮没无闻了。进入秦代，钱姓人中才有当时地属关东的下邳（如今江苏睢宁）名士钱产因才能出众、节操高雅被朝廷任命为御史大夫，因御史大夫在秦代是专门负责掌管朝廷监察、纠劾百官之权的三公要职，位尊而且权重，一般非皇帝股肱亲信都不得担任。因此诏令一出，钱产顿时声名鹊起，饮誉一时，一直不为人所熟知的钱姓也变得家喻户晓，从此进入天下著名姓族之列。

五代时，吴越王钱镠曾以杭州为中心建立了吴越国，历时86年之久，是时境内安宁，人民富足，有不少吴越臣僚先后都被赐以国姓"钱"，而改姓为钱。《宋史·吴越钱氏世家》称，吴越王钱镠"与战士多赐己姓"，至忠懿王钱弘傲临朝称制，这些因赐姓而改姓钱氏之人"皆称同宗"，都自认为属于钱姓之人了。乾隆母亲钱氏之宗族，应该便是出自吴越国王一族或其所赐之钱姓。

到了宋代，钱姓开始扬名于中国，因为北宋时期产生了《百家姓》这部书。姓氏的排列依次是赵、钱、孙、李、周、吴、郑、王……钱姓被排在了第二位。很显然，这姓氏的排列并没有按照姓氏人数的多少去排，那么，它是参照什么规律来排的呢？赵氏名列第一，因为赵匡胤是皇帝。而在当时人数不多的钱氏为何排在第二呢？这是因为人民拥护吴越钱姓王和平统一的决策，当时赵匡胤建立了北宋，只是吴越国还没有归顺，吴越国王钱弘为了使人民不受战乱之苦、生灵不受涂炭，尊承钱武肃王钱镠遗训，取消了自己的王位，尊奉赵匡胤建立的宋朝为国家正统，将下辖十三州近百县以及十余万兵马全部交由宋朝朝廷，由此实现了国家的和平统一。老百姓为了缅怀这位以中国统一大业为重、以人民生命财产为重的钱氏国王，便把钱姓排在了《百家姓》第二位，仅次于当时的皇家赵氏。

宋、元、明、清四朝，钱姓有了较大的发展。明代时，大量原先居住于江浙一带的钱姓宗族迁往大江南北的广大地方，进而形成钱姓历史上的又一次迁徙浪潮。这里值得一提的是，由于江浙钱姓自五代以来便罕遇战乱，生活相对富足稳定，加之又极富文化传统且崇尚学术，特别在元代其更以文教工商为业，勤俭治家，所以到明代时便很快涌现出一大批学富五车、满腹经纶的栋梁之才。据编撰于清代乾隆年间的《古今图书集成·氏族典》记载，仅其知名者便已百数，分布地区已不再限于江浙而遍及全国各地。他们或官或宦，或文或武，都对社会进步起了极大的促进作用。

满族原本没有钱氏之姓，清代之前满族又称女真，是居住于东北长白山一带的少数民族，所用姓氏自然也都是本民族所固有的。明末清太祖努尔哈赤举兵反明时，出于战略上的需要，他创制兵民一体、军政合一的八旗制度以统辖女真各部。以后随着统治地域与人口的扩大，清太宗皇太极又以境内汉人和蒙古族为基础创建汉军八旗和蒙古八旗。清军入关后，汉军八旗大量吸纳中原汉人，规模不断壮大，钱姓也相应出现于其中，但他们仍是汉人，而由于经过清代的长期融合，汉军八旗中的汉人大多满化成为满族，而不少满族人户则因汉化开始采用汉姓，这样便有了满族钱姓。但在乾隆之前，满族钱姓即便是有，也是极少的；满族钱姓的扩大，应该是在 1911 年辛亥革命后，满清王朝倒台，迫于形势压力，大批满族纷纷改姓汉姓，作为汉人大姓，钱姓自然是选择之一，满族钱姓因此大为扩大。

既然乾隆之前的清朝满族人不大可能姓钱，那么乾隆的母亲便有极大可能是汉族人，如果是的话，这样一来，乾隆就是满汉混血儿。但是，钱氏在《清世宗宪皇帝实录》中为什么成为了钮祜禄氏呢？钱氏家族的后人钱治冰经过考证认为：雍正元年二月十四日册封熹妃钱氏的时候，这个时候雍正还没有秘密立储，也就是说，这时候弘历（乾隆帝）是作为普通皇子养育的，其母亲钱氏也和其他普通皇子的母亲一样都是可以保留汉姓的。而到了雍正元年八月十七日，雍正正式设立秘密立储制，才指定弘历为皇太子。这也就是说，熹妃由钱氏变成钮祜禄氏就是在雍正秘密立储之时或之后的事了。

　　那么熹妃为什么要将钱姓改成满族的钮祜禄氏呢？唯一合理的解释就是：因为皇太子的母亲需要有一个高贵的满族出身，这样皇储宝亲王弘历才能血统纯正，因此必须要将熹妃姓氏篡改为满族贵姓。而钮祜禄氏是满族最高贵的姓氏之一，其先祖巴图鲁额亦都曾帮助努尔哈赤以十三副兵甲起家，是奠定清代开国基业的第一功臣，改成钮祜禄氏是很好的选择。

孝圣宪皇后（乾隆生母熹妃）像

　　出于这种考虑，但不知是在谁的安排下，熹妃钱氏便拜巴图鲁额亦都之后四品典仪凌柱为义父，从而便改汉姓钱氏为满姓钮祜禄氏了。

　　于是，在乾隆朝修订的《清世宗宪皇帝实录》中，钱氏就成为了钮祜禄氏，清代皇室的《玉牒》中也更详细地表明：世宗宪皇帝（雍正）第四子高宗纯皇帝（乾隆），于康熙五十年辛卯八月十三日，由孝圣宪皇后钮祜禄氏凌柱之女诞于雍和宫。

嘉兴钱氏生乾隆，乾隆厚待钱国舅

史料对于凌柱的记载是：钮祜禄氏，满洲镶黄旗人，孝圣宪皇后钮祜禄氏父，1664 年生人，曾在礼部任职，后官至四品典仪。其女钮祜禄氏于康熙五十年（1711 年）八月十三日生乾隆帝。凌柱长子伊通阿，任散秩大臣兼佐领。次子伊松阿和三子伊三泰，都任三等侍卫。四子伊绅泰，任蓝翎侍卫。乾隆即位后，凌柱被封一等公，凌柱妻子封一品夫人。世袭罔替。

凌柱的姓氏钮祜禄氏家族历史功绩虽然不错，但凌柱家庭并不显赫，很适合钱氏认作干亲，这样不至于太招摇。

如果乾隆的母亲钮祜禄氏原本姓钱，那么，这位生下一代帝王的钱氏是生于谁家的女子呢？根据钱治冰的最新考证："乾隆之母钱氏（1692—1777 年）是浙江嘉兴钱纶光与其妻书画家陈书（1660—1736 年）之幼女，是刑部尚书钱陈群（1686—1774 年）的妹妹"。由此来看，乾隆之母钱氏的确是江浙一带的汉族钱氏人家。

钱纶光乃海盐钱氏之后，以钱镠为始祖，明代著名谏臣钱嘉征即是钱纶光的叔叔。钱嘉征字孚于，明代天启举人，国子监贡生，监察御史，正值明阉官掌权年代，皇帝不理朝政，阉党横行，朝政腐败，陷害忠良，欺压百姓。钱嘉征以七品小京官，青衿贡生，为揭发魏忠贤阉党罪行，不顾前车之鉴、灭门之灾，冒死上奏，写了一份彪炳史册的奏本——史称《钱嘉征疏》，敲响人称"九千岁"的宦官魏忠贤丧钟，疏称"以磬南山之竹，不足书其奸状，决东海之波，难以洗其罪恶。"钱嘉征例举魏忠贤临驾皇帝、陷害皇后、篡夺兵权、遍置党羽、豪夺良田、建造生祠、滥封官爵、虚冒军功、盘剥百姓、舞弊科举等十大罪状，群臣呼应，皇上察觉，最终参倒魏忠贤及其罗纲奸党。而《钱嘉征疏》以其锋芒毕露、义无反顾的忠勇，被史称为"击奸第一声"的谏臣之楷模。钱嘉征死后葬于仙掌峰，墓前均遍植松柏，形成一片郁郁葱葱的松柏林，人称"钱墓"。思想家吕留良曾写的《钱墓松歌》，其中的反清复明思想曾于四十余年后激励湖南弟子曾静进行反清活动，但反被逮治，引发震惊朝野的吕留良案文字狱。

钱嘉征的另一侄子钱汝霖，也是具有民族节气的抗清名士，明末清初，钱汝霖与桐乡崇福反清名士吕留良等人，在南明政权授意下企图利用南北湖谭仙岭险隘，聚义起兵反清，曾在南北湖周围盘桓，后因清兵长驱直入和南明政权很快失败而未成功，之后钱汝霖隐居南北湖邵湾山中紫云村，倾心程朱理学，卒年72岁。玄孙钱载，清乾隆十七年二甲一名进士，官内阁学士礼部左侍郎，正二品。钱载子钱世锡，乾隆四十年进士官翰林编修检讨。钱载孙钱宝甫嘉庆进士，官至山西布政司。

明清之际，钱家也为嘉兴望族，钱纶光之父名钱瑞征，康熙时期举人，官西安教谕。钱纶光曾是太学生，工书，有诗名，长大后游学全国，来到嘉兴后，入嘉兴陈家为婿，但子女仍姓钱。钱纶光曾任海监一职，诗书上与妻子陈书唱合，颇为和谐。

钱纶光夫人陈书，字南楼，号上元弟子，晚号南楼老人，秀水（今浙江嘉兴）人，生于1660年，卒于1736年，清代女画家，善画花鸟、草虫，笔力老健，风神简古，其用笔类陈道复而遒逸过之。山水人物亦擅长，间绘观音、佛像等，颇为精通诗文。

钱纶光死得较早，使得家道中落，陈书只能勤俭持家，白日卖画贴补家用，夜来纺纱织布，苦度岁月，好在家里以前比较富裕，又有陈氏同宗亲戚接济，生活还能过得下去。陈书对于子女的教育从不放松，教子读经吟诗至深夜。其子钱陈群在她的精心培育下，在清康熙六十年中了进士，进入朝廷担任侍读学士等官职。

陈书在书画方面的造诣很高，笔墨娴雅，结构严谨。当时书画家评论她画的人物称得上逸品，画的山水、花卉称为神品，可见对她的评价相当高。陈书的子孙受她的影响也能书画，在笔墨技法上很像她，可以说一门数代继承家风。她的作品曾为清代皇室珍藏，流传民间也不少，嘉兴博物馆藏有她的花卉真迹，其画清内府所藏甚多，卒年77岁，著有《复庵吟稿》。其诗作也为人们所重视，《复庵吟稿》收集了她诗作的精华，流传至今。

陈书不但画艺高超，为人也好，可称得上画品、人品俱优。她因丈夫早死，家境清寒，但是待客热情周到，有时家里拿不出现钱，只好典了衣服招待客人。后来她儿子当上了大官，她被封为贵夫人，但待人如旧，没有半点看不起人的态度，并且乐于帮助贫困人家，所以博得人们的好评。

现在能考证到的是，陈书至少育有三子一女，长子即钱陈群，是熹妃钱氏的哥哥，也就是乾隆的舅舅了。钱陈群字主敬，生于1686年，卒于1774年，康熙四十四年，圣祖南巡，钱陈群迎驾吴江，献诗。上（康熙皇帝）命俟回跸召试，因其母陈书有病未赴。康熙六十年，钱陈群成为进士，康熙召见，上谕及前事，改庶吉士，授编修。雍正七年，世宗（雍正皇帝）命钱陈群跟从史贻直、杭奕禄赴陕西宣谕化导，陈群

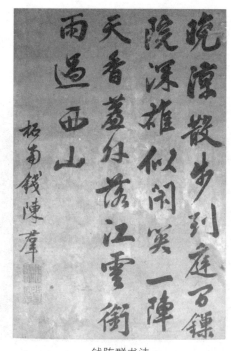

钱陈群书法

周历诸府县，集诸生就公廨讲经，讲解非常深切，竟有闻讲解而流涕者。回来后，上谕奖钱陈群为"安分读书人"。五迁右通政，督顺天学政。

在此任期间，钱陈群上疏请增顺天乡试中额，上以官制有定，取者多，用者益远，国家不能收科目取人之效，寝其议。三迁内阁学士，后擢刑部侍郎。上令廷臣议州县常平仓应行诸事，诸臣皆议歉岁减价。陈群疏言："成熟之年，出陈易新，仓米必不及市米，而民以米值纳仓，银色当高于市易。拟令石减一钱二分，还仓时加谷四五升，以为出入耗费。"

乾隆元年，钱陈群以服母丧去官。服除，高宗（乾隆皇帝）命仍督顺天学政，除原官。陈群以母亲陈书所绘《夜纺授经图》奏上，上（乾隆皇帝）为之题词。

这是陈书教子成名后，自己画了一幅《夜纺授经图》，此图描绘夜深人静时，她一边纺纱，一边教子读经的情景，其慈母神态毕俱。

这幅画深得乾隆皇帝的赞赏，并题诗二首在画上，其中的一首七律是这样写的："篝灯课子澹安贫，义纺锄经乐苦辛。家学白扬谙绘事，成图底事待他人。五鼎儿诚慰母贫，唯诗不觉鼻含辛。嘉禾影读贤媛传，不愧当年画获人。"

石刻《夜纺授经图》

乾隆题完诗后，并在陈书所画《夜纺授经图》上御题"清芬世守"四字。

当时乾隆皇帝带头题诗称道这幅画后，那些高官名人也纷纷题诗歌颂之，使这幅图愈加令人瞩目，后来钱氏后人将其刻在石上，嵌在嘉兴中山路钱氏故居壁间。

乾隆十七年，钱陈群患反谷疾，连疏乞解职，许之。命其子编修汝诚侍行，且赐诗以宽其意。钱陈群返途中所作诗，上为答和。时有伪为孙嘉淦疏稿语谤上，上令穷治，钱陈群自家密疏请省株连，上严饬之，而事渐解。二十二年，上南巡，令在籍食俸。二十五年，上为桥梓图寄赐陈群。二十六年，偕江南在籍侍郎沈德潜诣京师祝皇太后七十寿，命与香山九老会，加尚书衔。上谕："明岁南巡，诸臣今年已赴阙，毋更远迎。"二十七年，南巡，陈群偕德潜迎驾常州，上赐诗称为"大老"。三十年，南巡，复迎驾。是岁陈群年八十，加太子太傅。赐其子汝器举人，汝诚扈跸，命从还省视。

乾隆三十一年，陈群复进其母陈书画册，册有纶光题句。上题诗以赵孟頫、管道升为比。从此举亦可见，钱陈群能将其母画册进献乾隆帝，乾隆帝又对其大加夸赞，说明其家与乾隆皇帝的关系实非一般。或者是因为乾隆帝因是其外祖母之作，又有外祖父诗，才以"赵孟頫、管道升为比"夸赞之。

乾隆三十五年，上六十大寿，命德潜至嘉兴劝陈群毋诣京师，因为此时钱陈群已八十五岁，走动不便，乾隆皇帝为了照顾舅舅，特命沈德潜去劝说钱陈群不必再来京城祝贺，钱陈群便献竹根如意，上批札云："未颁僧绍之赐，恰致公远之贡，文而有节，把玩良怡！今赐卿木兰所获鹿，服食延年，以俟清晤。"

乾隆三十六年，上东巡，陈群迎驾平原，进登岱祝鳌颂。是冬，复诣京师祝皇太后（钱陈群之妹钱氏）八十大寿，命紫禁城骑马，赐人葠，再与香山九老会。陈群进和诗有句云"鹿驯岩畔当童扶"，上赏其超逸，复为图赐之。南归，以诗钱。陈群里居，每岁上录寄诗百余篇，

陈群必赓和，亲书册以进，体兼行草，屡蒙奖许。

乾隆三十九年，钱陈群病死，年八十九岁。乾隆帝闻讣深感痛惜，赐银千两，御笔亲书悼文，上谕谓："儒臣老辈中能以诗文结恩遇、备商榷者，沈德潜卒后惟陈群。"加太傅，谥文端，令入贤良祠受奉祀。四十四年，上制怀旧诗，列五词臣中。

钱陈群诗纯悫朴厚，如其为人。赓唱既久，亦颇斆御制诗体，著有《香树斋文选》，曾献乾隆帝览阅。贰刑部十年，慎于庶狱，虚衷详鞫。高宗尝以于定国期之。

钱陈群为官历事康熙、雍正、乾隆三朝，尤得乾隆帝的尊宠，倚为元老大臣，二人之间既有君臣之谊，又似知己朋友，乾隆称其为"故人"，可见其关系的确不一般。钱陈群每有诗作，总喜欢向乾隆帝进呈，乾隆帝也必亲笔题诗回赠。钱陈群退休后，仍屡次被乾隆加官升迁，如加尚书衔、太子太保，帝赐之以"食全俸"等，还常寄自己的诗作，请钱陈群和作。

钱陈群还曾数次去北京，为皇太后和乾隆帝祝寿，并同乾隆帝到塞外围场行猎，并参加"香山九老会"。乾隆十六年（1751年），钱陈群首次扈从高宗圣驾南巡，并随驾钱王祠陪祭。乾隆二十二年（1757年），钱陈群二次扈从高宗圣驾南巡，再次随驾钱王祠，乾隆帝又赐御诗褒扬钱氏先烈。乾隆二十七年（1762年），高宗第三次南巡时，钱陈群已告归在籍，即赴常州恭迎圣驾，并扈从无锡、苏州、嘉兴、杭州等地，再次随驾钱王祠，并携台州族孙钱选，以传世唐赐铁卷晋呈御览，乾隆帝观后，还特赐御制铁卷歌一首。

由上可见，钱陈群的确与乾隆母子的关系非同寻常，别说是普通君臣关系，恐怕连一般亲戚关系都是无法做到这一步的。而反观凌柱一家，除乾隆即位后凌柱得封一等公外，其三子虽为乾隆舅舅，却未深得皇恩眷顾，只长子得封散秩大臣这样的从二品警卫之职，二子和三子也不过仅为三等侍卫而已。

四下海宁因何事，一女两姓必有疑

　　不但是钱陈群享受到浩荡皇恩，就连他的学生阿桂、刘墉、纪昀等也备受乾隆重用……钱陈群的世代子孙包括女婿、族人有不少都成为朝廷重臣。钱陈群后人一支也以钱陈群为始祖，世称"嘉兴文端集斋尚书派"，是嘉兴六支钱氏后裔的兴旺一支，也是嘉兴望族之首，其子孙在有清一朝科第连连，直至民国，各代都有名臣廉儒、文人学士。

　　钱陈群的两个弟弟钱峰、钱界均为举人，钱陈群长子钱汝诚，乾隆年间进士，官至内阁学士，刑部左侍郎，《四库全书》副总纂。其余三子钱汝丰、钱汝器、钱汝恭均为举人。其孙辈钱臻官江西巡抚（正二品），钱开仕进士，翰林院编修侍读，钱福祚进士，翰林院编侍读，钱复举人，大兴县知县，钱载二甲一名进士，内阁学士礼部左侍郎（正二品）。清史文苑所记"钱氏二吉"就是钱陈群曾孙钱仪吉和钱泰吉，都是善诗富著的文坛名士。

　　钱陈群一家受皇家如此厚恩，一门子弟又皆得皇家眷顾，不得不让人怀疑其与乾隆帝身世有某种亲密的关联，或者正是因为熹妃钱氏乃乾隆帝之母才会如此，这样乾隆帝实有汉家血脉，回头再看天嘏的《满清外史》中曾经提到的"乾隆知道自己不是满洲人，因此经常在宫中身着汉服，还问身边的宠臣自己是否像个汉人"这些话，倒也合情合理了。虽然这本书中"乾隆生于陈家"的说法是错误的，但这个"身着汉服"

细节并非杜撰，乾隆的确喜欢穿前朝明代的服饰，并且经常请画师为他作身穿汉服的画像，这些画像至今仍保存着。

同时，前文提到的乾隆极其关心钱塘江海塘工程，这可能也与他的真正身世有关。公元前910年8月，吴越王钱镠为了保护海岸，使其免受海潮侵蚀，命人采山阳的竹子，又令矢人造箭三千只，募强弩五百人以射涛头，使"潮回钱塘，东趋西陵"。乾隆继位后，开始重修钱氏海塘。乾隆二十五年，浙江潮信告警。乾隆从'海塘为越中第一保障'的认识出发，四次亲临海边，检查海塘工程。

乾隆二十七年三月，乾隆来到杭州，第二天即亲临海边，亲试打桩，他见石桩必须内移数十丈方能固定，否则必然会损毁百姓的田庐，是'欲卫民而先殃民'，决定先建柴塘，再改筑石塘。到乾隆晚期，凭借国家强大的经济实力，浙江境内已建成自金山到杭县长达248里的鱼鳞石塘，钱塘江南岸也修建了自宝山至金山长达242里的块石篓塘。这些石塘到现在依然保存完好，仍然起着挡潮防患的作用。

乾隆皇帝继钱镠之后大力修筑浙江海塘，有力地保护了富庶的吴越地区，此举受到后世的高度评价。而钱陈群这个可能是乾隆舅舅的人，正是在五代时期兴修水利、造福百姓的吴越王钱镠的直系子孙，乾隆帝之母亦如是，且乾隆帝之所以下那么大功夫修筑海塘，或许为造福外亲之故。

钱塘江海塘石砌堤岸

兴修水利，造福天下是帝王的职责，但钱塘江海塘不过是面积辽阔的中国的一个水利工程，其他地方也有规模相若甚至更大的工程，比如修筑黄河大堤、九江大堤、疏通大运河等等，而乾隆帝却六下江南、四赴海宁，住在偏远集镇中的陈家府邸，他为什么要这样做呢？乾隆帝与浙江嘉兴的钱家与陈家是不是真的有某种血脉关联？在没有充分证据的情况下，我们只能进行某些推论。目前已有的证据是，熹妃钱氏与钮祜禄氏同时出现在萧奭的《永宪录》与清宫档案《雍正朝汉文谕旨汇编》中，必定隐藏着历史的重大秘密，而对这一课题的研究将揭示乾隆真正身世的重大历史发现。

讲到这里，乾隆的身世之谜渐渐显露出本来的样貌，虽然还不能成为定论，但所解析已比较深入。所谓乾隆是山庄丑女所生，是丑女生在草棚里，是出生于狮子园，或者本是陈阁老儿子的民间说法，都是站不住脚的。作为野史，这些说法都很传奇，很有吸引力；作为戏说，也可以写进小说拍成电视剧。但可惜的是，都没有史实根据，都不能当成历史事实来相信。关于乾隆究竟生在哪里的问题，是在北京的雍和宫，还是承德的避暑山庄，档案文献向我们披露乾隆自己一直强调是生在雍和宫；嘉庆和道光虽然一开始曾持避暑山庄说，但后来又都坚定地改为雍和宫说；而持避暑山庄说的人也没能提出强有力的证据。这样，是否可以说，从乾隆到嘉庆再到道光这三朝的档案最终证实：乾隆皇帝生在北京的雍和宫，乾隆的母亲很可能是汉族人。

钱氏以女换男，乾隆身世待解

而由上述情况来分析，我们也能联想到：嘉兴钱氏与海宁陈氏关系

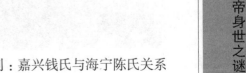

是非常紧密的，海宁也本属嘉兴，是以熹妃钱氏和钱陈群之母陈书，可能也是海宁陈氏之一脉，因嫁于嘉兴钱氏钱纶光，便与钱家也成为至亲，这样我们不妨畅想一下——陈书之子钱陈群结交了还是雍亲王的胤禛，胤禛娶了钱陈群的妹妹钱氏。而作为嘉兴同行，钱陈群很可能也与此时海宁陈家在京城做大官的人（可能是陈世倌，但也可能是其他陈氏族人）关系密切，那么钱陈群的妹妹、雍亲王的夫人钱氏也极有可能与陈氏官员的夫人关系密切（因为与陈家同乡，且极有可能有亲属关系），在京城常有来往。钱氏嫁到雍亲王府后，先生下一子，但早亡，为了自己在雍亲王妻妾中的名分地位，心中急切地期盼再生一子，不想却生下一女。假设此时雍亲王胤禛不在府上（作为康熙之子，胤禛每日应该有很多事处理，况且他又是个很勤奋的人，经日不在府中应该很是自然的事），钱氏是日听说陈家也生下一儿子，为捞名分，她偷偷派人将陈家之子抱入府中，以女换之，是为弘历。钱氏以女换子后，这时知道其生下女孩的人还不多，她再以金钱打赏，嘱咐知情者不要声张；另嘱咐陈家人不可声张和造次，日后有谢，便能瞒过胤禛，进而也就能瞒过康熙等其他人。

后来在机缘巧合之下，弘历为康熙所喜，又被蒙在鼓里的雍正立为皇储。雍正死后，乾隆即位，其母钱氏告知乾隆帝其真实身份，或者陈家人偷偷告知乾隆帝的真实身份，那么有关乾隆身份的一系列疑案，便迎刃而解了。

乾隆皇陵裕陵风景

如乾隆六下江南，四次入住海宁陈家，虽为视察海塘工程，实也为探亲认祖，其所住之陈家，实为其外祖母同族之家。而且乾隆帝的六次南巡，前四次其母都曾参与，这说明熹妃至少有两次来到嘉兴，入住陈家，她来这里只为陪儿子游玩吗？不然的话又是为了什么呢？显然海塘工程又不是她所能关心的事情，所以或有探亲之举。乾隆帝后于圆明园所建之安澜园，也是将外祖母家搬得近些，乾隆是极孝之人，那么所建之园，是不是为母亲所造，为让母亲于中重拾幼时欢乐时光呢？

再如乾隆在宫中穿汉族衣服，并想让满族人穿汉服，便是很自然的事了。他本为汉人，当然想对满人做些汉化的举动，但受到阻挠后随即停止，也是怕引起猜疑罢了。

再如乾隆帝厚待蒋溥，蒋溥即为公主之夫，也算与乾隆亲近。乾隆因是公主被换才得以成为皇帝，他当然要对公主分外感激，而亲赴蒋溥家，亲祭蒋溥，实也是去探望公主了。

再如乾隆帝厚待钱陈群，钱陈群乃其养母（因从小养育，钱氏一如亲母）钱氏之兄，即乾隆帝之舅舅，他如何会不爱戴？而钱陈群和钱氏之母陈书，乃乾隆帝之外祖母，乾隆帝于百忙中在其画作上亲笔题诗，倒也很自然了。

再如乾隆帝训斥陈世倌，一种可能的原因是陈世倌并非其亲父，另一种可能是，陈世倌是其亲父，但由于乾隆此时已为皇帝，深怕陈世倌将其身世透露出去，所以故意对其严加训斥，让其远离京城，回到海宁。又或许此时有人风言乾隆身世有异，而陈世倌作为皇帝亲父的嫌疑最大，乾隆为避嫌疑，故意训斥陈世倌，以堵人之口，并将其除官令其回乡，远离是非之地，也是很有可能的。

虽然上述所述情节有些复杂，但却是合情合理的，且如此一来便能解释许多疑点，而这样的事谁又能保证不会真的发生呢？如是此般，那么关于乾隆身世其谜虽还需要进一步揭秘，但我们也能猜到大概了。

附录一：中国清代皇帝简表

庙号	姓名	在世时间	在位时间	年号	皇陵
清太祖	爱新觉·罗努尔哈赤	1559—1626	1616 年 ~ 1626 年	天命	福陵
清太宗	爱新觉罗·皇太极	1592—1643	1626 年 ~ 1643 年	天聪 崇德	昭陵
清世祖	爱新觉罗·福临	1638—1661	1643 年 ~ 1661 年	顺治	孝陵
清圣祖	爱新觉罗·玄烨	1654—1722	1661 年 ~ 1722 年	康熙	景陵
清世宗	爱新觉罗·胤禛	1678—1735	1722 年 ~ 1735 年	雍正	泰陵
清高宗	爱新觉罗·弘历	1711—1799	1735 年 ~ 1795 年	乾隆	裕陵
清仁宗	爱新觉罗·颙琰	1760—1820	1796 年 ~ 1820 年	嘉庆	昌陵
清宣宗	爱新觉罗·旻宁	1782—1850	1820 年 ~ 1850 年	道光	慕陵
清文宗	爱新觉罗·奕詝	1830—1861	1850 年 ~ 1861 年	咸丰	定陵
清穆宗	爱新觉罗·载淳	1856—1875	1861 年 ~ 1875 年	祺祥 同治	惠陵
清德宗	爱新觉罗·载湉	1871—1908	1875 年 ~ 1908 年	光绪	崇陵
	爱新觉罗·溥仪	1906—1967	1908 年 ~ 1912 年	宣统	华龙陵园

注：宣统帝溥仪因是末代皇帝，没有庙号，初葬八宝山革命公墓，后在家属要求下移葬华龙陵园。

参考资料

[1]《清朝十二帝》，阎崇年 著，人民出版社，2010 年 7 月出版。

[2]《话说清朝那时候儿》，史官、启航 编著，北京理工大学出版社，2012 年 6 月出版。

[3]《别笑，这是大清正史》，雾满拦江 著，武汉出版社，2010 年 8 月出版。

[4]《清朝兴起史》，周远廉 著，广西师范大学出版社，2006 年 12 月出版。

[5]《清朝全史》，郑永安 编著，云南人民出版社，2011 年 8 月出版。

[6]《大家说历史：王钟翰说清朝》，王钟翰 著，上海科学技术文献出版社，2009 年 1 月出版。

[7]《纪连海品读康乾名臣》，纪连海 著，商务印书馆，2007 年 1 月出版。

[8]《康乾盛世：天朝上国的黄金时代》，童超 主编，云南教育出版社，2010 年 1 月出版。

[9]《帝国政界往事：前清秘史》（全二册），李亚平 著，北京出版社，2008 年 10 月出版。

[10]《穿越百事通——清朝不可不知的历史细节》，周舟 著，苏州古吴轩出版社，2012 年 7 月出版。

[11]《两个女人 一个清朝：大清开国与孝庄太后》，郭厚英 著，中国社会出版社，2011 年 7 月出版。

[12]《明亡清兴六十年》，阎崇年 著，中华书局，2006 年 8 月出版。

[13]《黎东方讲史：细说清朝》，黎东方 著，上海人民出版社，2007 年 4 月出版。

[14]《清朝三百年史》，张杰 著，社会科学文献出版社，2011 年 12 月出版。

[15]《清孝庄皇太后传》，刘晓东 编著，吉林人民出版社，2010 年 6 月出版。

[16]《孝庄秘史》，杨海薇 著，作家出版社，2007 年 1 月出版。

[17]《皇太极事典》，杜家骥 编著，紫禁城出版社，2010 年 7 月出版。

[18]《皇太极私密档案全揭秘》，圣烨 编著，尹楠 摄影，北方文艺出版社，2005 年 8 月出版。

[19]《顺治皇帝》，顾晓清著，中国华侨出版社，2009 年 1 月出版。

[20]《顺治王朝》，阚红柳 著，中国青年出版社，2009 年 1 月出版。

[21]《雍正王朝》，邓玉娜、张宜 著，中国青年出版社，2009 年 1 月出版。

[22]《雍正大传》，林堂、沈台芬 著，凤凰出版社，2012 年 6 月出版。

[23]《雍正皇帝》，陈文海 著，中国华侨出版社，2009 年 1 月出版。

[24]《乾隆》，史荣恩 编著，中国社会科学出版社，2008 年 10 月出版。

[25]《乾隆皇帝》，二月河 著，长江文艺出版社，2009 年 9 月出版。

[26]《乾隆王朝》，李瑞芳 著，中国青年出版社，2008 年 5 月出版。

清宫四案之谜